准格尔民俗

韩来福 主编

远方出版社

图书在版编目(CIP)数据

准格尔民俗 / 韩来福主编. -- 呼和浩特：远方出版社, 2018.12
ISBN 978-7-5555-1215-8

Ⅰ. ①准… Ⅱ. ①韩… Ⅲ. ①风俗习惯-介绍-准格尔旗 Ⅳ. ①K892.426.4

中国版本图书馆CIP数据核字(2019)第001380号

准格尔民俗
ZHUNGE´ER MINSU

主　　编	韩来福
责任编辑	孟繁龙
责任校对	邱　仓
装帧设计	杨瑾美
出版发行	远方出版社
社　　址	呼和浩特市乌兰察布东路666号　邮编010010
电　　话	(0471)2236470总编室　2236460发行部
经　　销	新华书店
印　　刷	呼和浩特市铭泰精工印务有限公司
开　　本	170mm×240mm　1/16
字　　数	320千
印　　张	20.5
版　　次	2018年12月第1版
印　　次	2019年1月第1次印刷
印　　数	1—2 000册
标准书号	ISBN 978-7-5555-1215-8
定　　价	88.00元

如发现印装质量问题,请与出版社联系调换

◎ 王石钧书法作品

不忘初心 方得始终

◎ 书法艺术作品

胜日寻芳泗水滨 无边光景一时新 等闲识得东风面 万紫千红总是春

◎ 戚志敏书法作品

大唐西京千福寺多宝佛塔感应碑文 南阳岑勋撰 朝议郎判尚书武部员外郎琅邪颜真卿书 朝散大夫检校尚书都官郎中东海徐浩题额 粤妙法莲华诸佛之秘藏也 多宝佛塔证经之踊现也 发明资乎十力 弘建在姓程于四依有

◎ 绘画作品

◎ 蒙古族婚礼

◎ 准格尔旗蒙古族女士服饰

◎放河灯习俗

◎农村物资交流会会场

◎准格尔旗蒙古族男士服装

◎2016年准格尔旗元宵节

◎阿贵庙石刻

◎阿贵庙石刻

◎阿贵庙石刻

◎准格尔召

◎松王寺

◎龙口镇大口村古渡口

◎沙圪堵老街

◎准格尔旗马队

◎窑洞民居

◎蒙古族祭火仪式

◎传统民居摆设

◎成吉思汗塑像

◎ 龙口镇六六、八八名席

◎ 准格尔美食

◎ 七月十五蒸馍

◎ 准格尔旗第三届那达慕大会

◎ 准格尔旗龙舟比赛

◎ 清代准格尔旗王府建筑

◎ 准格尔黄河大峡谷旅游区

◎ 民族文艺活动

◎ 蒙古族服装展示

◎点力素敖包

◎准格尔旗民俗馆(博雅苑)

编纂委员会

主　　　任　王　源　政协准格尔旗委员会党组书记、主席
副　主　任　赵永君　政协准格尔旗委员会副主席
　　　　　　王俊凤　政协准格尔旗委员会党组副书记、副主席
　　　　　　万明盖　政协准格尔旗委员会党组成员、副主席
　　　　　　李　栓　政协准格尔旗委员会副主席、旗工商联主席
　　　　　　张万刚　政协准格尔旗委员会正处级干部
　　　　　　越永清　政协准格尔旗委员会副处级干部、旗总工会主席
　　　　　　郝千福　政协准格尔旗委员会原副主席
委　　　员　王建中　准格尔旗政协民族科教文史委员会主任
　　　　　　韩来福　准格尔旗政协资源环境委员会主任
　　　　　　贾宝琴　准格尔旗政协经济提案委员会主任
　　　　　　杨拥军　准格尔旗纪委监委派驻旗政协机关纪检监察组组长
　　　　　　秦三元　准格尔旗政协办公室副主任

		骆采芬 准格尔旗政协民族科教文史委员会副主任
		安星明 准格尔旗政协经济提案委员会副主任
		王　拴 准格尔旗民俗文化协会副会长
主　　　修	王　源　王俊凤　万明盖	
主　　　编	韩来福	
副 主 编	秦三元	
校　　　注	韩来福　秦三元　许　云	
编 校 人 员	韩来福　秦三元　王　拴　营　霞　许　云	

序

为加强党对文化文史工作的领导,加强对人民群众的历史传统教育,中共中央党史研究室、中国地方志指导小组办公室和全国政协文献研究室组织编纂出版了《中国共产党历史》《政协文史资料汇编》和《中华传统道德文化读本》;内蒙古自治区组织编修了101部区、旗、县志,2017年内蒙古自治区政协编纂了12卷《内蒙古文史资料集萃》;2002年到2017年鄂尔多斯市政协组织编纂了30册《鄂尔多斯文史资料》。

1993年,准格尔旗史志办编辑出版了80万字的《准格尔旗志》。1981年到2017年准格尔旗政协民族科教文史委员会编辑出版了300万字的文史资料。这对于保存珍贵的旗级文献档案和及时编辑出版史志资料,充分发挥文史工作资治育人的作用,具有十分重要的意义。本次编修的25万字的《准格尔民俗》,是准格尔旗历史上第一次全面研究地方民俗理论的开始。我们本着《准格尔民俗》质量第一,严谨编修,校正礼节规矩和民俗文化走向的原则进行民俗文化资料积累和编修研究出版工作。

民俗文化的核心和主要内涵可以用礼节和规矩的传承与

发展来概括和记述。《准格尔民俗》梳理和概述了准格尔旗现代民俗礼俗和当代的新民俗,记述了有关民俗方面的衣食住行、节日节庆、婚丧嫁娶、礼节规矩等民风民俗。《准格尔民俗》文稿整理完成后,准格尔旗政协在2018年11月邀请准格尔旗民俗专家和学者召开了《准格尔民俗》评审会。为全面提高《准格尔民俗》的编修质量,出版一本合格的记载全面的民俗文献,准格尔旗政协文献研究室编辑人员八次总纂全稿,十五次全文校对民俗文稿。在编辑人员立准立好《准格尔民俗》文献后,《准格尔民俗》文稿经编纂委员会主任、副主任审阅批准后送交远方出版社出版发行。

新时代准格尔旗政协的文史研究和文献编辑出版工作将与时俱进,再创佳绩。准格尔旗的文史研究和文献出版工作将续写新的篇章。祝愿准格尔旗文史研究工作取得新的更大的成绩。

准格尔旗政协党组书记、主席　王源

2018年11月9日

准格尔民俗文化传承发展概述

准格尔地区的民俗文化由来已久,本地区产生、发展、传承和扬弃的生产生活习俗和民族民间的民俗非常多。在古代,该地区民俗文化的主流是匈奴、突厥等北方游牧民族的礼节和游牧生活习惯。在隋唐时期和以后的发展过程中,融入了汉、蒙、满、回、藏等多民族的风俗习惯。通过两千年来的地区民俗文化发展传承,形成了草原文化、黄河文化和农耕文化、工业文明文化、当代科技文化民俗相适应发展的准格尔旗民俗文化。

本地区的民俗经过春秋战国时期、秦汉时期、五代十国时期、隋唐时期、宋元明清时期、民国时期、中华人民共和国成立以来70多年的地区民俗文化的发展和演变,本地区形成了多民族共同生活、共同繁荣发展的新型民俗文化格局。

在明朝和清初时期,准格尔地区的蒙古族民居以建立游牧转场的蒙古包住房为主。清中叶以后,由于走西口和内蒙古土地开垦等原因,山西省、陕西省和河北省、河南省的汉族人大量进入该地区生产生活和定居,汉族工匠的到来给本地区引入了窑洞建筑和平房建筑技术,准格尔旗人开始逐步废弃比较简陋和潮湿的小蒙古包住房。一些汉民在准格尔旗的羊市塔、川掌、四道柳、窑沟以及马栅大量构建土窑洞和平房。窑洞俗称神仙洞，冬暖夏凉。随着生产力的提高，部分有钱的蒙、汉民以及旗政府乡村官员们开始建筑砖木结构的砖院子和庄园、私宅。还有有钱人雇有家丁、保安人员、护院士兵以及起居服务人员。在1800年以前本地区的大型砖木结构房子多为庙宇，而后逐步发展成平房模式的民居。窑洞民居内的摆设主要有木头柜子、躺柜、碗柜、书柜、竖柜等家具摆设。有钱人家有仿古家具和高档立柜家具和俗称穿衣镜的衣柜，也有用红木家具的显贵和以木头、青色石条、大理石铺地的官僚人家。穷人有建地屋子的，如人字形看瓜房子的居所。

蒙古族居民在过节和过年的时候比较隆重，有钱人家置办酒席和炸麻燕子（面食品）、圪答布尔苏（炸面条子）、炒米、油圈子等食品。过小年的时候吃羊肉稀粥，祭灶并且煮羊头肉、羊蹄子、猪蹄子、猪头等。过年的时候吃煮大肉和手把肉、馓子、煮全羊（俗称五查）、糖果瓜子儿等食品。有钱人家可以在河曲县、府谷县和托克托县、长滩乡、清水河县、归绥市、包头市购买香烟制品和日用百货。本地区汉民以山西省、陕西省传统食品为主食。随着汉民的大量进入，准格尔旗人的饮食结构发生改变。全民以烩菜、米饭为主，蒙古族居民也多有食羊肉和牛肉、猪肉者。过年的时候，大部分人家制作油炸糕、炒米、油炸糕圈子、豆腐、粉条和麻花、豆面、席面。在清代、民国期间，本地区的面食是非常稀罕的一种食品，只有在过年和过节的时候偶尔为平民食用。王府和权贵以及有钱人雇用山西省、陕西省等地的厨师为他们做饭做菜。当地蒙古族还引入了山西省人吃酸粥、喝酸稀粥和汉族的饮食习惯,几乎家家户户食用酸饭。在民国年间,人们根本不可能有享受物质生活和安居乐业的想法,兵荒马乱的年代人们连性命都保不住,更谈不上吃吃喝喝和饮食文化传承;在谈到三盘六碟子吃素上菜谱的时候就感到这是永远不可能达到的最高级生活,民国时期的本地人实际上大部分在过一种后原始社会的生活。穷人们住的是烂窑洞,大部分时间无法保证正常生活。南部地区人家多以本地煤炭取暖和煮饭;北部区的人则主要用沙蒿和绵蓬、柳条子烧火做饭。普通人家冬天没有火炉,只有烤火盆子。在天寒地冻的时候,冻死的人很多,死了的人能够弄一副棺材入土,那就不错了。好多的穷人都是弄几块木头板子加以固定当棺材用,实在没有办法的人家只能卷一个席子把人埋掉。

民国年间,汉民日常的饭菜是煮山药、撒面粥、稀粥、糠窝窝、高粱米饭和谷米、糜米米饭、烩菜。山药是准格尔旗人的救命宝贝,常常被变换成各种吃法,常年食用。人们只有在过年过节和婚丧嫁娶的时候才能吃到白面、油糕、粉汤、炖羊肉、炖猪肉烩菜、炖猪骨头和小型席面。民间人士有吃碗托儿、凉粉、擦粉、粉皮的习惯。在民间,人家举办娶聘宴席和白事务的时候坐小六六、八八席(六碗热菜和六盘凉菜,简称六六;八碗热菜和八盘凉菜,简称八八席)和大六六、八八席(上的凉菜和热菜比小六六、八八席面要多)。一般的民间席面有六人二两一壶白酒,豆芽、猪手、压肉、花生米等凉菜;热菜有清蒸羊肉、酥鸡、肉丸子、炖猪肉烩菜、红烧肉、炒鸡蛋、炒肉片、炖羊肉等,辅之以油糕、荞面、豆面、白面等面食。在集镇市场有钱人吃月饼、麻花、粉汤、羊杂碎,烙饼、炒菜、大米饭、小米饭等食品。民国年间在秋季,每家每户有腌制酸白菜的做法,一般可以保持半年的食用量。在战争和动乱年代,食品都埋在了地里,吃饭是匆匆忙忙的。人民的生活水平、国民素质和稳定安宁的政治环境是分不开的。山药、皮袄、皮裤是准格尔旗人的宝物,穷人们长年累月地穿皮袄、皮裤和毛鞋。比较有钱的人们穿大氅、小氅和宁夏地方西宁筒子大衣。一般人家的穿戴全部由妇女手工制作,用羊油和麻油制作的小灯盏照明。过年的时候家家户户都制作灯笼和窗花,贴红色墨字对联,大户人家在高柱子上挂大马灯和大红灯笼。也有在自家门前垒炭火敬供神灵的习俗,以祈祷风调雨顺、国泰民安。在民国后期,大部分蒙古族居民都开始学习和适应农耕生活。汉族农民在本地区则开荒种地进行农业生产。农具就是传统的锹、锄、镰刀、树铲、树刀、耙子、铁叉、簸箕、碌碡、碾子、楼具、耙地工具以及缰绳、笼头筐子、连枷、农用平板车(俗称二饼子车)等。生活用品有陶瓷瓮、缸、盆、碗和木制水桶、铁桶、木制饭盆、木钵子、擀面杖和案板、菜刀、短刀具、铁锅、小铁锅、铁勺子、铁铲子、蒸笼、铁锤、斧子、砍刀等。人们一般以牛或者马、骡子、驴和人工耕地,没办法的时候也有双人、三人拉犁犁地的人家。犁一般都使用老式步犁和单面铁片犁。大部分人家都有石头磨子、碾子、石臼和小石头磨子,用于磨豆腐做凉粉和磨糜子、黍子、麦子、豌豆等杂物。碾子也是人们常用的米面加工设备,石臼主要用于捣碎糕面和糜子面、豌豆面、豇豆面等。鄂尔多斯地区在清代和民国时期形成了著名的准格尔漫瀚调艺术,也发展和推进了鄂尔多斯婚礼、蒙元食品、蒙医蒙药、鄂尔多斯民歌、鄂尔多斯民间文艺创作、鄂尔多斯宗教文化传承等鄂尔多斯民俗文化。

历代的商业活动和商务活动在本地区的传统民俗生活中占有极其重要的份额。清代准格尔旗的商务主要由山西省、陕西省、旅蒙商和当地大、小货郎经营,老百姓的日常用品主要由托克托县、河曲县、保德县、府谷县、包头市、归绥市等商业铺面供给。当时准格尔地区的主要商品集散地和大宗商务购买地就是府谷县麻镇、古城镇、皇甫镇、河曲县巡镇、偏关县城和山西省长滩镇与包头市、土默特旗、榆林地区的市场。在1920年前本地区没有专门的大宗商业购物网点,在民国年间的1921年才在沙圪堵镇创立了本旗的民间集镇市场。准格尔旗集贸市场在每月初一、十一、二十一进行市场货品交流活动。当时一般的蒙古族和汉族、满族都是骑马、毛驴、骡子到外旗县购买商品,也有用带楼子马车和二套马车、三套马车进货的商户。在民国年间,山西省、陕西省、河北省的商务人员在本地区可是大赚了几把。货郎们把便宜的食品和商品运送到准格尔旗,本地区的人用大量的皮张、牛、羊、马匹和粮食来交换商家的便宜货,可谓是完全的卖方市场。

在民国时期本地区著名的集镇有沙圪堵镇、马栅乡、长滩乡、暖水镇、羊市塔镇、五字湾镇、柴登镇、大营盘镇、东孔兑镇和魏家峁镇、西召镇、薛家湾村。本地区的手工业和金银铁器铸造业也是旅蒙商和原长城以南的汉族工匠传过来的。通过走西口移民和经商模式定居在本地区的汉族农民和工匠艺人对发展和构建准格尔旗工业、农业和手工业基础做出了贡献。

1949年以来,准格尔旗社会治安稳定,人民精神面貌和思想文化水平大幅度提高,各乡镇普及中小学教育和职业教育。1965年以后,各大队、小队普遍使用米面加工机和胶轮平板车辆,笨重老式的木轮牛车被淘汰。1970年以后,沙圪堵镇和部分人民公社通电,1970年柴登地区、榆树湾地区上电。人民公社时期各个生产队都相继配备了拖拉机和手扶拖拉机。东方红拖拉机用于耕地,社员打机井、旱井和水井,发展水利事业,农业社使用机耕的比例逐年提高。当时准格尔旗居民的四大件是手表、缝纫机、自行车、喇叭匣子(收音机),1980年以后的居民新四大件是录音机、电视机、摩托车、电冰柜,2003年以后准格尔旗居民的新四大件是小汽车、存款折子、电梯楼、别墅,2010年以后城镇居民住房基本都是以购买电梯楼为主。

1999年8月,准格尔旗人民政府驻地搬迁到薛家湾镇以后,薛家湾和沙圪堵镇等乡镇的居民开始住楼房。2000年以后全旗人使用上了电话和手机,家用电脑的普及率非常高;居民家中的电冰箱、空调和家用电器在2016年以后在城乡全部普及。

从秦汉到当代,本地区的民俗文化已经走过了2000多年的传承和发展历程,2000年来本地区各民族人民共同创造和推进了地区民俗文化的发展和传承,形成了规范全面的准格尔地区民俗文化。近年来,准格尔旗民俗文化的发展和传承呈现出网络化和全民化格局。传承和研究地方民俗的人越来越多。伴随着准格尔旗政治、经济、文化、科技和各行各业的协调发展,地方民俗文化也取得了积极的进步。1949年以来本地区民俗文化长河的历史波光粼粼,新时代准格尔旗民俗文化的传承依然在向前推进,本地区的民俗文化已经在社会主义民俗文化道路上前进了70年;在今后的准格尔旗民俗文化构建和发展的历程中,准格尔地区民俗文化事业将会取得新的更大的进步。

目　录

序
准格尔民俗文化传承发展概述
第一辑　人生礼仪 …………………………………… 1
　第一章　生育保育 ………………………………… 3
　　第一节　生儿育女 ……………………………… 3
　　第二节　孕期和产后习俗 ……………………… 7
　　第三节　幼儿教育和开锁习俗 ………………… 10
　　第四节　人生管理和使命担当 ………………… 12
　第二章　婚姻习俗 ………………………………… 17
　　第一节　传统婚姻 ……………………………… 17
　　第二节　婚姻准备 ……………………………… 20
　　第三节　婚姻礼节 ……………………………… 28
　　第四节　婚姻管理 ……………………………… 31
　第三章　生辰习俗 ………………………………… 35
　　第一节　诞辰礼节 ……………………………… 35
　　第二节　过寿习俗 ……………………………… 40
　第四章　丧葬习俗 ………………………………… 42

第一节	丧事前期准备	46
第二节	治丧	47
第三节	祭奠	49
第四节	出殡	51
第五节	其他丧葬礼节	53
第六节	民间丧葬禁忌和规矩	55

第二辑 生活习俗 …………………………………… 59

第一章 居家服饰 …………………………………… 61
 第一节 服装鞋帽业 ……………………………… 63
 第二节 装饰品 …………………………………… 70

第二章 饮食习俗 …………………………………… 74
 第一节 日常饮食 ………………………………… 74
 第二节 餐饮礼节 ………………………………… 83
 第三节 各地烹饪菜系 …………………………… 87
 第四节 民族饮食 ………………………………… 92

第三章 建筑和民居 ………………………………… 102
 第一节 传统民居院落 …………………………… 102
 第二节 传统民居和居室布置 …………………… 104
 第三节 传统民居构建 …………………………… 106
 第四节 室内布局 ………………………………… 107
 第五节 传统民居修建规则 ……………………… 109
 第六节 住宅产业 ………………………………… 111

第四章 生活用具和劳动工具 ……………………… 113

  第一节　传统生活用具 …………………… 113

  第二节　劳动工具 ………………………… 118

 第五章　交通行旅和出门习俗 ……………………… 120

第三辑　岁时习俗 ………………………………………… 131

 第一章　节日习俗 …………………………………… 133

 第二章　过年习俗和外来节日 ……………………… 158

第四辑　蒙古族民俗 ……………………………………… 165

 第一章　鄂尔多斯蒙古族传统民俗 ………………… 167

 第二章　衣食住行 …………………………………… 182

  第一节　蒙古族服饰 ……………………… 182

  第二节　蒙古族饮食 ……………………… 186

  第三节　蒙古族民居 ……………………… 186

  第四节　商务习俗 ………………………… 190

 第三章　蒙古族婚丧嫁娶礼节 ……………………… 197

  第一节　准格尔旗蒙古族传统婚姻礼俗 … 197

  第二节　丧葬习俗 ………………………… 205

 第四章　宗教信仰习俗 ……………………………… 212

  第一节　蒙古族民间宗教信仰 …………… 212

  第二节　祭祀敖包 ………………………… 221

  第三节　祭祀成吉思汗 …………………… 226

  第四节　祭火 ……………………………… 231

 第五章　民族音乐 …………………………………… 233

  第一节　蒙古族民间音乐 ………………… 233

第二节　民间乐器 …………………………………… 237

　　第三节　说唱艺术 …………………………………… 239

　　第四节　民俗音乐 …………………………………… 244

　　第五节　漫瀚调艺术 ………………………………… 247

第五辑　地区文化习俗传承 ………………………………… 255

第六辑　赶集和商务民俗 …………………………………… 265

第七辑　文献选编 …………………………………………… 277

跋 …………………………………………………………… 308

第一辑

人生礼仪

第一章　生育保育

第一节　生儿育女

从新人结婚开始,地方上的民间祈子和生育习俗也随之产生。在地方婚俗中有许多习俗也可以视为婚育习俗。比如:缝妆新被子时,在棉被里放几粒棉籽,取多子多福之意;撒帐时抛撒花生、红枣、桂圆,暗喻早生贵子;新人上红毡表示传宗接代和走好运;入洞房后夫妻吃和会盘,盘里放几个糕和饺子,希望生儿育女子女团圆;在新娘子房间抖开包袱看陪嫁衣物称看厚城;洞房之夜扯窗纸叫开明路。民间的引孙子、捞孙子习俗,则是直接的祈子活动。

在婚嫁时的文辞类对联中,祈子习俗比比皆是。

对联:喜看红梅多结子,笑播绿竹又生笋。和平婚姻大欢喜,行善生子谢天地。积德人家门庭广,仗义疏财后人来。

喜歌:布施五子登科,持戒七子团圆。沐浴斋戒念功课,行善积德作文章。

洞房令子:墙上挂花花,当年抱娃娃。你对老婆好,娃娃跑不了。

又：栽杨树，开梅花，如今媳妇爱当家。管你当家不当家，今年养上个胖娃娃。解除麻烦离酒肉，公平称心最益人。结婚模式代代有，功德多处好儿来。要想生儿多积德，规矩最能保平安。

一般的夫妻在结婚以后都可以正常地生儿育女，也就没有多少祈子活动。但夫妻和家人也得讲究恭敬礼节规矩、清白做人的本分道理、为后代积福禄造定前途的总规矩。在夫妻一时不能生育的情况下，或者是不能生下俊厚儿子的情况下，民间就产生了祈子的模式。民间流行于本地区的祈子风俗主要有以下几种：

一、抱养娃娃

这种模式在本地区比较普遍，本地区民间不能生育的人家抱养娃娃的很多。在2000年以后的地方工作人员的二胎人家大多数都是抱养的娃娃，因此还产生了在民间买卖和为别人生娃娃的秘密交易。在民间也有代孕和人工授精的生育模式，或者是为了能够直接生儿子而采取在医院让妇女们进行人工授精的怀孕模式。

二、端福禄灯照儿女路

正月十五至二月初二，准格尔旗有许多地方要举办庙会。薛家湾和沙圪堵镇、三宝窑子村、榆树湾村的灯游会一般在正月十五、正月二十二，有的在二月二日举办，长滩村的庙会在四月初八举办。

会场在361根木棍的顶端各置一红、绿彩纸糊制的小灯碗或者红灯笼。赶庙会的人进入灯阵游玩,谓之转灯游会,以求一年通顺如意。欲求子嗣者,可端一灯碗或者拿走一个灯笼,谓之端灯。其实有教育人民端正品格老实做人的积极含义。欲生男孩的人拿红灯碗,欲生女孩的人端绿灯碗。持灯后不向后看不与人搭话径直回家,坐门槛上喝一碗豆面拌汤并且向门外泼洒素食品和净水,给孤魂野鬼施食。意思是希望这些鬼怪们在得到食物以后超拔或者感谢给他们饭吃的人家,再不要给人们制造麻烦和危险。然后将灯碗放在灶君神位旁边添油烧香供奉。如果应验生子,来年要去端灯处还愿或建庙存善,还要修桥补路多做好事以巩固人家正气的充裕。

三、拴孩儿

每年本地区长滩正觉寺、护宁寺、皇威盛寺、松王寺庙等寺庙庙会期间,一般都有求子者到寺庙磕头摆贡献,以便取得生育娃娃的目标。在清水河县山神寺庙也有每年四月初八在庙会拴娃娃的民间求子习俗,祈子者届时会到寺庙去祈子。寺庙神台上摆放一些彩绘泥娃娃,个个惹人喜爱。想求子嗣的妇女,喜欢哪一个,便将一根红线或红头绳结成的线索套在这个泥娃娃的脖子上,意即将这个孩子拴挂了。再将这个泥娃娃的小泥鸡鸡捏一下,然后将线索取下,在香炉上面正转三圈、反转三圈后,套在自己脖子上,祈子活动便算完成。如果应验生子,来年要做一双小鞋去还愿。

四、以女引儿或者抱养娃娃

社会上重男轻女思想比较严重,有的夫妻千方百计想生个男娃。于是他们便在女娃取名上大做文章,希望这个名字能取得效果。人们常给女娃起名招儿、引儿、换转、改转、拦畔子、招娣等名。殊不知,名字只是一个人的符号而已,没有改变人生性别的功能。这种祈子方式,只能算一种心理安慰而已。

无法生育的人家都有抱养孩子的习俗,往往是人家的抱养回来了,自己的也有了。这种现象非常奇怪,民间的说法是由于新人结婚的时候碰到炭堆子没有躲避的原因。也有的不能生育的夫妻在抱养娃娃以后就突然能够生娃娃了,也就有了引儿习俗。

五、向神灵祈子

这是最普遍的一种求子方式。民间传说天上有主管生育的菩萨、神灵和天尊,如送子观音、金花夫人、子孙娘娘、张仙人、碧霞元君等神圣。地方上的善人们立庙建祠,贡献香火到寺庙布施功德。祈子的人们一般到大松树庙、西召、阿贵庙、柴登召、护宁寺庙、后薛家湾寺庙、点力素敖包、海潮庵、清水河县飞来寺、呼和浩特市大召、五台山寺庙、五当召、塔尔寺等寺庙磕头和上贡献祈子。

六、其他求子模式

在地方求子习俗中还有一类常见的形式是由亲人或特殊人物向盼望得子的家庭及妇女本人作出象征性的送子举动。首先是送去某种物品,据说妇女吃了可以很快受孕,如中秋节有偷瓜送子的风俗。其次是送去带有多子多孙意义的某些吉祥物,常见有送孩儿灯、麒麟送子图,给他们送送子观音菩萨圣像让人们恭敬礼拜,祈子者也如愿以偿地得到儿女。这种模式在民间还挺管用的,民间传说人们在居家清静处常年供养菩萨圣像还可以起到多子多福、趋于正道、平安教化的作用。

第二节　孕期和产后习俗

　　有喜了、有身子了是对乡间妇女怀孕的俗称。在城市中的说法才是叫怀孕。怀孕后妇女的妊娠反应在乡下称之为害娃娃。怀孕所以称之为有喜,是因为意味着后继有人,可以传宗接代。同时也说明,娶来的媳妇是有生育能力的,这就为家族的人口繁衍报了喜。得喜的消息传出后,孕妇的地位、身价也会随之提高,家中人会对孕妇采取保护措施。在孕妇害娃娃期间,加强营养强调孕妇的休息,不生气少生气。因为生气会导致流产和孕妇有危险,所以必须使孕妇和产妇的身心保持最良好的持续平稳状态。为了保证胎儿正常发育,农村中还有许多办法。不让孕妇吃兔子肉,怕生下的孩子是兔唇,即豁唇娃娃。有的地方不许孕妇吃葡萄,怕胎儿长成葡萄胎。还有的地方不让孕妇参加婚礼、丧礼,总之是让孕妇深居简出谨慎生活。意思是女人家必须坚持小心谨慎的妇道基本原则,坚持礼节和规矩以防止害债事情的到来。

　　有的地方常常由孕妇的婆婆和男人到长滩村娘娘庙或者大松树寺庙里去烧香、祈祷和上布施,祈求产妇母子平安,也祈求早生贵子。有的人还做功德和上布施、放生、忏悔、持戒积德为了得到应有的好处。

孩子降生以后,一般都由女婿向娘家人报告,这便是报喜。娘家人大都是由母亲亲自探视,孕妇的姐妹可亲自去探视,而兄弟则由他们的妻子代表前去探望。娘家人常会带营养品给女子补身体。除去送鸡蛋和其他补品,也有送礼馍的习俗。礼馍就是做成各种吉庆形状的花馍,上面嵌上枣儿、红豆之类的食物,取吉祥的意思。旧时习俗,娘家人往往要送给婴儿一件长命锁。还有的人家生孩子后,要到祖坟烧钱化纸,向祖宗报喜。还有送婴儿衣服、鞋、虎头帽之类的物品,以加强对孩子的保护的。

为了使孩子的身体能够按照父母希望的形象成长,婴儿出生后要睡枕头并且绑腿。娃娃枕头用玉米、绿豆、谷子、荞麦皮子等较硬的粮食装成一个枕头,洗三之后开始睡枕头直到百天为止。婴儿满月之后一般要用较粗的带子将双腿绑住,以一个月左右为期,以为这样就会使孩子长大后腿直而不弯曲。

小孩生下足一个月的时候需过满月。过满月既是庆贺添丁之喜家有后人,同时也是希望孩子平安健康长寿吉祥。

旗境内从南到北过满月的做法比较普遍。一般情况是由亲朋好友给孩子带上礼品,到家里作客,吃一顿满月宴。给孩子所带礼品,有小儿衣物、食品、小银锁和搭200到500或1000元的礼钱。

婴儿诞生100天为百日,民间称为百岁岁,含有祝愿孩子平安长寿的意思。

坐月子。产妇生下孩子后,便开始了为期一个月的民间所称谓的坐月子。坐月子的讲究很多,首先要忌门,就是防止生人进入产妇房间,一防生人冲克孩子,二是产房的血气对来客不利。凡家中有人坐月子,一般都在月内不大乐意让生人进入,而且不准生人在坐月子的产房房顶上来回走动,甚至包括猫之类的小动物在内也不行。怕踩了婴儿,造成婴儿昼夜啼哭及其他不良反应。产妇房中只许产妇的母亲、婆婆、丈夫等照料产妇的人入内。三日之内不准下床,一个月以内不许出房门,只准在室内吃、住。三是多食米粥,但每日有一定限量。尤其是不能食太饱,饱了会伤脾胃。在农村大多给产妇吃小米粥、鸡蛋、挂面、面条,大米与其他食物都很少食用。旧时乡间的习俗,让产妇喝一个月的小米稀粥,以保持产妇的食欲及适当的营养。产妇所食的食物,要求味道清淡,少食盐,不吃生冷的食物。产妇坐月子,一般都要吃催奶的食品,也有因缺奶而食催奶中药的。在产妇奶水未下来时,还要让婴儿吃别人的奶水。一般男孩吃生女孩妇女的奶水,女孩吃生男孩妇女的奶水,称为开奶。本地人的习俗坐月子期内一般由产妇的婆婆或生母照顾,现在的产妇大多是由生母或者月嫂照顾。

过完一周岁后,过生日的地点和场合就随便了,可在奶奶家,也可在姥姥家。诞生仪礼过程反映出人们对生育现象的重视,通过这种对新生命的爱护态度,可以看出本地区人民对履行家庭生育和教养职能的重视。

第三节　幼儿教育和开锁习俗

娃娃们在幼儿时期,已经开始了人生的漫长教育实践。现在的家长在女人怀孕期间就有进行胎教的习惯。一般是妇女怀孕以后,夫妻和睦不吵架不斗争,让胎儿在和平健康的环境中发育。在孩子生下以后,有的人家也根据礼节逐步地进行一番又一番的接续教育。在孩子们4到6岁的时候进幼儿园和个人爱好班去学习。这个时候的孩子一般接触的都是背诵性和趣味性功课。也有在孩子几岁开始就让背诵国学名录和《三字经》《道德经》《圣经》的人家,意味着早开悟,少受罪。在孩子们7岁以后就进入了学前班和小学一年级进行为期15到20年的在校长期学习了。实际上,学校带给孩子们的礼节影响不大,关键是家庭教育和父母亲的和平礼节文化教育对孩子的帮助最大。母亲在家庭中对孩子的影响和帮助是最大的,母教的素质提高和继续教育是非常重要的。现在的家长望子成龙心切,在孩子们念了大学以后还让读研究生和博士。念书可以一直念下去,但是不可能一直在学校念。在孩子人生的各个时期都可以规规矩矩地念书,念什么书呢? 念纪律书,走造福路。想利人利己的大善念头,想除邪淫、烟酒的造福念头,做合格人,做利国利民的正确的事情。

留百岁毛、舅舅毛的习俗。有些地方为防止男孩,特别是独子夭折,每次理发时都要特意在脑后留一撮头发,称为百岁毛,又称为后扯辫。由父母直接带孩子这是农村育儿的一般模式,对于头生儿尤其如此,隔代抚养往往存在于有几个孩子的家庭。

本地人在娃娃12岁的时候要举办12岁生日庆典,民间称为过生儿,又称开锁。开锁的对象只限于年满12岁的长子。开锁的目的是要给那些年至12岁的男女孩子打开智慧的宝库,让这个年龄段的孩子从幼年的蒙昧中解脱出来,踏进少年学习的里程,向着聪明才智和道德路线的方向发展,向着成人成才的方向发展。

在农村开锁时把银锁套在孩子的脖子上,在手腕上佩戴金、银手镯和护身符,用这些锁、镯、符来辅佐孩子的安全。在河曲县一带,孩子要把11年来攒下的22条红线锁一起挂在脖子上,然后再在脖子上挂一把旧式铜锁,由孩子的干爹、干妈用铜钥匙打开。

娃娃的12岁开锁仪式比较隆重,家人在宅神像前设供。当地讲究每年春节由父母、亲友赠送孩子用红头绳穿铜钱做成的锁。这种线绳锁上的铜钱按年龄增加,每年1个,另外再加2个,如5岁穿7个,7岁则穿9个。开锁这天孩子要身缠三尺红布,跪在地上拆下历年的铜钱,放入簸箕内。主持人一边口中念念有词,一边把簸箕里的铜钱往地上抛撒。凡字面朝上的孩子拾起来,以此来占卜一生的福禄,其余的交由主持人所有。然后,主持人一手拿笤帚,一手扯布头,让孩子原地旋转,红布脱落。在旋转中,主持人也要边念边用笤帚扫孩子的身体,希望能扫除孩子身上的一切晦气、疾病。最后把蒙有12层红布的项圈取下,摘下锁,把项圈挂在家中枣树的最高处,再由父母把面圐圙抬起,孩子从下向上一顶把面锁子戴上,开锁仪式结束后宾客开饭。

第四节 人生管理和使命担当

在中国古代历代都有让娃娃们学习文化和进行礼节纪律管理的人格构建模式。儒家泰斗孔子的主要人生修养理论有:

一、人的责任是完全可以担当和传承的,这是孔子的人文教化的时教之道。人的生命在通过修养教化之后,会发生完全不同的改变。

二、孔子的时教具有大众性和推广功能,人人都可以学习礼节。有教无类、规矩领导和见贤思齐的教育模式就是不分人的贵贱贤愚,都可以学习文化典籍和学校的文化知识,都能给人以教化和启迪。而且是要人自愿学习,不强迫你,不想学习的人是可以不学的。

三、孔子的教育模式讲究的是青年人内心品格的提升,内心灵魂的淬炼。通过学道可以使人生变得真善美。闻道与行道成为人文教化的两条道路,成为自我造化的两条途径。通过增加人的内涵,三省自身来抵住诱惑跨过障碍。重视生命的担当,重视规矩和礼节管理,来实现人的圆满,绽放人生的光彩。

四、儒家教育体系通过礼义忠诚和规矩文化教育的手段,教化人们成为修养圆满的人才,这是教育人生和青年的途径。

五、儒家人生就是人生礼节和规矩的教育。治内心之乱,化内心之邪,成内心之礼,明礼立人,造众生之幸福。儒教的核心思想——礼训、学习、修身、治事、管理、平欲望、进制度圈子生活和对历史的担当等理论可以为年轻人提供借鉴的作用。

六、文献经典学习教育可以帮助人们获得文明觉悟之道。

七、了解孔子的人文教化的宗旨与基石,让人们学然后知不足。让他们懂得教与学、学与习之间的关系。懂得兢兢业业严肃做人的道理和礼节规矩的重要性。

八、孔子礼治成器之道的构建就是告诫年轻人不因善小而不为,勿因恶小而为之。就是要培养年轻人完整的人格程序和锁定人生终身责任担当的目标。

九、学习孔子的大明之道与建德理论可以让我们理解规章制度的宝贵和天道、人生、家庭、伦理、制度真理的运行轨迹。

十、能够始终用心于小事的善人,才能成就大事。

十一、人无规矩,必然大败。人去礼节,即是无心。

十二、儒家孝悌忠信,礼义廉耻和格诚戒正,修善积德成为中国人的礼教修养体系和行为担当的理论基础。

道教教育理论的主要规矩戒律体系有五戒十善,智慧度生上品大戒,三坛大戒及崇百药、说百病等规矩。道教戒律理论对塑造中华民族礼节纪律和人格规矩理论做出了重要贡献,下面将其主要规矩分述如下。

五戒:第一戒杀生,第二戒盗窃,第三戒邪淫,第四戒妄语胡说,第五戒酒戒烟。道教教育程序规定学生受三戒后再受五戒,五戒与三戒合为八戒。五戒在天为五纬天。道失戒则视为灾异,在地为五岳地。道失戒则百谷不成,在数为五行五数。失戒则水火相薄金木相伤;在治为五帝,五帝失戒则祚夭身亡;在人的健康方面表现为五脏和平,五脏失戒则性发狂;五戒失一则命不成。《太上老君戒经》中说:"是五戒者持身之本,持法之根。善男人善女人,愿乐善法,受持终身不犯者是为大信。"

人生修养规矩

人格修养十戒为:

第一戒,不得不忠不孝,不仁不信;当尽节君亲,推成万物。

第二戒,不得阴贼潜谋,害物利己;当行阴德,广济群生。

第三戒,不得杀害含生,以充滋味;当行慈惠,以及昆虫。

第四戒,不得淫邪败真,秽慢灵气;当守贞操,使无缺犯。

第五戒,不得败人成功,离人骨肉;当以道助物,令九族团结。

第六戒,不得谗毁贤良,露才扬己;当称人之美善,不自伐其功能。

第七戒,不得饮酒食肉,犯律违禁;当调和气性,专务清虚。

第八戒,不得贪得无厌,积财不散;当行节俭,惠恤贫穷。

第九戒,不得交游非贤,居处秽杂;坚持纪律,管理自己。

第十戒,不得轻忽言笑,举动非真;当持重寡辞,以道德发展为务。

民间认为这十戒是人生根本修养原则，能做到者天神护佑，永脱一切苦恼。道教十戒注重学员们的品德修养，要求学员们做到忠诚、济世、守身、节俭、利人、清修，将奉献作为人生修养的前提，洁身行戒的道德规范。

斋日：就是指斋月中某一天或祖师仙真圣诞或有斋戒规矩等活动时，学生们必须严格按照道教规矩规定内容行事。

道教在制定戒律的同时，还特别设立了斋日、斋日是一月之中应持斋戒的日子。

道教的斋日有：十斋日、八节斋日、三元斋日、四始斋日，三会斋日。

十直斋日：每月一日、八日、十四日、十五日、十八日、二十三日、二十四日、二十八日、二十九日、三十日（小月可取二十七日）。

八节斋日：立春日、春分日、立夏日、夏至日、立秋日、秋分日、立冬日、冬至日。

三元斋日：正月十五、七月十五、十月十五。

四始斋日：正月一日、四月一日、七月一日、十月一日。

三会斋日：正月七日、七月七日、十月五日。

家庭教育总是要求人们要树立与时俱进、建功立业的理想信念，教育家庭成员勇于担当历史赋予的人生责任，励志勤学，刻苦磨炼，严肃规矩，不贪烟酒和邪淫；不办一切坏事和不往邪路上走。

回顾历史，我们看到了孔子修身、齐家治国、平天下的伟大抱负,看到了孟子为民定礼的高远志向;看到了杜甫安得广厦千万间,大庇天下寒士俱欢颜的民生情怀。

古往今来,凡取得重大成就的仁人志士都胸怀天下,凡名垂青史的爱国志士都志存高远。他们或兼济苍生,或成就伟业,或视死如归,或为国捐躯。现在的年轻人也要规矩做人,本分做事,积累功德,遵守党纪国法和基本的礼节修养。

当代人要勤于学习、敏于求知,遵守严格的纪律和规矩礼节习惯。学生们既要专攻博览各学科,又要进行人格修养,学会担当社会责任。

第二章　婚姻习俗

第一节　传统婚姻

男女婚姻是构成家庭和社会的基础条件。古往今来不同国家、不同民族的人们都把缔结婚姻看作人生的大事给予重视,因而使婚姻礼俗成为民俗中最绚丽多彩的内容。鄂尔多斯地区的婚姻礼俗以民间礼节制度化和婚俗模式喜庆化为主要特点。此间整个婚礼程序基本上是自找对象,托人打问,阴阳先生算婚姻、订婚、订结婚日子、迎亲和成家担责以后的漫长艰辛生活。婚姻礼俗有着明显的贫富差异,名门望族对婚姻缔结要求门当户对、彩礼重聘,特别对家庭的名节、地位、财产、规矩等方面事宜相当看重,并且讲究排场追求气派。同时,从居民成分上划分又体现出三种不同类型:一种是以城市市民包括官宦、商人、文人及普通市民在内的风俗;另一种是农村乡镇的农民风俗;第三种是雅俗混合的风俗。城市市民风俗起主导作用,它不但直接影响着农民的风俗时尚,而且也成为他们效仿的模式。只不过他们根据各自的生活环境和社会关系的不同需要,或增加或减少,推衍了城市市民的婚姻礼俗。

男女双方经大人和自己、媒人到女方家提亲后,还要经过一个议婚和审定婚姻成功性的过程才能进入订婚阶段。首先是互相打问。如男女双方有意,就由男方家用红纸写上订婚人姓名、年龄、职业、住址,并写明祖父母、父母、叔伯、伯母、婶母、兄嫂以及已出嫁的姑母、姐姐等有关情况,由媒人送到女方家,此谓联帖。女家收到后,即照帖上写的姓名、住址各处访问,属实后再照样写一个帖子交给男方家去访问。此外,双方还要对家庭状况、本人有无残疾、暗疾等互相进行查访。然后请阴阳先生看彼此能不能成为夫妻。

男方多注意女方的品貌、活计、狐臭、财产等事宜;而女方则多注重男方的财产、品行、职业、性格等事项。在订婚前男方家要请阴阳先生为男女双方合八字。合八字是根据男女双方的出生年、月、日、时,按天干地支、阴阳五行的理论来推断彼此是否相生相克。相生的标志是木生火、火生土、土生金、金生水、水生木;相克的标志则是木克土、土克水、水克火、火克金、金克木。八字不合,生时相克,则不可通婚。此外,还有属相不合不可通婚之说,最典型的是流传于民间的白马犯青牛、猪猴不到头、金鸡怕玉犬、蛇虎如刀锉、羊鼠一旦休、龙兔泪交流等说法。其实阴阳五行原理并不是生克那么简单,而是由个人和众生的善恶因果交织所产生的一系列复杂运行关系。善因善果,恶因恶果,善恶关系互相在影响和变化。人们管不了那么多的学问,只能请阴阳先生为他们的儿女算卦和看玉匣记审定可否结婚,这就在民间出现了贿赂阴阳先生和媒婆的陋习。

人们在请阴阳先生看婚后就可以举行订婚仪式。届时，男方家要摆宴席，有的人家还要邀请一些有名望的亲友参加。一夫一妻制度是中国法定的婚姻制度。在择偶范围上，同姓不婚被作为基本规则，是为了防止父系血缘关系的婚配关系。相对而言，与母方血缘关系的禁制则显得灵活。门当户对是一种择偶的理想标准，反映出社会等级地位观念。在择偶方式上一般选择男女自主婚姻和选择人品、经济力量为基本婚俗考虑。在当代的婚俗中，满足婚姻的首要条件是健康、财产、人品和家庭名声。一般人也有自找对象的婚姻，这种婚姻非常普遍。当然也有请阴阳先生算卦看书的习惯，二者基本都在发挥作用。决定婚姻成功和失败的根本原因不是八字和属相，而是人的品格、能力、婚姻管理、素质、规矩和有没有续存禄粮和老祖宗的阴德的庇护。

童养媳指有儿子的家庭，抱养别人家的童女为养女，等到儿子与养女达到结婚年龄，使他们完婚成亲。

童养媳习俗的产生主要是由于旧时的经济原因。大部分的婚姻关系是男方非有聘礼不得娶，女无嫁妆不得嫁。男子娶新娘要花费大量钱财，相比之下，付出一笔数目不大的钱财，不仅可以省去很多花费，还可以增加一个劳动力。对于大人来说，以抱养的女儿为童养媳者，大都是出于为儿子结婚省钱的考虑，与其掏钱娶老婆还不如去养个童养媳。当然，也是为了得真正的处女确保新娘的纯贞，也是一个考虑的因素。

指腹婚，是两个门当户对的人家，当主妇同时有孕时，由家长指腹为未出世的孩子(如所生恰好一男一女)订婚。这种习俗源于六朝,是以严格的门阀观念为基础的婚姻俗制,在旧时曾相当流行,在当代基本不再有这种婚姻现象。

入赘婚,民间习惯称为招女婿。这种婚姻的特征是女方不出嫁到男方,而是招男方入女方家结为夫妻。采取这种婚姻形式往往是由于女方家庭没有儿子,即没有男性继承人。招进女婿后,一则可为女方父母养老送终,二则生下孩子姓女方的姓,可继承女方家业。从入赘的女婿来讲,却往往因为家贫或单身在外而进入这种家庭,有些地方还要求女婿改姓女方的姓氏。

表亲婚,民谚有"亲套亲,辈辈亲,打断骨头连着筋"的说法,于是民间有了表亲婚,这是以血缘关系为基础的婚姻形态。表亲婚分为姑表(舅表)婚、姨表婚,指姑表或姨表关系的兄妹(或姐弟)之间结为夫妻的婚姻。各地对表亲婚的规定有不同情况,如有的地方只限于姨表兄妹和舅家的女儿出嫁于姑家,讲究的是血虽同骨却异;而舅家的儿子不得娶姑家女儿,认为那样会倒骨髓血液。

第二节 婚姻准备

婚姻既定喜期将临,男女两家围绕婚礼的举行,将进行一系列的准备工作,本地区统称备婚。

一、男方备婚

男家备婚大致包括:装新房、置家具、办妆新衣物、办酒席、请戚人、请帮忙的、定音乐、定花轿、蒸花馍、贴喜联、垛火笼等项内容。

1. 装新房。夫妻新婚,一切讲究一个新字和好字。新房现在都是楼房或者高档平房,在结婚前都是要好好地装修的。诸如精装修、买家具、布置新房等营生都要在婚礼之日前做好。

2. 置家具。新房一般以大件家具和电器为主,如组合柜、大床、沙发、电视、电冰箱、烤箱、餐具、餐桌等用品,一般还要购买洗衣机。农村有火炕的人家,虽不如城镇铺张,但也要添置一些新家具。

3. 办妆新衣物。妆新衣物包括妆新铺盖和妆新衣裳。妆新铺盖包括新毡、新褥、新被、新枕头、新枕巾、新毛毯。妆新毡是一块新擀的四六大白毡,上有红色双喜字。毡只备一块而不能备两块,取其合璧之意。

妆新被褥讲究四铺四盖,新婚之夜炕(或床)上只铺设一套,俗称鸳鸯被,其余放入柜内。

民间缝制妆新被褥讲究颇多:一是必须请十全女人来做,取十全十美之意。十全女人,指的是上有父母公婆,下有子女,丈夫健在,并有兄弟姐妹的人。但结婚不过百日或怀孕的妇女,不可参与缝纫。二是在絮好的棉套上铺两根十字相交的红线,取千里姻缘一线牵之意。三是在棉被里放十粒棉籽(或麻子或豆子)取多子多福之意。还要放七粒红枣和七粒花生,取早生贵子之意。也有放几块小红布丁的,取添丁进口之意。四是鸳鸯被,被面必须用大红色、有龙凤图案的更得体。五是请来缝制鸳鸯被的人,在缝好被子临走之前,要把缝了被子的针别在胸前带走,针上要穿一条红线,以示高兴而来,满意而去。临走要给其吃一顿长豆面,以示常来常往。

妆新衣服过去多为家庭制作,同样也是请十全女人缝制。而今即由新娘、新郎亲自到市场上选购。女服分礼服和常服。礼服、鞋都选红色,所以民间称新媳妇为红油媳妇儿。从内衣到外衣全要换成新的,而且要棉、单、夹齐备。常服按个人所好选购。男服是礼服兼作常服,现以西装为主。

在选购衣服的同时,还要买"三金",买化妆用品以及双喜字剪纸、瓶花、头饰花、结婚专用胸花等。

4.办酒席。本地区人结婚,饭食分为日常饮食和酒席两大类。便饭以油糕粉汤为主,俗言:结婚不吃糕,一辈子闹不好。糕,取步步登高之意,粉条象征儿女情长。酒席视家庭经济状况而定,规格有:浇头,即在大杂烩上浇一勺子肉;三元盘,一盘豆芽凉菜、一盘猪肉炒宽粉、一盘羊肉炒细粉为下三元;一盘猪肉、一盘羊肉、一盘鸡肉为上三元,也称硬三元;四个凉菜、四个炒菜为四四席,取事事如意之意;六个扣碗的席称顺六碗,六冷六热称六六席,取路路大顺之意;六碗以上的席面,一定要有一道丸子菜,而且是最后上,以告知客人菜已上全了。八冷八热叫八八席,取八仙庆寿之意;九冷九热叫九碟子,取天长地久之意;十冷十热叫全席,取十全十美之意;十三个冷菜、十个热菜,叫十三花,取天女散花之意;最大的席面是全福寿,即十个冷菜、十个炒菜、十个扣碗菜。

八八盘以上席面要上八宝汤。

现在的城里人结婚仪式都是一天完成,且大多数人家在饭馆包席面。客人们早晨吃油糕粉汤,中午坐席,头一天晚上有夜坐。

1990年前,农村人办婚事大多数在自己家里。少则两天,多则三天,以两天居多。一般是第一天上午客到,中午吃油糕粉汤,晚上小宴。现在都在饭店包食堂。1980年前,农村席面以六冷六热菜系为常见,八冷八热也有。衬饭吃面,有的是擀豆面,有的是饸饹,有的是挂面。第二天早饭为油糕粉汤。过去讲究茶饭三顿,所以早饭一顿顶两顿,先喝红茶一碗,摆茶食六碟,即馓子两碟、醉枣两碟、麻糖两碟。

中午正餐坐席,现在的席面一般都给客人上饮料果汁、小瓶罐头和糖果。

酒是席面的必备之品,视家庭经济情况而定,档次高低不同。而今席间除了上白酒之外,也有上啤酒和其他饮料的。

5. 请人。举行婚礼,人生大事,邀请亲戚朋友届时前来祝贺、捧场、帮忙是由来已久的习俗,部分人扩大请戚的范围有敛财的目的。请戚,分登门拜请和柬请两种方式。舅舅家一定要由新郎家人亲自登门拜请,请舅舅和姑姑时要行跪拜礼。也可由新郎的父亲去请,更显得亲切。

有奶妈的人结婚,也要由新郎亲自去请,并且要将一部分钱物交给奶妈,作为奶妈的贺礼。不需要奶妈自己掏腰包,以报达奶妈的哺育之恩。

其余亲戚、朋友均可送请柬或发送电子请柬邀请参宴。

请柬,就是用请柬请人,可捎可寄,也可亲手递送。请柬由大红纸制成,描金字书写,一般为印刷品。请柬的封面精美,有请柬及新婚之喜字样,还有双喜字及红心图案一类装饰。

不论是登门拜请还是柬请,一定要提前几天邀请,一来表示对客人的尊重,二来给客人有准备贺礼和出门搭礼的准备。

6.请帮忙的人员。婚姻大事,要求细致,规矩颇多。为了圆满成就大事,必须请人帮助。婚事有三个角色非常重要,那就是总领、大戚、厨工。

总领又叫代东,负责整个婚礼的全盘指挥工作。

因为总领责任大,因此,总领必须热情负责、熟知礼仪、能说会道,是本族或本村、本地区有本事、有声望的人。一般每村都有一两个这样的能人,如本村实在没有这样的人才,就要到相邻的村去请。或因婚礼规模大,亲戚关系复杂,也要请高水平的总领。

请厨工,过去一般在本村中请,也属义务帮忙。现在席面丰富了用料考究了,人们的口味也挑剔了,所以荤厨厨工大都到酒店、饭馆去请名厨或大厨主理。而素厨和贴厨则在村中请干净干练者担当。

办事者请好后,要于举行婚礼的前一日晚上主家到酒店感谢主厨和司职人员。

农村办宴席的帮忙程序为:

男大当婚,女大当嫁。×××(男)与×××(女)择吉日良辰,成百年良缘,并备席面恭请亲朋届时光临,请内亲外族鼎立相助,值事者各司其职各负其责。人员分工,列榜周知。

总领×××(总理一切事务)。

副总领×××(协助总领工作,并负责某一项事务,如收礼、安席、司仪等工作)。

记礼者×××(能写会算之人,把亲友的贺礼逐项登记在礼账上,婚礼完成后将礼钱交给主人)。

收礼者×××(保管礼钱、礼品)。

唱礼者×××(即司仪,一般由记礼者兼任)。

布置花堂、洞房×××(若干人,一般选新郎的朋友为之)。

搀轿、引拜者×××(即伴娘,俗称引新媳妇的,一般由新郎的婶母或嫂嫂充任。其责任有二:一是花轿落地即可搀新娘下轿。二是陪伴新娘一同与新郎拜天地。凡有以下情况者不得司其职:一是孕妇;二是产后不过百日者;三是结婚不过百日者;四是服孝者)。

待戚者×××(负责招待客人)。

荤厨×××(办酒席)。

素厨×××(备办茶饭)。

贴厨×××(厨房打杂)。

安席者×××(一般由总领或副总领兼任)。

捧盘者×××(若干人,负责传菜传饭)。

看戚者×××(若干人,负责擦拭餐桌,往桌面上摆盅筷,从捧盘者盘中接过饭菜摆在餐桌上)。

涮碗者×××(洗涮宴后的餐具)。

水工×××(若干人,保证生活用水,烧开水)。

杂工×××(随时派遣任务)。

7. 聘请大戚。大戚又称娶戚或者大客,是在举行婚礼之日,男家去女家迎娶新娘的主领人物。

大戚是娶亲队伍的组织领导者,他们的任务主要是开路先行,与女家联络交涉处理一些节外生枝的问题,以便顺顺利利将新娘娶回。所以,选择大戚的条件,首先是要有权威性,一般大戚由懂民俗会说话的人担任。女大戚有新郎的妗子或嫂嫂担任。

现在的娶送模式均为双娶双送,娶送戚均为男性。本地区蒙古族办婚礼没有送亲人数限制,一般的送亲者为10至30人。

二、女方备婚

女方备婚与男方备婚的内容大同小异,所不同者,女方不必考虑新房装饰与家具购置等事宜,而重点是办嫁妆、聘送戚、待嫁三项。

1. 办嫁妆。古往今来,上至达官显贵,下至黎民百姓,凡嫁女者都要备以或丰厚或简单的嫁妆陪送女儿。在民间备办嫁妆是一件严肃认真的事,凡聘闺女的人家,家家户户都非常重视婚礼的安排。

嫁妆可分三类:

第一,衣着服饰。衣服分礼服和常服两种,礼服就是婚礼专用的衣服,质地用绸缎,颜色用大红。嫁衣过去都请人缝制,对缝嫁衣人的要求基本与男家缝妆新铺盖人的条件类似,即十全十美的人。在缝嫁衣的同时,母亲还要为女儿做一双上轿鞋——红色绣花鞋,这双鞋在做工上非常讲究。现在都在市场上购买,绣花鞋也被红色皮鞋所取代。常服为春秋四季时装,内衣、外套、毛衣、毛裤一应俱全。饰物至少一件,也有三金俱全者。

第二,梳妆用品。早先只是梳头匣(包括梳篦、镜子、搽脸油)、洗脸盆。现时除了以上用品外,又增添了高级化妆品、梳妆台等。

第三,女方家陪嫁的汽车、楼房和现金。

2. 请送戚者。送戚是迎娶之日女家陪着新娘到男方家的人物。男的被称为新亲,女的被称为女送戚。

送亲人的职责是与男方家方面进行交谈、联络、处理突发性事件。男送戚一般是新娘的舅舅或哥哥,女送戚一般是新娘的嫂嫂或姑姑。

本地区有句俗话,叫做好娶难送,意思是娶戚好当而送戚不好当。过去婚礼中有许多对话,很大程度上是针对送戚的舌战。因此送戚必须是精明干练、能言善辩、娴熟礼仪之人。如亲族中无胜任者,即可在村中或外村聘请有此专长的人。

3. 待嫁。待嫁就是新娘在迎娶前的数日内停止参加体力劳动,等待出嫁。待嫁的内涵,一是调整心态,为适应新环境、新生活作心理准备；二是整理自己的一些生活必需品；三是在家重点学习居家礼节和女人的规矩、道德准则。在女孩子等待结婚的时间，一般由女方的妈妈给女儿讲授做女人和妻子的规矩和责任。也需要培训女孩子做饭、做营生的能力和居家过日子走礼节的程序。

第三节　婚姻礼节

在男女双方已经具备订婚条件的情况下，男女两家还要相亲，又叫看人家、问门户。进一步考察对方及家庭的健康水平、人格礼训、体味香臭和经济力量。

经过议婚阶段，男女两家对婚事都持肯定意见，便可正式订婚，即许亲、订亲了。男方往女方家中郑重地送去聘礼，这一程序相当于婚姻六礼中纳吉的后一部分内容和纳征。大青山一带称之为下茶，有的地方则称之为过礼和走礼。

男女双方订婚，一般选择夏历二、六、八等吉日，双方家长要在选定的这一天分别设筵款待亲友，名为订亲饭。主食一般是面条和馒头，副食品为炒菜和炖肉。表示男女两家已经成为情深谊长的儿女亲家。

订亲这一天，男方要送面粉、羊肉和烟酒礼品、衣服、布匹和5万元到50万元不等的礼金给女方家。岳父家也要给女婿戴金戒指和发红包。男方送给女方的聘礼，除各色衣料、金银首饰、酒肉、糖果外，过去一般还有90个白面馍馍或者糕圐圙。

一些地方在订婚之前女方还要由亲戚陪同去一次男方家看人家,男方一般都要全力款待来客和给来订婚者的亲友,每个人发200到500元的红包。

选定迎娶的日子一般要请阴阳先生看黄道吉日。选定迎娶日子以后,男方要正式写帖或者到女方家通知。出嫁前夕,女方家还要给女儿上头开脸。上头即改变头发式样,把辫子盘成发髻。开脸又叫开面,是对新娘进行美容修面,并以此表示少女时代的结束。一般是请一个全福人,即公婆、父母和丈夫俱在,儿女双全的年长妇女,由她用细丝线绞去姑娘脸上的汗毛,并修细眉毛,剪齐鬓角。上头、开脸之后,女方要宴请本族尊长和邻里乡亲,同时款待即将出嫁的女儿。民间也有在闺女出嫁之前各家各户请闺女吃饭的习俗,既意味着乡情又意味着对闺女的关怀。

迎娶队伍进门后,介绍人和秉公大人要先和女方家的舅舅、姨姨、姑姑、爹爹等人握手致敬。然后拿出给女方的各种礼品和给新娘子的衣服、首饰、现金。之后男方娶亲的成员们到女方家的酒桌凳子上落座。介绍人和秉公大人开始给女方的亲戚和新娘子的至亲敬酒,之后是女方设宴款待娶亲队伍。现在娶亲的做法在农村一般是在第二天早晨娶亲车队出发,城镇婚俗则是在当天的上午就把新娘子娶回男方家。

女儿出嫁离家时本地区各地都有不带娘家土的习俗。民间认为土能生万物,地可产黄金,怕带走了土会带走娘家种庄稼的好运气,这自然是农业社会根深蒂固的传统观念。女儿出嫁时,要在炕上换上新鞋,然后由新郎抱上轿;或者坐在椅子上由人抬上轿;有的地方是以红毡或红布铺地,女儿脱去脚上的旧鞋,进了轿再换新鞋,不管怎样出门总之是脚不沾地。

迎娶路线一般讲究走大圆满路线,回时不走来时路。民间有玄武(北)入,朱雀(南)出;或白虎(西)入,青龙(东)出的说法。迎娶队伍要随带红毡或红布,除了供新娘上下轿踩踏外,路经寺庙、井台或石碾、石磨时,还要用来遮掩轿窗和新娘,意在防止白虎星等鬼祟邪怪相扰。路遇别人家的嫁娶队伍时,双方要互换礼物。现在迎亲队伍相遇时互赠烧酒致敬,即此遗风。

旧时迎娶多用轿或轿车,除此而外,山区有些地方新娘出嫁坐骡驮轿。在农业社时期送亲一般是用骡马拉的胶轮车来坐人。

新郎、新娘进门后,本地人的年轻人一般又会一番耍笑,这回是轮到耍笑女方的亲友了。过去有的农村医生给女方的亲友喝巴豆茶,看他们跑厕所的笑话。也有的年轻人把新娘子的物品和衣服给趁机拿跑,新娘子必须用烟酒和物品红包才能要回来。如果娶老婆的队伍遇到女方家的刁难和麻烦,或者给男方强化了彩礼,男方的大人就会要求代东的和领礼员来整顿整顿女方家的亲友。娶亲车队到了离男方一里路的距离时男方要去迎亲,这个时候男方就派硬茬麻烦人和能喝酒的家伙到车队跟前走礼。不管男女老少,一个人一大杯白酒,送亲的全部喝完才能让车队到男方家。不仅如此,在客人上菜和服务上也慢待了许多。第二天在送亲队伍回去的时候还必须在男方喝拦门酒，又是一个人一杯白酒。现在的民俗一般是娶亲队伍先到男方家，让亲友们看看新娘子的新家，在新房里吃一点茶点然后再去饭店吃饭。拜堂的地方一般在洞房门前或者饭店的庆典礼台上。礼台一般设一张供桌，重视礼训的婚姻一般在供桌上面供有天、地、君、亲、师的牌位。新郎、新娘就位后，由两位男宾引导，行三跪礼，参拜天地、祖宗和父母。现在一般的饭店婚姻走礼礼节是由主持者宣布婚礼开始，然后新郎、新娘款款走上玻璃通道，再在主席台上向父母和长辈磕头；夫妻之间喝交杯酒；新郎的父母给新娘子红包9999元或者10000元或者更多的红包。拜堂完毕后，新郎、新娘在从主席台上下来以后还要转桌给客人敬酒。现在在南方城镇也有举办素食婚礼和到寺庙教堂让和尚、教会主持婚礼的模式。从根本原则上讲，婚礼的核心和灵魂是举行礼制程序实践和对结婚者的毕生伦理礼节培训。婚姻成功的本质要求是需要夫妻坚守缔结神圣婚姻的庄严承诺和一辈子为爱人奉献付出。只有如此，才能实现人们所期待的美满姻缘和平安幸福人生。

第四节　婚姻管理

从男女的相亲相爱，进而结为夫妻成立家庭，负起了生儿育女、抚养教导之责，这是大部分人对生活的共同选择。有些夫妻十分幸运，彼此一见钟情，终身相爱，建立了美满幸福而温馨的家庭。亦有不少的夫妻婚后才发觉彼此性格不合,时常争执矛盾重重,以致一生为情所困为爱所苦,甚至以离婚和出现悲剧性结果为结局而吃尽了婚姻的苦果。善缘会促使婚姻更加美满幸福,彼此相敬如宾,同甘共苦终身相爱。逆缘将会导致婚姻破裂,因爱成恨,反目成仇苦不堪言。

男女之情,其根源在于情执和对异性的贪爱,由此也产生了种种的麻烦,如婚外恋和盲目追求性刺激等危险行为,在不断冲击着正常的婚姻生活。因此,对婚姻伦理道德首要的规范就是不邪淫原则和负责任习惯,在这一基础上再强调夫妻之间互相忠诚和尊敬。不邪淫是人生最基本的规矩之一,是直接针对婚姻保险的原则。道德底线对婚姻双方来说,在尊重个人意志,合乎国家法律或社会公德的前提下结成夫妇关系,是人口生产、人类繁衍的基础,也是人类最重要的生活方式。人们特别重视家庭的价值,强调维护家庭的稳定,提倡夫妻间的相互尊重,共同生活。

印光大师在《复周法利书二》中说:"夫妻之间,当常以悦亲之心为念。夫妻互相恭敬,不可因小嫌隙,或致夫妻不睦,以伤父母之心"。互相忠诚的婚姻模式会把婚姻的档次提升。人们明白情爱与欲望的危害性,知道这是烦恼的根源,但他们不能离开现实社会中的家庭、夫妻、工作、人际等关系。所以他们以清净的心,用人生的智慧,从事人间的工作,履行人生的责任。在工作中把工作做好,在家庭中把家人照顾好,在朋友中与朋友相处好。

人,独自生活会感到孤独,共同生活又会觉得麻烦。只有在独自生活不感到孤独,共同生活也不觉得麻烦的时候,才可以结婚。

要获得幸福婚姻的最有效的方法是两个人都提高自己、修炼自己、完善自己,只有这样,相处起来才会轻松,也只有这样,婚姻才不会对双方构成束缚和长期痛苦。

近年来,中国台湾省越来越多的年轻男女到星云大师的寺庙里举行婚礼,并且要星云大师给他们证婚。星云大师在婚礼上除了给这些年轻人证婚,还会给他们谈自己对婚姻的看法。

星云大师认为要做好一个丈夫,应该记住六句话:一是身边少带钱,夫妻之间要忠诚;二是每天要回家,夫妻责任要明确;三是应酬成双对,夫妻互助惹人敬;四是幽默加慰言,夫妻生活成快乐;五是必须要戒酒,喝酒是一切祸害的根源;六是牢记多行善,家庭可发展;七是以戒为生,减少欲望,简单明了地生活。

他解释说,做丈夫的身边不要带太多的钱,因为钱多了,就会诱惑人做一些麻烦的事。再者,做个好丈夫,要天天回家吃饭,因为好丈夫不能光是忙事业、忙交际,家庭也很重要。如果有应酬,要与太太一起参加,夫妻应该经常同进同出,出双人对。平日要幽默加慰言,好丈夫是一家之主,平常要有幽默感,不要每天板着冷冰冰的面孔。有时候应该轻松一点,开个玩笑;对于为家事忙碌辛苦的太太、儿女,要多给他们几句安慰感谢的话。如此,家中必能时时洋溢着幸福温馨的气氛。

对于太太的行为,星云大师也同样给出了七句忠告:一是家庭是乐园,太太有品位;二是饮食有妙味,女人会下厨;三是勤俭为五妇,妻子有大德;四是赞美无秘密,不可讲妄语;五是女人要戒酒,持戒得大安;六是切记常吃亏,消磨银钱念;七是坚持妇道,严守美德。

星云大师认为,做一个好太太要把家庭整理得像乐园,不要让丈夫下班回来觉得家里很脏乱。勤俭为五妇是指女人要做一个像母亲、像妹妹、像妻子的太太。对待丈夫有时像母亲关心儿子;有时像妹妹敬爱兄长;有时像妻子依赖丈夫。赞美无秘密,指妻子平常对丈夫,要多说赞美的话,不要私藏金钱,不要无理取闹;更不要去追寻灯红酒绿的危险生活。不管是什么样的感情、什么样的婚姻,都需要夫妇双方能够做到这三点:欣赏彼此的优点和纪律而不自私自利,对彼此能够忠诚和守节;愿意为婚姻中行拜天地的大礼坚守一生而处处为对方所想。只有做到了这三点,婚姻道路才能够风平浪静,生活才能够平安美丽和谐有爱。人生担当和婚姻管理一直是几千年来人们都在研究的一个课题。看似简单的婚姻道路无一例外是平坦的。无数人因为盲目无序的婚姻和糊涂不规矩的人生而陷于痛苦和麻烦的深渊。婚姻管理是一项严肃的人生课题,所有的已婚者一定要明白:婚姻绝不是享受而是真诚的友爱和无私的付出。任何不负责任和不讲规矩的坏习惯都会导致婚姻的失败。只有严肃认真对待神圣婚姻的人,才能享受到甜美的婚姻生活。

第三章　生辰习俗

第一节　诞辰礼节

生辰，即出生的日子，也叫诞辰。在每一个人的一生中这都是一个印象最深的日子。准格尔旗民间普遍有给小娃娃和老人过生日的习俗。

一、娃娃生日和成人生日

1. 蒙古族小孩 1 周岁生日

蒙古族民对于生儿育女极其重视，所生婴儿无论男女均在婴儿落地后即在家门外树立标志。如生婴儿为男的，即用榆树枝条削一付一尺五寸至二尺的弓矢挂在门外。如所生婴儿为女的，就在门外挂一个红布条。婴儿出生后第三天举行洗礼仪式，备办酒席招待亲朋，以示报喜。洗完后用羊皮褥裸把婴儿包起来，并用黄油等涂抹婴儿额头，祝福健康成长。

婴儿满月时。亲友所赠礼品中，婴儿外祖父母的最多。如是冬季赠送各种讲究的衣服，夏季多为绸缎、布匹，如果婴儿的外祖父母家生活富裕，还要送牛羊或骏马。现在人们在娃娃们过周岁时，以给红包为主。

在娃娃摇篮挡头上挂有古钱或其他象征吉祥之物。婴儿满月后即入摇篮,首次入摇篮时要举行小型摇篮宴,并用黄油等奶食涂抹摇篮,以示庆贺。在内蒙古中西部地区,一般在室内用布为婴儿隔开一角,以遮挡风寒。为保持婴儿身体的正常体温,还要为婴儿铺盖上用驼绒制做的被褥,把明沙炒熟后装在两个布袋内,轮换放在婴儿肚腹两侧。在备有摇篮的地方,把摇篮放在母亲身边,母亲时常以手摇动,有的还哼着摇篮曲,令婴儿安睡。在婴儿大小便的地方,放上易吸收潮气的经过热炒的明沙,湿了再换新的。这在当时的条件下,也算解决得既方便又卫生。

按照蒙古族传统习俗,婴儿未满周岁前不剪胎发,待到满一岁时,设宴过生日那天才给孩子剪胎发,同时还进行抓周仪式,谓之婴儿周岁宴。设酒宴庆贺周岁时,除请父母双方的亲朋好友参加外,还要请左邻右舍的邻居参加庆祝活动。

届时,亲友们携带砖茶、童装、各色布帛以及儿童玩具等礼品,来为娃娃庆祝周岁生日。除上述礼品外,还备有家庭德吉和生日宴德吉等两份贺礼。祝福孩子健康成长。

通常娃娃的剪胎发仪式在上午进行。首先请小孩父母双方至亲中长辈入席就坐,以茶点接待客人之后,剃发仪式正式开始。这时孩子的父亲将作为仪式吉祥食品的剃胎发德吉,即盛在盘中的油炸饼摆到主礼老人面前,行叩拜礼说:"请您老人家给剪胎发!"主礼老人回答说:"今天上午给孩子剪胎发大吉大利!"大家异口同声说:"但愿如您老人家所说大吉大利!"

这时孩子的父亲在盘中摆上奶食、糖果和五谷类,用红布把它蒙上,在红布上面放一把系着哈达的新剪刀,然后把它恭敬地放在主礼老人面前的桌子上。接着用银碗盛一碗鲜奶献给主礼老人,请他为孩子剪胎发。主礼老人接过银碗后,先用右手无名指蘸一点奶子,向空中弹洒鲜奶敬天敬神,弹后自己品尝一下后,再依次递给其他客人品尝。品尝毕,孩子的父亲将盘中的剪刀递给主礼老人。母亲则抱着孩子站在下首等待剪发。这时,主礼老人拿起剪刀,用银盘中的奶食涂抹孩子的头发表示祝福。然后给孩子品尝奶食,接着吟诵剪发祝词。

主礼老人一边致祝词,一边剪下第一束头发放入盘中,并把剪刀递给一个人。当客人们依次用剪刀剪下一绺绺头发时,孩子的父亲则向每一个剪发的人行一次屈膝礼,并双手高举着盘子请大家把剪下的头发放在盘中,留做永久的纪念。

给孩子剪发时要把百汇到前额的头发留下来,谓之桑麦即汉族之刘海的意思。把其余头发全部剪下来后,把它团成一个小圆球,配以青铜小饰件或古铜钱,以及贝壳、珍珠和绿松石等饰品,缝在孩子的后衣领上,再把铜钱用皮条绳串起来,并在其一端系上小铜铃铛或箭矢,做成一尺多长的两三根皮条串子,系于小孩后衣领上的发球团上面。

剪完胎发后,接着进行娃娃的抓周仪式。其做法是,用盘盛弓矢、鼻烟壶、笔墨、剪刀、珠宝、玩具、奶食、针线等物,置于小孩前让他抓取,看他(她)抓(她)些什么,以评价其一生的性情和志趣。如果男孩先抓取弓箭,大家就会评论说:"这孩子长大后要当兵。"如果男孩子先抓取鼻烟壶,人们就说:"这孩子将来会做官"。如果首先抓取的是笔,人们会评论说:"这孩子将来学业有成,为国效力"。如果女孩子首先抓取糖果点心,人们就说:"这姑娘命运好,长大后会嫁到富有的婆家。"要是她抓取的是剪刀,人们就说:"这姑娘将来一定是个裁缝!"

2. 12 岁开锁

开锁。有的地方又叫圆生,也叫开锁,它是专给长到 12 岁的孩子举办的生日仪式,是流行于内蒙古、山西和陕西地区的一种风俗。

民间关于开锁的说法有许多种。其一,为保佑孩子健康成长,所以要给小孩子戴长命百岁银锁,到 12 岁再开锁。其二,小孩子出生以后在未成年期间魂魄不全,每长一岁就会增之一分,并用面做的生肖锁锁命,当到 12 岁的时候才可魂魄齐全,这个时候要举行开锁仪式。其三,认为挂锁也就是把孩子锁起来,认为挂锁可以让孩子成人,孩子的祖父母或父母更希望借锁将孩子的生命牢牢锁住。

开锁的目的是要给那些即将成人的孩子打开智慧的锁链,让这个年龄段的孩子从幼年的蒙昧中解脱出来,踏进少年的里程,向着聪明才智的方向发展,向着成人成才的方向发展。

开锁有一套复杂的仪式,但各地风俗也不一样。简单来说,开锁前先要在家里的祖宗牌位前摆设一定的祭供物品,像各种糕点、果品、菜肴,穷人家则会摆些馒头、米饭之类做供祭。供桌上的香炉里点燃着敬香。全家老少聚集到祖宗牌位前。

长辈还要在开锁的孩子前训示,然后,开锁人向祖宗祷告,被开锁人要在祖宗牌位前跪拜。至此,开锁仪式结束。

每逢娃娃和老年人的生辰,准格尔旗各地都有举家庆贺,甚至到饭店宴请亲友和宾客的习俗。民间50岁以下过生日,仪式相对简略一些。山西省一带有三十石榴四十桃的说法,即一个人满30岁,亲友要送面石榴祝贺;满40岁,则要送面桃。现在本地人都时兴给孩子和老人过生日者买生日大蛋糕。上面插上与孩子岁数相等的彩色蜡烛,在全家人关注的目光下,由孩子一口气吹灭所有的蜡烛,然后宾客在食堂集体会餐。这一风俗已经逐渐由城市推广到农村。

二、寿诞

在40岁或50岁以上,过生日便称为做寿,又名祝寿,其仪式相对隆重一些。祝寿时,亲友要来祝贺,送寿桃、寿面、寿联、寿屏等,称为拜寿。较为隆重一些的人家要设寿堂,燃寿烛,结寿彩。老人身着新衣,端坐中堂,接受亲友、晚辈的祝贺和叩拜。临汾一带,祝寿时要吃长寿面。席间,宾客在吃第一碗时,要把面挑出一筷子,搭在事先放在饭桌上的一根大葱上,名为添寿,意在祝福老人益寿康宁。

人到70寿辰,一些地方要给老人做寿材。一般讲究在有闰月的年份做,而且最好是在闰月里做,所谓闰年闰月一百岁。在立帮安底的那天,儿孙还要烧香祭献。同时把一段红布系在棺帮上,以此祝福老人长寿百岁,称为合龙口。

人到50岁知命之年;60岁为守礼之年、建德之年;70岁为不逾矩年也叫懂事之年。各地都讲究为老人缝制寿衣,即老人去世后所穿的衣服,有些地方又叫装老衣。寿衣除选择衣料有讲究外,剪裁的日子也要细加选定。

第二节 过寿习俗

过寿习俗是每当老年人诞辰纪念日举行的人生仪礼,要重复多次,直到死亡。旧时,民间举行寿礼大多只限于老人和小孩,给老人举行寿诞礼称做寿,为小孩举行寿诞礼称过生儿。一般认为青年人不宜过生日,有折寿之意。故当小孩周岁生日过后,几乎就不再过了。一般到60岁时才正式做寿,此后逢十都要做寿礼。做寿礼的根本用意是让人人都长寿健康,是有普爱原则的礼节。

庆寿这天做寿之人被称为寿星,老年人穿戴一新,端坐在寿堂正中的上座,接受儿孙等小辈家人的贺拜。儿孙等家人要依辈分次序叩头行礼,然后,亲朋好友们陆续随来随拜。这一天中午必吃长寿面,煮面条时不可以将面条揪断,取长寿之意。宴席的饭菜丰盛实惠,多为鸡、鸭、鱼、海鲜和稻米饭,最后上的红腌菜汤不但清香解腻,而且具有醒酒的功效。

贺礼是为贺寿而准备的礼物。旧时有三节两寿之说,即指一个家庭一年中要有三大传统节令和二老生日需操办庆贺。每个家庭都有黄历,人们除将老人的生日记上外,还将自己亲友的寿诞日都记在上面,由家庭主妇负责按时提醒、备礼。旧习俗准备的寿礼一般包括寿桃、寿面、寿烛、寿屏、寿联、寿画、寿席。寿桃和寿面都是在点心铺精心包装过的,上面还常贴有红剪纸,图案多为五福捧寿、麻姑献寿、老寿星字样。举办寿礼和参加寿礼也为铭记老人的社会贡献,指导年轻人学习老年人艰苦工作、奉献社会的作风。

  本地人也都有给老年人过寿的习惯,在家里面过寿的由子女负责席面和礼节部署。子女给老年人买一个生日蛋糕,然后做一桌素菜、炒菜、炖菜和凉菜、主食品给老人庆祝生日。子女给老年人祝寿发红包 200 到 1000 元不等,以表恭敬的祈福祈寿心愿。

第四章　丧葬习俗

人一生中最后的一个仪式和行动便是告别人世的丧葬礼节。

死者的年龄如果是儿童时期，则放之野外。少亡者先行火化，待其父母亡故后，可移其骨于父母坟的下位。年龄在30岁开外的死亡者，则需要举行正规礼节。如果是在旧时夏季去世者，必须采取马上择日子尽快入土为安的葬式，因为尸体容易腐烂。而若人在冬天去世，则可在其家院内棺材内暂放一月半月，再行安葬亦可。本地六十岁以上的老年人，其儿子便为其筹办寿材和做装老衣。寿材一般是请木匠到家打制，亦有定制柏木、松木寿材者。汉族通行大头式寿材，大头材板厚5寸半，小头处厚3寸半。一般的本地棺材皆忌用铁钉连接木板，而用木头卯子加以契合木板。本地汉人一般旧时为老人在家做寿衣，到民国时期也有买寿衣之家。寿衣一般用绸缎和布料，而不用毛料，怕人死了以后转成牲口。颜色以红、蓝、黄、紫为主，不用黑色，衣服款式采用袍服款。在汉族人刚来准格尔旗落户时，要请人看墓地风水，以后的墓地则固定了。丧葬是一件比较麻烦的事情，仪式和讲究特别复杂，一般的人家多请阴阳先生和代东者看日子和主持亡人的后事。在丧葬期间，阴阳先生的地位是十分重要的。部分人家因信仰全面,也有请和尚和道士做法事超拔亡人的。因本地佛教之传播及民间宗教信徒居多,在人故以后,汉族人也有请外地寺院和尚及本地召庙喇嘛做念经超拔的举动。而如果谙此法者,在此人生时便为其诵持吃素以消业延寿。本地汉人在家中的长辈亡故以后,可先将其放在门板上,等待平事到来安排入殓。在这个时候,亲属们要为亡人洗面净身修剪指甲及整理头发。净身以后开始穿装老衣,并于亡人口中纳入一枚银币,以防以后做了饿鬼。阴阳先生和平事给死者切算出出殡的时间,然后到孝子家中贴化邪符及做法事。阴阳根据死者的去世时间判定吉凶,取五谷、生铁、竹弓竹箭、石块、药材作为镇物放置材内;然后阴阳先生击打铜铃、念诵咒语,并将棺材盖盖住;然后阴阳在死者的墙外写出告牌,写清死者姓名、性别、出生年月,右书生肖忌讳,左书孝子名讳。阴阳在死者生前住过的屋子里以黄裱纸书写镇语并于屋内贴朱砂符后,开始进入治丧阶段。治丧大体经过发请柬、定纸货、油画棺材、定鼓匠班子、办酒席、搭灵棚、吊祭及打墓子、出殡、办宴席、司谢帮忙人等复杂事宜。

治丧期间的答谢亲友的宴席一般请人代替东家主持,叫请代东的。一般本地汉人最讲究的是孝服的发放,必须严格按照辈分扯孝,不得因此惹起麻烦。而且代东者是必须要请有威望的民俗专家担任。本地汉族人在出殡死人前头一天下午举行点纸及记礼仪式。孝子们跪于棺材前,亲友及被请者则于棺材前下跪并三次磕头,点三张白纸冥币进行点纸祭祀。事毕到记礼处记所将带的贡品及货币礼交给收礼人。在头一天晚上,一般汉人都以鼓匠班子吹奏乐器;在村镇的主要街道和寺庙附近进行叫夜活动。第二天上午由阴阳主持丧仪。阴阳先生念出死者的名字及宜避讳的人的生肖,然后让人打碎孝子盆,由阴阳先生决定起灵并念诵仪轨,抬棺材的人们必须直抵坟地,中途一般不能休息。在坟地,阴阳以罗盘测算坟墓的水平度及棺材方向,决定落棺,再将棺材放入墓中后,然后阴阳跳到棺材盖上下镇物及施法,并招魂入墓,防止亡人的灵魂祸害他人。然后孝子将引魂杆子插入靠墓坑北部的地方,之后开始在墓前的土台子上放衣饭罐子,接着阴阳让人开始填土。填土完毕后,还要垒起墓门石以及树立墓碑;在坟地焚化花圈及为死者准备的纸人、纸钱、纸房子、纸车之后,全体送葬人员返回主家大门前,从垒起的火堆上跳过去以隔离邪气。

在送灵的人们全部回到主家以后,代东的先生宣布答谢午席或者宴会的开始。这期间如果是顺心老人没了的,有的人家准备有唱曲儿的音乐班子。宴会按照排席的要求按辈分座席,其实又是在向人们传播尊老爱幼的生活礼训。本地区的席面一般也是八个冷菜及八盘热菜和以炖羊肉、炖猪骨头、馒头、米饭为主。

贯穿丧仪活动的核心是对死者给以安慰和救度,对家人的礼治给予礼训和规范,是对人们的灵魂生活的再教育。中国人对于规矩礼制是执之始终,永不放弃的,规矩礼节就是国人的指路明灯。这就说明孝悌忠信和礼义廉耻八件大事的实际价值和积极作用,在北方民俗活动中道德和规矩在一切礼节中起到了决定性作用。

民间在主家葬人以后,还有谢帮忙者的传统习俗,以及复三、做七、四十九天祭祀、百日祭、周年祭、三周年祭并有以后每年的四季祭祀。本地人比较重视丧葬程序,所有的丧葬诸事必请阴阳乎事以为之主持并画符施法,以求让生者平安死者不苦。在丧仪中地位最高的不是东家而是阴阳乎事,阴阳乎事的权威在这时特别重要,人不敢犯之。当然阴阳乎事问东家要的做营生的工钱也不会少。而且一般的阴阳乎事都附带鼓匠班子和纸火班子,那叫殡葬一条龙服务,收费也一般不会议价。在当代的丧葬习俗中又增加了丧葬服务产业。薛家湾镇和沙圪堵镇以及其他村镇几乎都有殡葬服务中心。几乎全部的社会殡葬工作都可以让殡葬服务中心去做,这也给人们省了很多的事。白大路、马栅等一些村社也设有红白事务服务理事会,用于办理红白事务。总括准格尔旗汉式葬仪,既有晋、北陕北的汉族典型丧葬程序,亦受本地蒙式葬仪影响,是黄河文化和草原文化、复合型文化礼节的一种结合模式。人可以死了,但名声不能死了。所以,中国人很注意在活着的时候积德行善,以便在死了以后能坦坦荡荡地面见阎王爷,而且也能落个好名声,这对于家庭和后人是莫大的帮助。

而生为贤良死为好鬼的思想则于蒙汉民族都是统一的。人们时时处处教导世人兢兢业业,举止含礼,不失其忠厚。在旧时本地汉族之葬式一律以土葬为主,火葬极少,因出血而亡的人则必须予以火化。在汉族传统葬式中可以看出，从古代形成的中原汉葬模式代代传承永不磨灭，闪耀着人性光辉和道德路线。如果人人都能生做贤善死亦无惧的话，那么，肩三才（天地人并称三才）而启圣迹的大成之道人人可以担当和完成。

第一节　丧事前期准备

丧葬的前期准备工作实际上在老人们活着的时候就已经开始了，本地的人们一般在老年人60岁以后就准备购买和请木匠给老年人做棺材了。当然，现在的殡葬业很发达，已经不需要提前准备棺材和寿衣了。在人死了以后东家只需要打个电话，薛家湾镇、沙圪堵镇殡葬服务中心或者其他附近县城殡葬服务公司就送来了寿衣、棺材和纸火，有的人家或者直接把死人拉到殡葬服务中心去料理后事。民间规定老年人的寿衣是必须提前购买的，主要是让老年人看看是否满意。大部分老年人去世以后都选择了回归祖坟，而现在进入薛家湾镇王青塔村、白大路村和福路村、沙圪堵公墓地殡葬的死者也很多。

本地区人们历来重视丧葬礼仪，特别是长辈的丧葬礼仪。早在春秋战国时期，汉族民间丧礼已经形成一整套礼仪。死者的入殓、殡葬、葬后事务的规矩有40多项。以后历代传承，虽有简化改变，但主要程序却一直相沿未改，人们也大体遵循着这一套程序办理丧葬事务。

老人临终前，按地方风俗，所有的子女都要来到老人身边日夜守候。这样,物质、心理上的准备也就有了,弥留之际,亲人要给死者沐浴更衣,穿戴好寿衣。这一方面是因为死后尸体僵硬,不好穿戴;另一方面是人们认为如果死者没有来得及穿上衣服就咽气,是光着身子走了,亲属会感到十分遗憾与内疚的。在丧事的前期准备工作就绪以后,再开始下一个环节。

第二节 治丧

亡人气绝后,各地都讲究趁其身体未僵硬时,为死者换上预先缝制的寿衣。偏关县等地讲究在死者的袖筒里放一些纸钱和面粉与头发揉成的圆球食品,然后用麻披把袖口和裤腿口扎住叫上路点心,五寨县一带称之为打麻伴。晋中祁县等地则在死者左手放一串与死者岁数相等的小面饼,名为咬牙饼子,再在死者右手放一条鞭子或拂尘。把死者咽气后烧化的锡箔纸包好,放入死者怀中;再给死者系上一条麻披拧成的带子。民俗认为人死后魂归地府,纸钱、锡箔是用作盘缠路费的。河套地区的习俗是在死者袖子里装白面烙饼,称为打狗饼子。死者绝气后,人们在死人口中还要放入一枚铜钱或者金币,叫做口含钱,这一习俗由古代帝王将相死后含玉的丧礼演变而来。民间认为死者口中含钱、含金银入殓,这样到阴间才不会挨饿。在死者死亡以后还要理发、洗涤和整容。给死者穿戴好寿衣以及准备停尸,把死亡者从床榻移到一块木板上,这叫做停尸。之后,要用被子盖在死者尸体上,有的则用白布或红布覆盖遗体。东汉应劭的《风俗通义》说,夫差不听伍子胥的劝谏,以至国破身降。临死时觉得不好意思在阴间再见到先死去的伍子胥,让人给他脸上蒙了一块绢帛才咽了气。人们沿用这一习俗,表示对死者的尊重,让死者安息。

在给死者穿寿衣时不能哭。认为死者正在绝气和选择新的出路之际,哭迷了路,死者的灵魂就无所归宿;或者认为泪水落在死者身上,会干扰灵魂分离过程。在给死者穿好寿衣安放停当后,全家男女老少这才给死人烧化纸钱,俗称烧离门纸。

在很多地方人死时焚烧咽气马马和用公鸡引魂也是一道程序,意思是让死人的灵魂骑马早走。传统的说法是人在世上造了的孽,到死后在阴间是必须负责的。所以,为死人做功德减少他们在阴间的痛苦也是孝子贤孙们必须考虑的一件大事。

停尸期间,死者头前或脚后要点油灯或蜡烛,俗称引魂灯。同时,还要把烧化的纸钱灰装在瓦罐内,叫做烧上路纸。瓦盆内每次祭奠时都要往里放一些酒食叫做倒头饭。这些入葬时都与棺材一起埋入地下,以供死者在阴间使用。停尸期间,要有人在一旁守护,严防猫、狗和猪等活物跳越其上;如果是在夏季,又要防电闪雷鸣,意恐惊尸。预防的办法是在死者身上放置石头、秤等镇物。

死者小殓之后,家人请来同族长辈和邻里乡亲共同商定丧葬事宜,然后主家亲自去或请人去亲友家报丧。长辈去世后,儿孙要身穿孝衣,到亲友家叩头报丧。

死者的晚辈亲属、儿孙均称为孝子、孝女、孝孙,全部着孝服。孝服有许多讲究,依死者的亲疏远近分为不同的种类和式样,有些地方未婚女婿要披一条彩带。孝鞋也是有讲究的,一般穿布鞋,用白布包住用针缝好,叫做满鞋。死者儿女辈的鞋后跟留一寸的口子;孙子辈的要露出三四寸的口子;如果死者的配偶仍健在则按男左女右的原则把口子留在配偶一边。孝子要拿哭丧棒,治丧时所用的柳木细棒,或高粱秆棒,长约二尺,上面缠上白纸。哭丧棒先放于棺前,出殡时孝子拿在手里,后插在坟堆之上。

入殓用的棺材各地以木棺为主。木材以木质坚硬的柏、樟为上等,油松、槐等次之。板材时兴厚大,最厚者六寸,拗五(五寸五分)以上均为上等,依次等而下之;棺材底、盖、侧均为整块者称为独幅。棺材外涂油漆,有紫、红、黄几种颜色;棺材外面一般有彩绘图案,图案为百寿图、四季图、二十四孝图和愉快升天图。棺材内涂以松香或用黄表纸裱糊,取的是黄金入柜、遗泽子孙之意;棺材内还要贴上用金银纸剪成的太阳、月亮、北斗图案。

第三节 祭奠

入殓之后吊丧仪式就开始了。开悼时架设灵棚,将棺材移到灵棚之中,名为移灵。隆重的丧事在灵棚前还要高搭牌坊。灵棚内悬挂幔帐或竹帘,后面停棺,前面为堂。灵堂中摆有供桌,桌上供灵花,陈列牌位和祭器、祭品,悬挂死者遗像。两侧摆放各式纸扎和陪葬品,诸如童男童女、金银二斗、摇钱树、聚宝盆、引路娃娃、打道钱以及挽联、挽幛、花圈等。

开吊后亲友陆续前来吊丧,不论辈分大小,统统按照死者为大的规矩,上香跪拜。死者的子孙披麻戴孝,手拄哭丧棍,跪在灵堂供桌西侧的谷草或草垫上。

古代丧礼中,外来亲友对死者的哀悼有吊、奠、赙三种形式。讲究奠用香烛、酒果;赙用钱帛、金币;奠后再烧纸,则为吊,民间于此变通颇多。有的用猪头、鸡和面鱼,名为三牲大贡;有的用20多个面饼,名为蒸炉食;至亲奠品除挽幛、宴席、三牲、香烛外,还须有大馍80个。

在死者出殡头天晚上还有叫夜的习俗。民间习俗认为亡魂无阳气,不得与人共处,自死者绝气时已入附近寺庙庵观或者城隍庙栖身。于是,在出殡前一天,家人和亲友要抱着牌位,打着引魂幡,提着灯笼,吹打着鼓乐到附近寺庙庵观或其遗址招魂。出殡这天晚上本地区讲究守灵,亲友会集灵堂,通宵为死者守灵。由死者的子女、孙子和外孙哭着守灵,称为哭灵。

在出殡之前,除了各种吊丧供祭外,死者仍像生前一样享受着人间烟火食,一日三餐必由家人亲供;清晨盥洗用品也一如日常安排,连饭后的嗽口水杯也不可缺少。这样,一直到出殡,死者才算是离家而去。

第四节　出殡

现在的本地区各地通行墓葬和火葬模式,墓穴有提前建好的,也有死后临时开穴打墓的。旧时打墓要请阴阳先生坐看风水,将墓穴定位。阴阳先生撒五谷,在所定穴位上用银针开十字,名为开土。坟墓开土之后,便可打墓挖土了。合葬者,只须在旧葬处旁边另开一穴。死者如入祖坟,其墓穴在上辈脚下。依次类排,直到坟地无法再开穴后,再请阴阳先生看风水,选地另建新坟。民间墓地的排列是有严格规定的,其基本原则是长辈在上,晚辈在下;男左女右,长左幼右,男性为正方,女性稍偏一些。这种墓地形式是民间历史上持续最长、影响最大的家族墓地,这种墓地按男性计算世系排列墓次,相同辈分的死者坟墓排成一列,后代同辈按秩序依次排列。排列的顺序与家谱记载的人员层次相同。墓地墓向统一墓式一致,人在进入墓地之后便可明了墓主们彼此之间的关系。死者去世后的排列顺序与生前的名分秩序是一致的,人死后如同活时一样,有着金字塔式的等级结构,这正是传统家族制度上下有别的基本制度。

民间习俗筑墓富者用砖圈,贫者则挖墓埋人。旧时还有掘土为窑的窑葬。现在的火葬模式一般是把死人拉到殡葬服务所之后让死人进火化炉火葬。火葬以后家属在殡葬所殡葬房间将死人的火化骨头捡一点放到骨灰盒里面,然后把骨灰盒寄放在殡葬所或者带回坟地掩埋。

出殡这一天，亲友、邻里汇集丧家，祭送奠仪以示哀悼。奠仪一般包括祭席、馒首、挽幛、纸扎。至亲送祭席，俗称祭，以肴馔为主，每一副都要插大小不等的纸花，其次则为馒首，即一种用碗扣出上笼蒸熟的面食。亲朋好友大多送挽幛、挽联，以后多送为一块布料或者给钱。普通街坊则送四色纸礼，含蜡烛、香、锡箔、纸四样。20世纪50年代以后纸扎多为花圈、挽联代替。

吊祭者公奠之后，死者的长子跪拜向宾客致礼；然后用白布绳子拉着棺材大头，在众人的协助下把棺材移出灵棚，俗称出灵。各地都有在出灵时于棺材后头打碎死者生前用过的一个饭碗的习俗，有些地方还要磕碎死者生前用过的药罐，表示今后家中不再有人生病，再也用不着熬药了。起灵前死者的儿子们还要进行一种压食钵的仪式。他们在一个瓷罐中挟入各种菜肴、食品，然后轮番摁捺，一直到满为止。最上面放一个馒头盖住，用一双筷子竖立穿孔，上面再盘一些染红的粉丝。此罐食品在出殡时将随棺下葬。

棺材抬出灵堂后，便放到预先绑好的架子上，有四人杠、八人杠等数种抬棺形式。棺材抬起之前，死者的长子双膝跪倒，手捧烧纸钱的瓦盆，然后把瓦盆在地上摔破，称之为摔孝子盆。民间认为摔破孝子盆，死者就可以把所有烧化的纸钱带到阴间去用了。

出殡队伍最前面有开路的，沿途插放路旗，即用五色纸或白纸糊成的小三角旗，指引死者亡魂；抛撒引路纸钱，以示买通沿路鬼魂；次为仪仗、各种纸扎、鼓匠乐班奏乐、由外甥或孙子扛着的引魂幡；然后是持哭丧棒的孝子，孝子之后是棺材，棺材后跟着的是坐着轿车的女眷和步行的亲友。

墓地还要由阴阳先生安置镇物，如桃弓、柳箭、桑枝、棉花、五谷等。死者的儿子陪同阴阳先生入墓检视，然后家人往墓内扔平安钱、平安馍。墓内要放由阴阳先生画符的新砖、新瓦，民间认为这是阴间的锁和钥匙。坟丘堆成后，死者儿孙所持的哭丧棒和引魂幡要插在坟头，接着烧化所有纸扎和花圈，送葬者再祭奠一番后返回。

第五节　其他丧葬礼节

本地区大部分地方是在死者安葬后第三天，到新坟添土烧纸，称为复三，又叫圆坟。一般是死者的长子带领全家人去坟地，有的地方是凡有服之亲都去。如川掌村、敖包沟村等地则由亲友带上锅、木柴和素糕、素食去坟地给亡者安锅，人们在祭奠后食毕油糕而归。意思是希望死者永远有饭吃，也有让子孙后代都富贵温饱的意思。

民俗认为从人死后算起，每七天必祭奠一次，称为过七。其中一七称头七，三七又称散七；五七、七七又称满七、断七或尽七，较为重要。一七时丧家设灵座、供牌位、举行仪式、受唁开吊。

三七的时候死者的子女要拿着香火，到三岔路口呼唤死者,或上坟焚香接引亡灵回家。五七,民间认为这一天死者亡灵回家省亲,丧家除举行祭奠,还要延请僧道诵经给亡者和家人消除麻烦和困苦,亲友均来吊唁。面蒸供品中,男亡者多蒸一份莲花馍馍,女亡者多蒸一份如意馍馍,并按亡者岁数扎制纸花、剪纸旗,纸旗以谷草杆穿扎,沿路一直从家门口插到坟地。七七的时候,丧家举行祭奠仪式,亲友都来烧纸,或到坟前祭拜。

人死或安葬100天后,即百日,也是一个祭供日,又称百日祭。到这天,穿重孝服的人要改穿常孝服,一般人多除去孝服。

古礼认为在人死后其子女要服孝三年,俗称服三大孝。满一周年烧纸祭奠,叫周年或烧年,古代称为小祥;第二个周年叫大祥,也要去坟地致祭;满三周年烧纸祭奠,死者的亲友毕至,各带供品、纸扎。三周年过后死者的子女即可脱去孝服,改换平常衣着。所以三周年又叫脱服或除孝。按照传统民俗的做法,丧葬礼仪至此才算正式结束。

服三之后,人们对死者的祭奠转入普通的上坟,不再有特殊的忌日。上坟次数一年大致有三次:即清明给以火供,七月十五尝新谷;十月初一送寒衣。也有一年五祭的,即除了以上三个节令外再加上元旦和冬至。

第六节　民间丧葬禁忌和规矩

民间有一些丧葬讲究,民间丧葬礼节和禁忌如下:

1. 亡者不能血葬,意外死亡者一般要火化后进入坟地。
2. 下葬时,先由孝子在坟地挖三锄,叫开穴。
3. 死者安葬三日后主家需要到坟地复三。
4. 死者安葬后七七四十九天内,孝子不理发、不修面,谓之守孝。
5. 死者五七礼祭由孝女来做。
6. 安葬后要做百日、周年礼祭,以后归为常规祭祀。
7. 葬穴挖成后燃芝麻秸暖井。
8. 择定时辰移棺下葬。
9. 下葬时坟墓坑子要平整。
10. 棺材入墓后先由长子用衣襟包第一块五合土覆棺,其他亲人随之。
11. 下葬时旁系亲属不能看棺内死者。
12. 抬棺材到别人门口要绕行。
13. 老人弥留之际须穿寿衣。
14. 老人弥留之际抬在坐椅上,谓上大椅。
15. 老人弥留之际亲人力求到场送终。
16. 老人咽气后焚烧纸钱和床铺草,谓烧上路钱和下床草。
17. 死者去世当日要设灵堂,点香油灯。

18. 有长辈来吊丧,死者长子等亲人必须长跪谢恩。

19. 吊丧期间,亲人食素免荤腥,以示恭敬。

20. 死者家属应该向前来祭拜死者的亲友们鞠躬或者磕头表示感谢。

21. 棺材一般都要在老年人生前就准备好,民间有七十治棺的说法。

22. 丧葬人家第一年对联用绿纸,第二年用黄纸,第三年恢复用红纸书写对联。

23. 送葬路上碰到相识者忌打招呼,恐被亡人得知对被招呼者不利。

24. 治丧期间应当聘请民俗专家主持饮食和待客事务。

25. 祭拜祖先忌用肉、鱼活物,否则对祖先不利。

26. 忌席上摆三个菜,俗称是过去死囚斩首前吃法。

27. 治丧之前主家要先请阴阳先生掐算出死者出殡的日子并请阴阳先生主持治丧事务。

28. 民俗认为,吃素、诵经和超度死者的法事有利于死者的神识晋升到更高的层次。

29. 村子里有丧事事务时,人们不能唱歌。

30. 适墓不歌,哭日不歌。

31. 装殓时死者嘴里不能空着,古代死者有含玉习俗,现在当地的亡者口里有含金银元宝的习俗。

32. 忌给死者穿黑色衣服。

33. 民间忌讳雨洒陵墓。

34. 有的地方忌讳正午出殡。

35. 葬礼忌穿黑白两种颜色以上的衣服,忌穿戴鲜艳的服装参加葬礼。

36. 治丧事务完成后主家应当设宴感谢代东和帮忙的人员。

37. 服丧时间依亲疏而定,古礼认为儿子应该为去世的父母服丧三年。

38. 祖坟要四季祭祀。

39. 老人病逝忌说死了,应说老了或没了、走了。

40. 守丧期间主家不能走亲访友。

41. 死者子女在守丧期间穿孝鞋。

42. 孝子服孝期间,男子百日内不理发。

43. 送葬忌讳回头看,忌讳从原路返回。

44. 丧葬时的花圈及纸扎祭品要在坟地烧掉。

45. 婴幼夭亡者和杀人放火者、无恶不作者、不守国法者禁入祖坟。

46. 守丧期间孝子们要多做善事。

47. 异地死亡者得设法抬回死者家中安葬。

48. 冷尸入村败到底,身死异地者只能停尸于村外。

49. 办丧酒宴请亲友帮工,筵席散,禁忌言谢,不予挽留。

50. 死人忌以裘皮之类做寿衣,怕来世托生兽类和堕入畜生界。

第二辑

生活习俗

第二篇

刊と掲載

第二辑 生活习俗

第一章　居家服饰

鄂尔多斯高原属典型的中温带大陆季风气候。冬季长且寒冷,夏季炎热。四季的分明决定了服装穿戴必然随着季节的变化而变化。1949年前在春季、秋季,人们一般穿单腰子、夹袄,褂子和裤子;在夏季有钱人穿白羊布内裤和半袖衫、衬衫;在春寒季节有穿棉袄、棉裤及皮袄、皮裤者。夏季炎热,有钱人穿丝绸半袖子和丝绸裤子以图凉快和舒适;穷人则往往只穿土布鞋,不穿袜子,上衣穿褂子,多有上身不穿衣服的劳动者。在1980年以后,本地区春装、秋装系列足够挑选,男女人们以穿戴皮鞋、布鞋,薄棉袄、夹克衫,褂子、裤子和内衣、背心、裤衩为主。

本地的棉花来源地为山西省保德县,布匹来源地有河曲县、府谷县古城镇、托克托县或自产老土布。中国人有使用丝绸缎匹制造衣服的传统,因而本旗之有钱人也可以购买到丝绸成衣。在清代、民国时期,该地区服装用布主要产自河南省和河北省,白洋布、黑市布及红市布亦于民国时期被贩卖到此地。民国年间本地人冬天多以穿戴皮衣为主,在冬天娃娃们头戴皮帽子,身穿皮袄;大人们脚上穿毛靴子,俗称毛噶登。夏天则穷人依旧是穿薄袄、薄裤子,一般人连鞋子也没有。1949年前穷人们一年四季穿皮袄劳动,穷得买不起衣裳。

1950年以后布匹有了斜纹布、毕机布、卡机布、灯芯绒、海丝绒、的确良、涤沦、腈纶及毛料、毛线产品。农业社期间的布匹供应是不够的,人们穿戴的基本都是统一的清一色中山服和打补丁衣服。

1950年到1980年本地人的衣服以军装色及军装型为准。衣服制作有手工、缝纫机机制及商店销售的服装三种。

在过去,一般女人罩头巾,男人戴帽子。人们冬天戴棉皮帽子,夏天男人戴草帽,其余时节戴前进帽或解放帽。

1980年前儿童及老年妇女穿肚兜,儿童或男人们不穿背心,一般穿无袖主腰子。主腰子一般有两层。男人、女人都可穿坎肩,有夹坎肩和棉皮坎肩之分。男人们穿的上衣一般有夹袄、皮袄、白布衬衫,大氅、小氅,皮褂、皮夹克,也可穿丝绸缎匹做的上衣,或用毛线织成的毛衣、毛背心。女人们穿的上衣有坎肩、花布衫子、花布褂子,棉袄、小皮袄、小氅;丝绸上衣及主腰子。

配伴着穿戴的服装有披肩、围巾、白羊肚毛巾、领带、西服、裤带。男人们有钱则戴金戒指和玉扳指,女人喜欢金戒指及金银铜镯子。

清代、民国时期,本地人的鞋是以手工缝制的牛鼻子鞋、松紧壳鞋、布鞋、四层底布鞋及女式绣花鞋、红布鞋,大的汉族妇女被官府勒令缠脚,只能穿小壳缠脚鞋。1949年前该地区生活者多为牧民,一般穿毛鞋和毡鞋,下雨时候把皮袄皮朝外穿上。

第一节　服装鞋帽业

一、服装

男装。清代农家一般穿着纺织的麻布或棉布衣服,为汉族传统服装,俗话叫布衫子。男装以黑、白、蓝衣服为主,民间称外衫为褂子,有大襟和对襟两种,皆为圆领布扣;老年人多穿大襟褂子,青年人则穿对襟褂子。外衫有便服与礼服之分。便服上着短衫,其款式初为大襟,后改对襟;下着宽筒裤,此裤高腰、大裆,穿时将腰部宽松部分对折扎上腰带。礼服是大襟右衽的长衫,晚清时有外加马褂,马褂有马甲式和汉装式两种。农民日常穿便服,如逢节俗才穿礼服;而官吏、乡绅、富商、教员、郎中等则日常着长褂。富贵者夏日为绸袍,冬天为棉袍或裘袍,外套马褂。在长衫外面加马褂是有一定身份的男子趋时的服装,普通农民则是没资格也没能力穿的。在民国期间,本地的蒙古族都穿上下一笼统的袍子。这种袍子很笨重,而且不是上衣、下衣分开穿,1949年以后人们就基本不穿了。现在的蒙古袍服已改为上衣和袍子两种样式。

中华人民共和国成立初期,灰色和蓝色的列宁服、中山装、干部服、八角帽流行,农村男人夏穿蓝布衣服。在"文化大革命"期间,本地有职业特色的服装颇受男人欢迎。一是男式绿军装在青少年中十分时兴；二是干部穿的干部衣服人们也很爱穿。

1980年后服饰产业发展迅速。儿童服装五彩缤纷，把娃娃们打扮得多姿多彩；青少年偏爱富有朝气的T恤衫、牛仔服、运动服、太空服、蝙蝠衫、羽绒服等等服装，富有洋气的喇叭裤也为年轻人所喜爱。

衣裳，广义包括冠、衣、裳、鞋四类。春秋战国到秦汉的服装包括冠、冕、弁、巾。其中冠、冕为帽，巾、帻为头巾（束发带子），帻后来演变为帽子。此外还有帕头，也称绡头、络头、帕头，是一种头巾，两汉时期很流行。衣，指上衣，有袍服（长绵衣）、单衣（单层衣服）、襦（短棉外衣）、袭（褶，夹层衣）、衫（短内衣）、襮（无袖夹层内衣）；裳指下衣，有裈（短裤）、袴（长裤）、裙（袴不连裆）；鞋有履（草、麻编织或麻布、帛缝制）、屐（木板制作）、靴（皮草制作或毛靴子）几种。

明代内蒙古西部区汉族人的上衣较长，圆领，对襟或右襟。清代汉服满化，立方领，右尖角大襟，左右有衩；纽扣一般为绦疙瘩，也有用铜、琉璃、驼骨、玉做成的。清代人们的上衣仍较长，男女袍子俱至膝下，有长袍（有棉、夹之分）、大衫（即单长袍）、大袄（或棉或夹）、小袄（男女家常穿）的区别。20世纪50年代后西装革履出现在上层人物和知识分子中。五六十年代机关干部普遍穿灰、蓝色中山装；工人穿劳动布工作服；农民多穿黑、蓝色斜纹布衣服。在机关工作的妇女和城镇姑娘偏爱列宁服，颜色以蓝、咖啡色为主；春秋时节多穿起肩、大领、较肥大的过臀上衣。机关工作人员无论男女均喜穿风衣;家庭妇女和老年妇女多着大襟盘扣短上衣,夏季喜穿浅色衣裤,其他季节以蓝色为主。男女衬衣为浅色平纹布,多为手工制作。70年代中期始有的确良、涤卡衣裤上市,并逐渐普及化纤织物衣服。1980年后,随着人民生活水平的提高,服饰在面料款式上不断更新。冬季,男女外着呢子大衣、毛料大衣和皮夹克大衣;地方人士开始流行穿羽绒服、皮夹克和长短外衣,毛衣毛裤,秋衣秋裤,西装革履。在春秋季节机关工作人员和青年男女身着各种面料款式颜色各异的长短风衣,内着各种面料西服套装;青年男女喜欢穿牛仔装、旅游鞋和皮鞋、布鞋、运动鞋。在夏季女子裙装逐年增多,女人们穿套裙、连衣裙、皮裤衩短上衣,女士们的日常衣着也非常的漂亮。

民间服装的主要工艺是:

长袍:高领右衽,自领口至腋下钉五枚用布条绾结的扣,俗称蒜盘疙瘩。冬为棉袍,多黑、深蓝色;富家者以绒、皮毛为里。夏穿大褂,灰青色居多;春秋穿长衫,两侧膝下开衩。

马褂:清代官服,高领对襟,常套于袍、衫外,后流行为民间礼服。马褂用料讲究做工精美。

袄:布料。男子对襟,妇女、老人右衽;按季节分棉、夹、单衣;颜色除黑、蓝、白外,女袄多为红、紫、粉、绿等各种花色。

对门衫:左右前襟相对,大襟衫,前襟为一整片。右衽在腋下处系扣;单衣称衫夹衣、棉衣称袄,均为立领;用布条缝制绦疙瘩纽扣,每件上衣缀5枚或7枚扣子。缝缀纽扣讲究7针7

线,即1枚纽扣只在里面留下7针线脚。

马甲:又称坎肩。圆领,无袖,多用于春秋两季穿着。

大裆裤:男女均穿,不分前后。中老年男女均裹腿带,用料多为白、蓝、黑土布制作;冬季穿白茬皮袄、皮裤;裤带多用红、蓝市布制成。

裤子:民国以前多为大裆裤。20世纪30年代后城镇为制服裤,男裤前开口,女裤侧开口。旧式裤子裤裆肥大不开衩,可前后换穿,单、夹、棉随季节调换。男子冬天有穿皮裤的,用羊皮、狗皮做成皮裤,一般不挂裤面。民国以前还有穿套裤的,套裤无裆便于洗换。

学生服:民国年间的学生服以青、蓝、白、灰色居多。领对襟,左胸挖兜,衣襟左右两侧各有一带盖大暗兜。即三暗兜,上一下二,女式下兜斜,后时兴加兜盖。

衬衫:男式分单上兜、双上兜、圆襟、方襟;女式按领口分为直领、翻领、圆领、尖领、燕领、鸡心领、飘带领等。男女皆分短袖、长袖;长袖中女式又分挽袖、敞袖。

中山服:四明兜,有兜盖、兜扣。

青年服:四暗兜,有兜盖,无兜扣,系青年男服。

和平服:翻领,前胸有两褶子、两三角,纽扣包以布,为女式单衣。

西服:多为套服。上衣大翻领,两个纽扣。有背开衩和大富豪款式,仅1枚纽扣。

皮衣:分中、西两式白茬皮袄、吊面皮袄、皮夹克、皮背心、大氅、小氅等。按毛质分有羊羔皮、西宁筒、绵羊皮、山羊皮、狐皮、兔皮、猫皮、狗皮等皮料。

皮袄:有挂面、不挂面之分。挂面的叫吊面皮袄,不挂面的叫白茬子皮袄。吊面皮袄一般为羊皮筒子(有的是羊羔皮筒)外挂布面,以宁夏滩羊皮为贵重(俗称西宁筒子)。官绅巨商也有穿青羊、狐狸、扫雪、灰鼠、水(旱)獭等名贵皮筒的。乡下人都穿老羊皮皮袄。

毛衣:有高领、直领、鸡心领、前开口、后开口、侧开口、对门之分。多系女子自织,针法多种花样不断翻新。

西式裤:暗兜2个或3个,以开口不同分男女式。

二、鞋帽

20世纪50年代后鞋袜品种逐渐增多,除各式圆、方、紧口布鞋外,皮革、橡胶、人造革、塑料压模鞋普及。鞋子也由家做鞋过渡到商品鞋。各式布鞋、胶鞋、皮鞋(靴)、塑料鞋,有单的、棉的,有高腰、低腰、高跟、平底、光面、翻毛等式样。清代人们多穿布袜,民国年间时兴针织线袜。1949年后布袜、线袜均淘汰,代之以丝、尼龙、锦纶等袜,美观柔软、耐穿舒适。

靴子底厚,勒高至膝下,民国以后很少有人穿了。金梭鞋、双脸鞋、布鞋、松紧口鞋为城镇居民所常穿;牛鼻子鞋、槽板鞋是农民常穿的鞋。

冬天,人们穿棉鞋及毛鞋,棉鞋。里面夹层之间絮棉花或夹薄毡。毛鞋,羊毛擀制而成,低勒的为毛鞋,高勒的为毛嘎蹬。

清末民初,女鞋尚有高底和平底之分。高底鞋后跟衬木底。平底鞋粗的叫实纳帮鞋,细的叫绣花鞋。

皮鞋:在中华民国成立以后开始流行,以亮面为主,颜色以黑、棕色为多,配皮底或胶底。多见于城市上层社会,农村除富户外没有穿皮鞋的。女式皮鞋以高跟为多。

腿带:黑色、宽边、布质,一般为老年人扎腿脚所用。

裹腿:用棉布或薄毡制作,中老年男子用以裹腿。20世纪90年代已不多见。

腰带:红士林布腰带,20世纪50年代初期新婚男子扎腰带;通常内用帆布腰带和皮带。

布鞋:有圆口、方口、带袢、四眼等样式。底有普通布底、翻毛布底、涮胶布底、胶底、塑料底等,布鞋的绱法有里外之分。实纳帮单脸鞋及牛鼻鞋进入20世纪80年代后青年人已不穿。

翻毛皮鞋:黄色、褐色、浅灰色较多。

亮面皮鞋:男女各有多种款式。方头、尖头、三接头多见于男青年,中老年一般是圆头;女青年喜穿黑色、棕色或暗红色的高跟鞋。

此外,还有运动鞋、旅游鞋、凉鞋、拖鞋、靴子、雨鞋、胶鞋、水鞋等各种样式的鞋子。

袜子:有布、毛、线、丝、锦纶等。线袜在20世纪70年代中期已不多见,20世纪80年代初城镇青年曾时兴尼龙丝筒袜,20世纪80年代后人们普遍穿锦纶袜。

清代,冬季男子多戴毡帽头、皮耳帽,夏戴8块瓦式瓜皮帽,帽顶端缀以绒球。民国初期,富人戴小金边大金顶毡帽头,外缘以金线锁边,灰鼠皮贴面,额前两撮灰缨。儿童有风雪帽,虎、猫帽及一把抓帽(针织筒式帽)。

冬季男子戴毡帽,两侧缝有护耳以羊皮、狗皮、猫皮、兔皮等制成,富人缝狐皮护耳;青少年和女子戴皮帽或围头巾,夏季男女多罩白毛巾(俗称羊肚子手巾)。

成年男性帽子春秋为礼帽、前进帽,冬季为皮帽、棉帽、针织毛线帽。野外作业者戴狗皮帽。

20世纪50年代以前男女农民春、夏、秋季几乎全是罩手巾子(毛巾),冬天男子戴老羊皮帽或毡帽;有钱人家妇女戴大绒或丝绒平顶绉边绣花帽;男人戴瓜皮帽、礼帽和羊(狐)皮帽。50到70年代,男女青年流行八角帽、解放帽、军帽、警式帽,中老年人戴前进帽。

毡帽:用黑色羊毛或牛毛擀制,为旧时中老年男子所戴。20世纪50年代后逐渐被淘汰。

皮帽:用山羊皮或绵羊皮缝制,不挂布面。

狐皮帽:用狐狸皮缝制,内挂黑布面,絮棉花;耳朵上缀带子,可绾可放。

瓜壳帽:六瓜瓣形,俗称瓜皮帽。创自明太祖洪武年间,取其六合一统之意,多为市民百姓所戴。清朝沿袭,旗人皆戴之。夏秋用纱或布,春冬用缎,一般为黑色。

礼帽:毛呢料制品,类似草帽状,四周围帽檐短于草帽。政界、商界及有一定身份者常配戴,当代亦有人戴之。

八角帽:深蓝色,布帽檐,缀红五角星。

前进帽:前低后高,前有按纽,状若鸭舌。

解放式棉帽:前有帽檐,左右有耳朵,耳朵上可贴缝皮毛。

火车头帽:与解放式棉帽相似,无帽檐,有顶风。顶风为麻绒、皮毛质,又称栽绒帽。

网帽:为绿色丝缕织品,圆网状。

筒帽:20世纪80年代初时兴的一种毛绒编织帽,状如筒形,绾边打结成帽。多为中青年妇女或姑娘所戴,也偶见于男子戴此帽。

凉帽:以府绸或的确良制作,外檐套铁丝圈,下缀带。颜色有纯白、粉红、天蓝等色。

童帽:婴幼儿所戴,帽式多拟动物形状。有兔帽、猫帽、虎帽、公鸡帽等。

围巾:有棉、毛、绒、纱、绸多种,以色泽区别男女老幼。老年妇女多为粗线头巾,于脑后打结,取暗色或素色;青年女子多取纯白或艳色。

第二节　装饰品

饰物分头饰(发饰)、耳饰、项饰、腰饰、手饰、足饰等几大类。汉族先民在原始社会就已有了上述饰物,以贝壳、兽骨为主,也使用玉。春秋战国以后,饰物以玉、金、银为主,其后历代在形制、品种上不断增多,制作愈加精细美观。通常妇女重视头饰、耳饰、手饰,男子重视腰饰。

服饰反映人的追求美以及志趣和情操,同时又代表身份和社会地位。因此人们很重视服饰,特别注重在公众场合和接人待物时保持服饰的规范整洁。

发式。男女婴儿留全发,即古人所谓垂髫。稚童期间,男童左右颞骨各留一绺头发谓之燕翅翅;两面交替留,谓之搬家辫子;头顶留一片头发,谓之铙钹盖;脑门儿处留一撮,谓之马鬃;后咽窝留一撮,谓之舅舅毛。12岁生日过后,开始梳发辫,已与成人相同。女稚童剃脑后至鬓间,梳双辫或单辫,前有刘海苫额,也有梳双髽髻的。12岁以后留全发,梳髽髻或单辫。十五六岁以后梳偏髽髻。媳妇盘髻称圪嘟嘟头;小媳妇盘髻戴花或用发卡卡;中年媳妇戴络子;老婆婆插扁簪;大姑娘、小媳妇的刘海多梳成乱刮风式。

本地区男子在清代以前留头束发,加冠笄及方巾;到了清朝,从满族辫发习俗;民国年间,城市官场普遍时兴平头、分头,乡村男子多剃光头,或叫秃头、盖盖头。1949年前后,农村男人剪平头、分头的也多起来了。妇女在婚前多留发髻或梳辫子;婚后发形较多,发式有:1.大髻:也叫喜鹊尾髽髻,清末民初盛行这种发式。用细铁丝作架,拨吊形,稍弯,发架放在发根,用头发包架,发少者可加假发,然后用头绳系住,罩丝络,外插虎头别簪,这种髽髻形如喜鹊尾,朝后翘起。有的挂蜂片等装饰品,有的加银丝四根,丝梢缀小银铃,至结婚拜天地时改梳其他发式;2.空楼头:发架分三股,上大下小,如瓠形,充以假发,用真发包住,横插别簪;3.苏州壳子头:形状比空楼头扁而大,也横插别簪;4.骨朵朵:将头发盘圆,系在脑后,外加丝络,这种发形在民国年间最为普遍;5.毛箭骨朵:这种发式为老年妇女所喜欢。将头发在发根处绕成圆形,用别簪别住,梳法简便。

20世纪50年代以后随着理发推剪等工具的广泛使用,男子发型逐渐多样化,有平头、分头、背头、一边倒、长发、光头等发式;女子发式未婚、已婚差别很大。少女梳朝天辫或双辫,未婚女子梳一根大辫子和剪发头;已婚女子脑后绾纂,纂有纂罩,系用红丝线或棉线织结而成,为保持发型不变,中间横插长簪。1950年后大部分女子剪去发髻改留短发,蓄长发者脑后以发卡束作扁平状,年轻姑娘或留各式短发或梳辫。

首饰。旧时成年女子挽髻,戴有各种头饰。旧时妇女盛行戴花之俗,有鲜花,也有绢花,花色以红、白、黄为多,喜庆时须插红花。头饰还有笄、簪、钗之类,少女盘发为髻,以笄横贯固之。笄的首端或两端镂以花鸟装饰纹样,并配以小垂链。簪有骨簪、角簪、象牙簪、铜簪、银簪、金簪等。发簪是用来插髻使头发不散乱,后来经过改进缀上珠宝花饰,装饰作用更加突出。钗由两股簪子合成,有金钗、银钗,常配备成对,首端一缀凤,一缀凰,称为凤钗;还有钗首镶嵌珍珠的珠钗,镶嵌玉石的玉钗。此外还有耳挖、发夹、发梳等。民国以来,去髻剪发,饰品一般只用发夹,夹上饰以金花。耳饰有耳坠、耳环、耳钩、耳柱。项饰有各式项链,以及胸饰。手饰有戒指、手链、手镯。男子亦有戴项饰、手饰的。足饰有脚环、脚链,足饰一般为儿童所佩。上述项、手、足饰多为金、银、玉等所制。

佩饰。佩饰模式在中华人民共和国成立前比较盛行,晚清时期尤为兴盛。种类及样式都很多,形状小巧,材质多样,有翠玉、青金石、金嵌绿松石、檀香木、金铂、金星石珐琅、珊瑚、玻璃等不同材料。另外还有各种各样的刺绣小品,其中有香囊、香袋、扇套、眼镜盒、表带、火镰袋、斋戒牌等。这些佩挂在腰间的佩饰,无论男女都作为随身携带的赏玩之物,中华人民共和国成立之后就鲜有流行,现多见于古董店。

出嫁的女子戴耳环、手镯;青年女子戴金银或铜质金耳环、金戒指;老年妇女戴玉耳环和金戒指。手镯有银、铜、金、玉四种,形状有麻花、面条、圆形或扁形等。戒指不分男女老幼均可配带,有金、银、铜和镀金、玉之分。

除极富有者外,戴赤金手镯的绝少。银手镯有单股的,有数股绞丝状的(俗称麻花手镯)。戒指一般为银质,金戒指也不少,富有者多戴赤金戒指。珊瑚珠子,越大越贵重,一般如绿豆大小,蚕豆大的为珍品。珊瑚珠子用丝绳串成一长串,环绕于手腕上。金银锁,富家孩子项上戴的长命锁多为银锁,赤金的少见。样式及图案很多,如麒麟送子、丹凤朝阳、二龙戏珠、鱼龙变化之类,还有其他各种图案。地方女子喜戴耳坠;富裕人家姑娘多用辫花、鬓簪等首饰。女子出嫁,须佩戴簪、钗、耳环、戒指、手镯等金银饰物;贫家女无钱置办贵重首饰,但银子做的头簪、耳环、手镯必不可少。20世纪80年代以后女子戴金耳环、金戒指、金项链者渐多,甚至一些男子也戴金戒指和金银耳环。

第二章 饮食习俗

第一节 日常饮食

旧时本地区汉族在日出而作、日落而息的生产劳动习惯制约下,劳动人民自古形成一日三餐的习惯,即早、中、晚各一餐。战国时代随着牛耕铁犁的广泛使用,人们生活渐富,许多人开始从事非生产性的工作,其饮食已分早食、午后餐、晚餐。秦汉时帝王已是一日四餐,而城镇居民也较早地开始了一日三餐。普通农民由农忙时的一日三餐发展到普遍一日三餐则是近代以后的事。每餐都有主食和副食,主食以粟、小麦(碾磨后的面)为主,副食以蔬菜为主。主食自春秋战国以来多以米饭、粥为主,宋代以后面食制作种类不断增多,食品制作技术不断提高。

副食方面比较注重调味和饭菜的搭配,春夏秋冬四季分食酸辣苦咸味食品。羊肉配黍米,猪肉配糜米,狗肉配粱米,鱼配大米。民间饮食业在副食的选料、贮存、加工、刀工、配伍、调剂、烹饪等方面都积累了丰富的经验,有传统的烧、烤、煮、蒸、氽、炸、煎、炒、炖、熏、熬、涮等制作方法。汉代以后铁锅等烹器普及,副食制作方法有羹、炙、熬、脍、脯、腊等,主要调味品有盐、酱油、醋、曲、糖、蜜、姜、葱、韭、桂皮、花椒、大料、蒜等。特别是西汉淮南王刘安发明的制作豆腐技术对后世饮食业产生的影响很大。北魏贾思勰的《齐民要术》对魏晋以来的烹饪技术、调味品等都有详载。唐代药王孙思邈在《千金要方》中又提出食疗健康理论。宋元明清形成各具风格的鄂尔多斯蒙古族、汉族、满族地区菜系,其中吸收了山西省、陕西省的菜系。这些菜系源于民间厨艺,经大小饭馆和专业厨师流传而成,反过来对民间的食品制作又产生了影响。

饮食礼节也早早地被纳入儒家伦理道德体系。《礼记·礼运》称:"夫礼之初,始诸饮食"。包括饮酒和宴席都要受到礼节制度的约束,人们对宴会的座次顺序、进酒食次序、摆食品方法、劝进祝对等均有一定之规。古人在吃饭时还有很多规矩要遵守,食品礼节也是对人全面礼节培训的一个环节。

本地区汉族人饮食习惯一日三餐。人们以面粉、大米、高粱、小米、玉米、白面、挂面等食品为主食,菜肴有荤、素、肉三类。

1970年以后城乡主食开始向多样化发展,但仍然以玉米类食品居多。1980年以后农村实行家庭联产承包责任制,白面、大米有的地方也可以生产了,但市场上不供应。1992年粮油市场放开以后,农民才以白面、大米、山药、白菜、肉类为主食品。1992年以后城镇居民可以在市场上购买议价粮,除定量供应细粮外,一般主食都以细粮为主,其他可自主调剂。进入

21世纪,城乡差异日趋缩小,精米白面到处普及,野菜类产品和苦菜素食成为一大美食。

旧时家境贫寒的农民多以杂粮、糠麸等掺拌作主食。一般农民以煮马铃薯、莜面糊糊、麻子糊糊和炒面、酸粥为早晚常食,午餐多是在下午3点进餐,饭菜也特别简单。人们多以玉米渣子米饭和熬酸白菜山药为主食,在民间肉类是必不可少的一种副食品。

白面的做法有面条(面片)、馒头、花卷、烙饼、油炸饼、饺子、包子、蒸饼、馅饼等吃法。莜面的做法有窝窝、鱼鱼、囤囤、块垒、压面、炒莜面以及将高粱莜麦炒后掺在一起磨成的二莜面等花样。

1978年以后人民生活显著提高,农村城镇居民每日为三餐。人们的早点多为酸粥、米饭、饼子或馒头、方便面、牛奶、饼干;午餐和晚餐多为白面馒头烩菜或者大米饭、烩菜。这个时期农村和城镇居民的生活水平都有明显的提高,主食品丰富了很多,副食品也逐步多起来。

马栅、长滩镇的六六、八八宴会席面,是地方民间宴席的一种称谓,即热菜六大碗、凉菜六大碟或热菜八大碗、凉菜八大碟。

具体到选六六还是八八则由主人家的经济情况决定。1980年以后人们通常在宴席上吃到的都是八八席面模式,当地老百姓过年的时候八道热菜在餐桌上是必不可少的。其中无论是六大碗还是八大碗热菜,其食材来源主要是老百姓自家养的猪、羊、鸡、鱼等肉类产品和蔬菜产品。这些菜最初主要用在民间的各种红白事宴席上,因其食材取之于农家自己,经济负担相对较小,且色香味俱全又不失体面,所以在民间的宴席上颇为盛行。由于其口味独特、寓意深口碑好,逐渐发展成为了餐桌上的必需品,并成为了年夜饭的重要组成部分,进而成为准格尔旗中型宴会的典型饭菜模式。

八八热菜中的八道热菜类分别是:红条肉(俗称碗面子)、焖肉(或酥鸡)、农家炒肉片、清蒸羊肉(或炖羊肉)、豆腐丸子、拔丝土豆、炖鱼、炒猪黑肉(或过油肉)和油糕粉汤;六六热菜中的六道热菜则去后两道。凉菜类由四道素菜搭配两道肉菜,或五道素菜搭配三道肉菜,素菜中必不可少的两道即是准格尔旗四大名菜中的两道碗托和凉粉。六六、八八凉菜菜式有压肉、猪肘子、油炸花生米、豆芽菜、压卷儿、碗托、凉粉、凉拌黄瓜。

六六、八八饭菜模式在烹饪的过程中,几乎运用了北方食材烹饪的所有主要手段,包括煎、炸、煮、炖、蒸等。其烹制过程也是特别讲究的,如,清炖鱼的制作需要把各种调味品都装进鱼肚子,经过一段时间的腌制入味,再上锅烹制,其寓意是年年有余(裕)。再如红条肉的制作,首要工作便是选适宜的肉,讲究肥瘦比例。

为什么把这个菜系称为六六、八八菜式呢?主要是为了强调荤素菜搭配平衡,同时也为了其谐音是溜溜,凡事顺顺溜溜;八八谐音发发,讨个发财的彩头。

人们一般以糜米、烩菜、面食、粥为主食。酸粥、酸捞饭、烂腌菜、碗托儿、凉粉、面皮、酿皮、擦粉是本地区人们经常吃的副食品,也是最具有地方风味的食品。1980年前小麦种得少,白面是有钱人家的主要口粮,穷人只有在逢年过节、红白喜事、接待客人时才吃面食。本地区蒙古族、汉族的肉食以猪、羊、鱼、鸡肉为主,农民几乎家家户户都养猪、羊,当时流传的民谣:口里人再穷也要念两天书,本地人再穷也要喂两口猪。苦菜、甜苣是人们春夏最常吃的野菜,穷人们用苦菜渡过一个又一个饥荒,还用它喂猪长肉。一般人家过节、待客、改善生活常见的高级饭菜有:油炸糕、炖肉(鸡、羊、兔、猪肉)、馒头,猪肉烩菜加豆腐粉条、烙油饼、炒鸡蛋、烧猪肉、酥鸡、肉丸子、炒菜席面等饮食。

20世纪60年代后,小麦逐渐成了河套地区的主要农作物,鄂尔多斯地区的糜米、面粉也越来越多。面食品主要吃法有:馒头、面条、面片、蒸饼、锅贴、烙饼,还有包子、饺子、馅饼等。河套地区则以白面、莜面、糜米、荞面、蔬菜、肉类食品为主。农家的蔬菜品种有所增加,除原有的品种外,还有西红柿、茄子、青椒、韭菜、芹菜、菠菜、圆白菜等。1960—1970年,城镇居民供应的口粮有60%的玉米,而农民则以玉米作饲料。到了1980年农民已不满足只吃米饭烩菜了,开始吃得更加丰富和营养。

一、面食

馒头:以面粉发酵做成的食品。先将面粉加水揉匀,干湿适宜,然后加些酵面发酵,再制成圆形或切成长方形,上笼蒸熟即可食用。圆形的亦称馍馍、点心。

花卷:用发面擀成薄片后抹上食用油,或加葱、盐、豆沙等作料馅,再卷起来切成段,翻卷成花形经蒸制而成。

麻花:油炸面食品,以胡麻油作底料和炸料油。先将面粉发酵为主料,以湿肥(发酵)面为辅料,用凉水揉成面剂,配用食用油、红糖、白面经搓制、油炸而成。通常一两面制成一条麻花。

包子:用面粉发面制成,包以菜、肉或糖、豆沙等原料作馅,经大火蒸制而成。

饺子:用面皮包上菜、肉馅后,将半圆形面皮相对捏拢,煮、蒸、煎均可,民间多以煮制水饺为食,亦称水饺、扁食。

荞面饸饹:将荞面和好搓成长棒状面团,放入饸饹床子中压入滚水锅内,煮熟后捞出放卤子汤食用。用饸饹床压出的饸饹,细白柔韧,筋道可口。

刀拨荞面:将和好的荞面团拍成薄片长条放面板上,用两边都有刃的拨面刀将面条均匀拨进滚开的锅内,煮熟食用。

油炸糕:将黄米面蒸熟,揉成一块素糕,捏成圆片或包以豆、菜馅,用油炸叫作炸糕。逢年过节,盖房压栈,红白喜事,多吃油炸糕。

切糕:将和好的黄米面铺在熟芸豆锅屉上边撒边蒸,撒至一定厚度蒸熟。切糕韧糯相宜,色黄味香,蘸糖食用最佳。

煎饼:将小米面、玉米面拌成糊状撒至烧热煎饼锅上并摊匀煎熟。

干面烙饼:小米不淘,簸净,将黄豆挑去杂质掺入米中,加工成面,用温水和好,用手团成窝头大小,水沸锅热拍扁贴于锅边,煮熟后即可食用。

煎饼合子:将韭菜馅拌好,将煎饼放入锅内,将馅放在煎饼上,再将煎饼折起将馅包住,烙熟即食。

莜面:莜面是用莜麦加工而成的。莜麦为普通燕麦属植物,耐盐碱,主要生长在内蒙古中西部,是低产农作物。莜麦加工成莜面,须先把莜麦淘洗干净,然后在炒锅上煸炒,待冒过大气后,炒至两分熟时可出锅,然后上磨加工成面,即可做各种莜面食品。推窝窝、搓鱼鱼是衡量姑娘、媳妇理家厨艺的本事之一。莜面的吃法有冷调和热调、素调和荤调之分。冷调用腌菜汤,热调用大烩菜或肉汤;素调无肉,荤调有肉。俗话说:庄户人上排场,莜面馏汤汤。

窝窝:以米或糜米与杂豆制成面,然后捏成空壳或拍成片状,蒸熟吃;发面蒸成的俗称起面窝窝。

莜面窝窝:用沸水将莜面和好,取一小块面团放在平滑石板上,用手掌压成薄片然后用食指卷成长筒,放入笼屉蒸10分钟蘸各种汤羹食用。

莜面三下锅:用温水把莜面和好,取适量面团用手搓成6~10厘米长鱼状放入笼屉蒸熟;将土豆去皮切成块,加油、盐、葱等佐料和适量水煮熟食用。

烧麦:亦称稍美、烧卖、捎卖。是以茶点为主的带馅面食,味道鲜美、形状美观。烧麦的制作有一整套操作技艺:首先和好面,用冷水加盐和成硬面,醒好揉到再搓成条,一两面切成8个剂子。擀面时要用淀粉做铺面,用擀面杖擀成3寸荷叶花边的皮子;擀好的皮还要放入陶盆内,用稍干的湿布盖好,醒一段时间再用。做馅要把上等绵羊肉用快刀切成碎末,再取干淀粉用开水冲搅成溜芡,冷却后成淀粉冻备用。在肉馅里加入葱末、姜末、花椒面、香油、精盐、淀粉冻拌匀成馅。然后将烧麦皮放在手掌中,用另一只手将馅放入皮中,用持皮的手边窝边收缩荷叶花边,放入笼内,即成石榴状,再急火蒸熟即可食用。

花馍:也称面塑、面花、捏面人等。精选上等小麦面粉经发酵、揉面、捏制、笼蒸、着色工序即成。捏制有各种人物、动物、植物及花卉、瓜果等造型,加以红枣或豆类点缀,粘嵌剪饰,浓淡彩绘。

月饼:用面粉制皮,饼内夹各种馅的圆月状食品。史载殷周时期江浙一带民间纪念太师闻仲制有边薄心厚的太师饼。汉代张骞出使西域引入胡桃(核桃)、芝麻等种植技术后出现了以胡桃仁为馅的圆形胡饼。北宋太宗年间定八月十五日为中秋节,节日里有祭月、拜月、赏月、吃月饼之俗。

二、米食

酸饭:本地区乡村农家主食之一。相传北宋时,晋北地区河曲一带辽兵常入境,老百姓为避兵祸逃入深山,有时将泡好的糜(谷)米丢下,数日后归来舍不得丢掉就凑合着吃。食之味如酸奶浸泡酸甜发筋,米色黄亮,生津止渴,余味绵长。人们于是将糜米之汁盛于罐中,置于灶台,使其发酵变酸,再将米放入。一般在15℃以上温度下浸泡4~8小时后捞出米或澄出米汁即可将米入锅,煮焖至半熟时撇取出米汁(汤)则为干饭,不取汁则为稠粥,取出之汁随时可饮。盛夏时一日三餐多以此酸饭为食,辅以腌酸菜、咸菜食用,或粥中加些白糖,更加酸甜适口。家家户户灶台上至少备有一个浆米罐子,子孙相沿,爱莫能舍。自清康熙年间晋北汉民走西口、入河套、进大后山一带,食酸饭习俗亦相沿开来,俗语说:三天不吃酸饭(粥)火就降身了(中医指上火了),可见喜爱之状。

高粱米饭:将高粱脱皮用以煮饭熬粥。夏季炎热时节把高粱米饭放入凉水里称为水饭。秋季用新鲜白菜叶将米饭、葱段、香菜及豆酱、肉丝裹成一团,称为菜包。饭里放豇豆同煮,称豆干饭。

玉米:又称苞米,将玉米脱皮,每粒破碎三四瓣即成。可以煮干饭和熬粥。把玉米加工成面,和好发酵后可做大饼子、窝窝头、发糕等食品。

焖饭:小米(谷米)、糜米、大米均煮至半熟去汤焖熟即成,不去汤即成稀饭(稀粥)。米饭也可以不舀米汤做成捞饭食用。此外,本地方人还经常吃大米饭、谷米稀粥、油炸糕、豆面、豆稀粥。

三、蔬菜水果

本地区一年四季都可吃到芹菜、韭菜、萝卜、芋头、香菜、白菜、茄子、青椒、黄瓜、西红柿、葱头、芥菜、葱、蒜。

20世纪80年代以后蔬菜品种随着塑料大棚出现而增加。

春夏以韭菜、小白菜、菠菜、角瓜、豆角、芹菜、黄瓜、辣椒、生菜等青菜为主。秋季蔬菜是地产土豆(马铃薯)、大白菜、白菜、角瓜、窝(倭)瓜、芹菜、萝卜、大葱。深秋时节有人们腌制咸菜、辣白菜、糖醋蒜、酸白菜和烂腌菜的习惯。

西部地区早期主要的蔬菜是山药(马铃薯)及大白菜。农家春季喜食红腌菜(以蔓菁制做),野生苦菜、甜苣。秋季都腌制酸白菜,猪肉烩菜是冬春两季的主菜。本地区种植的蔬菜有长白菜、圆菜、芹菜、蔓菁、葫芦、韭菜、大葱、豆角、西红柿、黄瓜、辣椒等品种。

第二节　餐饮礼节

中国人讲究吃饭坐席的规矩和礼节。古人一直规定人们要爱惜食品和粮食,不可以浪费食物;讲究不吸烟不喝酒的文明习惯;讲究节制物欲,少吃和素吃。用餐的时候先给长辈盛饭和端菜;在吃饭的时候不可以苦笑和乱说。而且在每一顿饭的时候都要让灶神也来吃饭;在过年过节更是有祭拜灶神的传统习惯。

《礼记·曲礼》说:"凡进食之礼,左肴右被,食居人之左,羹居人之右。脍炙处外,疏酱处内,葱片处右,酒浆处右。以脯俗置者,左朐右末。"就是说,凡是陈设便餐,带骨的菜肴放在左边,切的纯肉放在右边;干的食品菜肴靠着人的左手方,羹汤放在靠右手方;细切的和烧烤的肉类放远些,醋和酱类放在近处;

蒸葱等伴料放在旁边，酒浆等饮料和羹汤放在同一方向；如果要分陈干肉、牛脯等物，则弯曲的在左，挺直的在右。

《礼记·少仪》中也有详细记载：上菜时，要用右手握持，而托捧于左手上；上鱼肴时，如果是烧鱼，以鱼尾向着宾客；冬天鱼肚向着宾客的右方，夏天鱼脊向宾客的右方。

一、宴饮之礼

汉族传统的古代宴饮礼仪，一般的程序是，主人折束相邀，到期迎客于门外；客至，致问候，迎入客厅小坐，敬以茶点；导客入席，以左为上，是为首席。席中座次，以左为首座，相对者为二座，首座之下为三座，二座之下为四座。客人坐定，由主人敬酒让菜，客人以礼相谢。宴毕，导客入客厅小坐，上茶，直至辞别。席间斟酒上菜，也有一定的规程。现代的标准规程是：斟酒由宾客右侧进行，先主宾，后主人；先女宾，后男宾。酒斟八分，不得过满。上菜先冷后热，热菜应从主宾对面席位的左侧上；上单份菜或配菜席点和小吃先宾后主；上全鸡、全鸭、全鱼等整形菜，不能把头尾朝向正主位。而且在酒过三盅以后就不再吃酒了，而是谈话和吃菜、喝茶。

在古代正式的延宴中，座次的排定及宴饮仪礼是非常认真的，有时显得相当严肃，有的朝代皇帝还曾下诏整肃，不许随便行事。宋真宗曾下诏批评朝中筵宴仪容下端的现象，事见《宋史·礼志十六》的记述：景德二年（1005年）九月，朝廷诏曰：朝会陈仪衣冠就列，将以礼节训上下、制度纪律定之。自今宴会，宜令御史台预定位次，各令端肃不得喧哗。违者，殿上委大夫、中丞、侍御史,廊下委左右巡使,察视弹奏;同职殿直以上赴起居酗酒造事者、入殿庭行邪礼者,巡检司弹奏;其军员,令殿前侍卫司各差都校一人提辖,但有亏失礼容者即送所属官员勘断处罚。

二、待客之礼

安排筵席时肴馔的摆放位置要按规定进行,要遵循一些固定的法则。带骨肉要放在净肉左边,饭食放在用餐者左方,肉羹则放在右方;脍炙等肉食放在稍外处,醯酱调味品则放在靠近面前的位置;酒浆也要放在近旁,葱末之类可放远一点;如有肉脯之类,还要注意摆放的方向,左右不能颠倒。这些规定都是从用餐实际出发的,并不是虚礼,主要还是为了取食方便。

其次,食器饮器的摆放,仆从端菜的姿势,重点菜肴的位置,也都有规定。仆从摆放酒壶、酒樽,要将壶嘴面向贵客;端菜上席时,不能面向客人和菜肴大口喘气,如果此时客人正巧有问话,必须将脸侧向一边,避免呼气和唾沫溅到盘中或客人脸上。上整尾鱼肴时,一定要使鱼尾指向客人,因为鲜鱼肉易于由尾部骨肉剥离;上干鱼则正好相反,要将鱼头对着客人,干鱼由头端更易于剥离;冬天的鱼腹部肥美,摆放时鱼腹向右,便于取食;夏天则背鳍部较肥,所以将鱼背朝右。主人的情意,就是要由这细微之处体现出来,仆人若是不知事理,免不了会闹出不愉快来。

洪武五年(1372年)规定,凡乡党序齿民间士农工商人等平居相见及岁时宴会谒拜之礼,幼老先施。坐次之列,长者居上。十二年(1379年)令,内外官致仕居乡,惟于宗族及外祖妻家序尊卑,如家人礼。若筵宴则设别席,不许官员坐于无官者之下。

古代的许多家庭,以食礼作为家训的训条,教导子孙谨守坚持。清人张伯行《养正类编》卷三引《屠羲英童子礼》,就提到这样的训条:凡进馔于长,先将几案拂拭,然后双手捧食器,置于其上,器具必干洁,肴蔬必序列。视尊长所嗜好而频食者,移近其前,尊长命之息,则退立于傍。食毕,则进而撤之。如命之侍食,则揖而就席,食必视尊长所向。未食,不敢先食;将毕,则先毕之,俟其置食器于案,亦随置之。

类似的仪礼也曾作为许多家庭的家训,代代相传。以张伯行《养正类编》卷三所引《屠羲英童子礼》为例,以下的这些话自然还是由《礼记》上演绎出来的:凡饮食,须要敛身离案,毋令太迫。从容举箸,以次著于盘中,毋致急遽,将肴蔬拨乱。咀嚼毋使有声,亦不得恣所嗜好,贪求多食。安放碗箸,俱当加意照顾,毋使失误堕地。

三、节俭之礼

这是中国人饮食的根本原则之一。不允许人们浪费食物和吃饭讲排场过于铺张浪费。

第三节　各地烹饪菜系

八大菜系是鲁菜、川菜、苏菜、徽菜、浙菜、湘菜、粤菜、闽菜的总称。

菜系也称帮菜,是指在选料、切配、烹饪等技艺方面,经长期演变而自成体系,具有鲜明的地方风味特色,并为社会所公认的中国的菜肴流派。我国的菜系,是指在一定区域内,由于气候、地理、历史、物产及饮食风俗的不同,经过漫长历史演变而形成的一整套自成体系的烹饪技艺和风味,并被全国各地所承认的地方菜肴。菜肴在烹饪中有许多流派,鲁、川、苏、粤四大菜系形成历史较早,后来,浙、闽、湘、徽等地方菜也逐渐出名,于是形成了我国的八大菜系。

一、鲁菜

鲁菜是山东菜的总称。主要由济南和胶东地方菜组成,也包括孔府菜。济南菜擅长爆、烧、炒、炸,以清、鲜、脆、嫩著称,特别讲究清汤和奶汤的调剂。胶东菜擅长爆、炸、扒、蒸,以鲜为主,偏重清淡。孔府菜有食不厌精,脍不厌细的特色,其用料之精广、筵席之丰盛堪与过去皇朝宫廷御膳相比。

名菜有九转大肠、糖醋黄河鲤鱼、德州扒鸡、油焖鱼、煎白条鱼饼、福山烧小鸡等热菜。

九转大肠:此菜是清朝光绪初年,由济南九华楼饭店首创,此楼烧制的大肠下料狠,用料全,先煮熟焯过,后炸,再烧,出勺入锅反复多次,直到烧煨至熟。有一次九华楼店主请客,席间有一道烧大肠,品味后客人们纷纷称道,有说甜,有说酸,有说辣,有说咸,座中有一文人提议,为答谢主人之盛意,赠名为九转大肠。赞美厨师技艺高超和制做此菜用料齐全、工序复杂、口味多变的特点。此菜色泽红润,大肠软嫩,兼有酸、甜、香、辣、咸五味,为山东的传统风味菜。

二、川菜

川菜是四川菜的总称。以小煎、小炒、干烧、干煸见长,又以味多、味广、味厚著称。且有一菜一格,百菜百味之誉。调味多用三椒(辣椒、胡椒、花椒)和鲜姜,味重麻、辣、酸、香。以成都风味为正宗,包含重庆菜、东山菜、江津菜、自贡菜、合川菜等。

名菜有回锅肉、鱼香肉丝、灯影牛肉、水煮牛肉、清蒸江团、宫爆鸡丁、麻婆豆腐、怪味鸡块等吃法。

麻婆豆腐:四川气候湿润,冬天阴冷,用麻辣去湿就成为四川菜的一大功能。四川以麻辣命名的菜肴很多,麻婆豆腐为最著名的一道菜。

一碟用猪肉末(或牛、羊肉末)加上豆腐及大蒜茸、花椒粉、麻油、红椒油、豆瓣等佐料烹成的麻婆豆腐,香、浓、辣、软、滑,味道鲜美,深受食客欢迎。

三、浙菜

浙菜是浙江菜的总称。以杭州、宁波、绍兴三种地方风味菜为代表。杭州菜以爆、炒、烩、炸为主,工艺精细,清鲜爽脆;

宁波菜以鲜咸合一,蒸、烤、炖制海鲜见长,讲究嫩、软、滑;绍兴菜擅长烹饪河鲜、家禽,入口香酥绵软,汤味浓重,富有乡村风味。

名菜有西湖醋鱼、龙井虾仁、香酥焖肉、清汤越鸡、湖式剪羊肉、西湖莼菜汤、油焖春笋。

西湖醋鱼:又叫叔嫂传珍,是杭州传统风味名菜。这道菜选用鲜活草鱼作为原料,烹制前一般先要在鱼笼中饿养一两天,使其排泄肠内杂物,除去泥土味,使鱼肉更结实。把鱼去掉鳞、鳃和内脏,从头至尾片割两片,再打上刀花,放入沸水中煮三分钟,用筷子扎鱼的颌下部,能轻轻扎入时即捞出,鱼背相对装入盘内。然后再用多种调料做成汁浇在鱼身上。

这个菜的特点是不用油,只用白开水加调料,鱼肉以断生为度,讲究食其鲜嫩和本味。烹制时对火候要求非常严格,仅能用三四分钟,烧得恰到好处。

四、苏菜

苏菜是江苏菜的总称。擅长炖、焖、蒸、烧、炒,重视调汤,保持原汁,风味清鲜,浓而不腻,淡而不薄,酥松脱骨而不失其味。主要由南京、扬州、苏州三种地方菜组成。南京菜口味和醇,玲珑细巧;扬州菜清淡适口,刀工精细;苏州菜口味趋甜,清雅多姿。

名菜有狮子头、金陵丸子、黄泥煨鸡、盐水鸭、金香饼、凤尾虾、三套鸭。

五、徽菜

徽菜是安徽菜的总称。以烹制山珍野味著称,特点是重油、重酱色、重人工。多用砂锅木炭煨炖,故有吃徽菜要能等之说。皖南菜擅长烧、炖,芡大油重,朴素实惠。沿江菜以芜湖、安庆为代表,善烹活鲜、家禽,讲究刀工,注意形色,尤以烟熏技术见长。沿淮菜由蚌埠、宿县等地方风味构成,咸中带酸,汤汁浓重。

名菜有无为熏鸭、毛峰熏鲥鱼、奶汁肥王鱼、火腿炖甲鱼、腌鲜鳜鱼、石耳炖鸡、玛瑙白玉等。

玛瑙白玉:原名凤阳酿豆腐,出自朱元璋的家乡安徽凤阳县。相传明太祖朱元璋年幼家贫,于17岁在钟离县(后改凤阳)玉皇寺(后改皇觉寺)落发为僧,因为清规严律加上连年灾荒,被方丈疏散出寺云游化缘过着乞讨的生活。有一天,他来到钟离西南20里处一位姓黄的厨师门口化缘,这位黄厨师见此少年游方僧衣衫褴褛,骨瘦如柴,顿起恻隐之心,就将刚出锅的一块酿豆腐施舍给了他。朱元璋在饥寒交迫之中得此美味果腹遂终生难忘。

后来朱元璋在南京登基当了皇帝,常常想到赠食的酿豆腐,令御厨如法烹制,可是御厨们都不会做,于是就降旨差员特诏黄厨师进京,并封为御膳师专门做酿豆腐进献皇帝,以后宫中每逢琼林宴,酿豆腐就成了必不可少的一道菜,相传至今已有600多年。

六、粤菜

粤菜是广东菜的总称。主要由广州、潮州、东江三种地方菜组成。广州菜善变,配料多,讲究鲜、嫩、爽、滑。擅长爆、炒。菜以烹制海鲜见长,更以汤菜最具特色。刀工精细,口味清纯。潮州菜最大的特点是食用海鲜产品。潮州菜注重刀工,拼砌整齐美观。在讲究色、味、香的同时,还有意在造型上追求赏心悦目。潮州菜还较讲究调料,各样菜肴上席时,必配上酱碟佐食。东江菜下油重,味偏重,朴实大方,有乡土味。煎、炸、烧、烩均属精湛。

名菜有片皮乳猪、东江盐焗鸡、鼎湖上素、大良炒牛奶、龙虎斗、白云猪手、烧乳猪、脆皮鸡。

七、湘菜

湘菜是湖南菜的总称。以湘江、洞庭湖区、湘西山区三种地方风味为主。手法以熏、蒸、干炒为主,重辣、酸。辣味菜和烟熏腊肉是湘菜的独特风味。湘江流域菜,油重色浓,讲究实惠,注重香鲜、酸辣、软嫩。以煨、炖、腊、蒸、炒见称。腊味包括烟熏、卤制、叉烧等工艺。洞庭湖区菜以烹制河鲜、家禽、家畜见长,芡大油厚,咸辣香软。湘西菜擅长山珍野味,有烟熏腊肉和各种腌肉。重咸香酸辣,常以柴炭烹制。

名菜有腊味合蒸、吉首酸肉、荷包肚、宝塔香腰、麻辣子鸡、炒腊肉、红烧豆腐、东安鸡。

湘西酸肉是湘西土家和苗家独具风味的传统佳肴。每当贵客临门。土家、苗家人便从坛中取出腌制好的酸肉,下入油锅爆炒,粘附在酸肉上的玉米粉经油炸变成金黄色,散发出阵阵芳香,闻之令人生津。此菜味辣略酸,以湘西自治州所做最佳,故名。

八、闽菜

闽菜是福建菜的总称。以福州、漳州、厦门、泉州等地方菜为主组成。烹调方法以清汤、干炸、爆炒为主,调味常用红糟,味口偏重甜酸。

名菜有闽生果、七星丸、太极萝卜、橘汁加吉鱼、雪花鸡。

九、吉菜

吉菜是吉林菜的总称。吉菜的特色是具有天然、绿色、营养、健康的特点;却讲究刀工、勺工,精工细做,擅长熘、爆、烧、烤、扒、炖、酱、拔丝,并且注意复合技法和吸收其他菜系烹饪技法,注重色、香、味、型、器之搭配。

吉菜风味名菜有猪肉烩酸菜、小鸡炖蘑菇、鲶鱼炖茄子。

第四节　民族饮食

一、蒙古族饮食的种类及制作

1. 奶食

蒙古地方和内蒙古草原在1949年前都是畜牧业生产生活模式,故而在1949年前其饮食也多取自马、牛、羊、猪和鸡、鸭、鱼等肉食品和奶食品。奶食,俗称白食。是指以畜奶为原料加工制作的各种奶食品,奶食品营养丰富种类繁多。在1949

前,蒙古族无论居家餐饮宴宾待客,还是野外活动,奶食都是不可缺少的必备品。蒙古族除了最常食用的牛奶食品外,还用羊奶、马奶、骆驼奶、毛驴奶制作各种奶食品。除了鲜奶、酸奶以外,常见的奶食品有黄油、奶皮子、奶酪、奶豆腐、奶油、黄油渣等。

奶食的制作工艺可分为四种。即自然凝固、搅拌发酵、温火烧制、机器加工。

自然凝固法:用自然凝固的方法制作的奶食品有奶油、白油、黄油、黄油渣、奶豆腐、奶酪。

奶油:把鲜奶盛放于器皿中在阴晾处存放1~2日(秋冬时常温下放2~3天),随着奶子自然发酸,表层上会浮出薄薄一层油脂,称为奶油。奶油可直接食用,也可用来熬奶茶;奶油里放点红糖或砂糖拌炒米吃或放入面汤、肉粥里均可食用。

白油:牧民把每天的新鲜奶油放入干净的白色布袋里储存,储存一定量后从布袋里倒入器皿中,用木棒类的物品向着一个方向搅动,称做凝固奶油。在完全凝固的奶油上加点凉水,以冷却的方法制作的颗粒状油块称为白油。白油里混杂的东西多,不宜长期存放,必须及时熬制。

黄油:将白油放入锅中用微火熬制,水蒸发后待颜色逐渐由白变黄即成黄油。黄油是奶食中营养最丰富的食品,是奶食之上品。

黄油渣:提炼黄油后锅底残留的颗粒状物被称做朱乞黑,微带酸甜味道,油性较大,可直接食用或加糖、米、野果食用。

奶豆腐：奶豆腐是牧民一年四季常备奶食品之一。其做法是：将放置两三天（夏季为一两天）的脱脂酸奶中的凝结部分放入锅中用微火熬煮，并不时搅拌，慢慢把黄色的汁液分解出来。待其酸奶稠糊时，用勺头不停地揉搓挤压，使其更具筋道后装入木模中，晒干即成。以个人口味的不同可加入糖或野果制作，也可用各种各样的模型制作。白色透明有油性的为上品，发黄较硬的次之。

奶酪：把酸奶倒入锅里，用温火熬煮慢慢把黄水分解出来后直接把稠状乳捞出来，用干净的纱布或粗布包裹起来，将石头、板子等重物压在上面使其乳汁滴尽后晒干即成为奶酪。也可以用制完奶皮的奶子做奶酪，这种奶酪吃起来较软。

马奶酒：用马奶发酵而成的饮品。制作方法是：用牛奶、羊奶发酵的艾日格做酵母，将鲜马奶放入木桶或皮囊中，用专门制作的搅动工具，每日上下搅动数十次甚至数百次，使其发酵而成。

酸奶：将鲜奶倒入木桶、瓦罐中，在常温下无需搅动任其自然发酵凝结，直到乳浆分离后即可饮用。长期饮用的话必须时常加入鲜奶，饮用时再加点砂糖更为酸甜可口。

奶酒：以鲜奶为原料酿制而成。最早是由于牧民在远行或迁徙时，为防饥渴，常把鲜奶装在皮囊中随身携带而产生。由于他们整日骑马奔驰颠簸，使皮囊中的奶颤动撞击，变热发酵，成为甜、酸、辣兼具，并有催眠作用的奶酒。由此，人们便逐步摸索出一套酿制奶酒的方法，即将鲜奶盛装在皮囊或木桶等容器中,用特制的木棒反复搅动,使奶在剧烈的动荡撞击中温度不断升高,最后发酵并产生分离,渣滓下沉,纯净的乳汁浮在上面,便成为清香的奶酒。

奶皮子:蒙古语称为乌如木。将鲜牛奶放入铁锅中,用微火煮沸鲜,并用勺子反复扬洒,直到锅里起泡沫为止,把粘在锅边的部分用奶勺子铲掉,同时点上生奶。然后将其冷却至次日,表面上像蜂窝状麻面圆饼便凝结成形了,此时用筷子将其慢慢挑起,放在案板上,控干沾在上面的奶水,对折放好,在通风处晾干。原奶质量、翻扬的次数、加奶量以及火候等因素应恰到好处,这样凝结的奶皮就会又厚又好吃,放入茶中或拌炒米吃均香甜可口。奶皮子是奶食品中的佳品,不但味美甘甜,而且具有食疗作用,秋冬两季是制作奶皮的黄金季节。

蒙古族奶食品营养价值高、携带便利,适于迁徙而居的游牧生活。蒙古族在享用奶食品的过程中逐渐形成了特定的饮食观念,讲究奶食品的新鲜度及营养成分。蒙古族崇尚白食,视奶食品为食品中的珍品。在蒙古族习俗中,家人远行长者要向长生天祭洒鲜奶,祝福出门者一路平安;每逢佳节庆典之日,都要以品尝奶食、敬献奶酒为常规礼节,以表达美好的祝愿;食用全羊宴席,也要先在羊头抹一点黄油,以示奶食品为先的礼数;在宴席开始之前主人会将一银碗奶子按照辈分和年龄让客人品尝,如果敬奶漏掉一人,那就是主人的失误,也是对客人的不尊敬。蒙古族祭敖包和苏力德的时候,都会用新挤的鲜奶向天地万物祭洒;在喜庆和祈祷结束后,往往用双手挥动着奶桶进行招福的仪式。

2. 肉食

准格尔旗地区的蒙古族肉食品主要来源是家畜饲养和个人购买成品。本地区在 2010 年以后肉食品在四季饮食中所占份额逐年下降,蒙古族绿色食品和蔬菜类产品需要逐步提升。现在的蒙古族居家肉食品一般为猪肉、羊肉、鸡肉、鱼肉、牛肉和奶食品。因为物流产业的高速发展,现在增加了海产品,很多人在超市购买海产品或者到海产品食品店吃大闸蟹和鱼虾。吃猪肉一般以猪肉烩菜为主,吃羊肉则是以炖羊肉为主。1949 年前的那种吃全羊席面和煮大肉的习俗已经非常少见,蒙古族在饭店举行宴会的时候煮大肉、炒米、奶茶依然是民族饮食主打品牌。

煮全羊:全羊席是蒙古族在节日、婚礼寿筵上款待尊贵客人的传统食品。煮全羊必须是绵羊,以二三岁的羯羊为上品。全羊只用不带蹄子的四肢(两条前腿各带四条肋骨)、腰背部和尾巴、胸腔骨。用温火烧煮。不放佐料,出锅前只放少量盐,煮全羊也叫清水煮全羊。将羊架子放在铁架子上用慢火烤制的方法称为烤全羊。煮全羊时要掌握好火候,出锅时一般把四肢按原来的部位放在大托盘里,背部放上胸腔骨放左,最上面放羊头,羊头上放奶酪,以示对客人的尊重。肉盘子边上放吃肉蒙古刀,羊头朝主宾羊尾向外。全羊放好后由主宾用力割下羊背部两边的肉,祭天地祖先,之后主宾开始享用。煮全羊在准格尔旗蒙古族中叫五查羊肉,在婚嫁宴会期间五查肉都是蒙古族的礼俗食品之一。近年来民间餐饮还有烤全羊的吃法。

手把肉：在1949年前是蒙古族喜爱吃的食物之一。过去在牧区遇节日或者操办喜事宾客临门，蒙古族手把肉一般是必不可少的肉食品，手把肉因人用手拿着吃大肉故名。该肉食品制作时先把带骨头的羊肉近骨节割开，用刀剁成拳头大的块（头、蹄、下水除外），把肉倒进冷水锅内，用旺火煮开，撇去沫子不加调味品，有的地方加盐有的地方不加盐。只要有八九成熟就可以吃。牧民认为牛和羊在草原上吃的是五香草，肉本身就带着调料。鄂尔多斯蒙古族吃手把肉时，还有一些讲究。吃羊肉，用一条琵琶骨肉配四条肋骨肉进餐；用牛肉敬客时，则用一只脊椎骨肉配半截肋骨肉和一小段肥肠；小孩不吃牛、羊骨髓和尾巴肉。

灌血肠：把羊的细肥肠割掉从灌口处灌进水，这时容量较大的盲肠就成了一个天然的大漏斗。灌满以后，一人不断用力挤压水入小肠。一人用两手不断捋小肠，将粪便排在泔水桶里。如此再灌再排，直到把小肠基本洗净为止。再割一块肺子塞进小肠里，上面灌水并挤压排出，再用水涮一两次即可灌肠。

灌肥肠：在细肥肠和肥肠连接处断开留下肥肠。把水从肛门处注入涮净以后将天棚肉、花肚、细肥肠切成和肥肠一样长短的细长条，从细端塞入肥肠，边塞边翻，塞完以后肥肠也正好翻过来了，可以当时或春天煮食。

风干肉：初冬存储肉食或春季冬储肉开化时将牛、羊、骆驼肉切割成条状，在阴凉处晾干存储直到完全风干即可食用。

3.米类食品

(1)米食

炒米:炒米又称蒙古米,呈黄色,米粒香脆,色黄而不焦。加工方法是:把干净糜子浸泡,温火煮到一定程度停火慢焖,炒法分为炒脆米与炒硬米两种。炒脆米时待铁锅里的沙子烧红后放入适量的泡胀的糜子,用特制的木铲快速搅拌,待米进出花且水分蒸发完毕,快速出锅并过筛子。炒硬米可以不放沙子,干炒到半生不熟即可,冷却后碾去糠皮食用。在1949年前,炒米奶茶和红茶炒米是蒙古族的主要食品;在1949年以后,炒米的食用习俗逐步减少,现在的蒙古族吃炒米不是很普遍,一般人家在过年过节的时候吃一些炒米。当代蒙古族的主要米类食品以糜子米饭和大米饭、油炸糕、谷米饭为主。

(2)面食

本地区蒙古族吃面食的模式和汉族一样,一般吃烙饼、饺子、包子、面条和煮面片、馅饼。面食主要以小麦面、荞面和莜面、豆面、糕面等制作而成。传统的蒙古族面食主要有蒙古馅饼和蒙古饺子,一般是以白面、荞麦面做皮,牛、羊、猪肉为馅子,采用干烙或油炸、煮食的方法食用。在1949年后的蒙古族饺子馅中也不是纯粹的肉馅了,一般是半肉半菜。菜馅饺子的馅以萝卜、白菜为主,蒙古族也有吃素饺子的习惯。

蒙古包子:把肉切成小丁加少许葱、盐、花椒、大料、茴香等调味品搅拌成馅备用,面粉用热水和好后将面团擀成许多圆形面皮,把拌好的馅包在里面,用温火蒸15分钟即可食用,味道鲜香可口。

油炸糕圈子:蒙古族叫糕圆圆,在1980年前过年的时候蒙古族大量食用。油炸面条子蒙古族叫疙瘩布尔酥,在过年过节的时候油炸面条子配以炒米、红茶食用。麻花、月饼和烙饼、馅饼也是蒙古族喜欢吃的面食。本地区蒙古族也喜欢食用红枣和馓子,每逢过年或有喜庆之事,蒙古族喜欢炸羊油馓子。羊油馓子炸成后就同其他食品一同摆到桌子上供人们享用。羊油馓子为长条形,一层一层地垒到桌子上足有一尺高,浅黄色的羊油馓子上放着几颗红枣,无论纵看或横看,都有一种耐人寻味的线条美。制作羊油馓子的原料有白面、素油、糖、白矾或者羊油。

4. 茶饮

茶饮品,用砖茶、红茶、奶茶以及植物制作的饮品。

红茶。是本地区蒙古族非常喜欢喝的一种饮品。蒙古族熬的红茶非常好喝。红茶的原料以大片子川茶茶叶为主,本地的蒙古红茶一般都讲究放盐。在长期的生活实践中蒙古族摸索出丰富的熬茶技术,熬红茶是将无杂质的水用铜质器皿煮沸,将茶叶放入沸水中熬煮,再放入少许食盐即可饮用。这样的红茶有助于消化。酥油茶是在已经配置好的奶茶里,再适量放入奶油、红糖即成。面茶的熬制方法是先将青稞面或麦面用油炒熟,再把事先熬好的砖茶澄清倒入搅动后即可食用。面茶既可当茶又可当饭,是牧民冬季食用的佳品。

奶茶:奶茶是蒙古族最喜好饮品之一。牧区蒙古族宁可一日无餐,不可一日无茶。奶茶的熬法通常是将青砖茶或黑砖茶捣碎,将适量的茶装在小布袋里(或将茶直接放入锅中)放入水在锅里熬制,茶在锅里翻滚时,要不断用勺子舀,三四分钟后把新鲜牛奶徐徐加入锅内成为奶茶。

二、饮食礼节

蒙古族饮食民俗自成体系,其饮食礼仪也丰富多彩。饮食礼仪是蒙古族饮食文化的重要组成部分,人们通过饮食礼节表达自己的情感及对自然界的感恩之情。

1. 德吉礼

德吉为蒙古语,意指上、初和第一的意思。德吉礼是蒙古族饮食习俗中强调进餐顺序的一项礼节,或更确切地说是一种日常习俗。此种传统的进食礼节反映了蒙古族对食物的恭敬与其祥和的人生观、宇宙观。在平时熬好早茶后将第一杯茶,即早茶之德吉敬献于天地、诸神及祖先,忌讳任何人在献礼前品尝早茶。在家中进餐时要把饮食的德吉献给长辈、老人和父母,以此表达自己对他们的恭敬之意。在祭典、婚庆、聚会等宴席上蒙古族大都执行德吉礼。进行德吉礼时,敬献者整理衣帽之后用双手把茶饭献给客人,受礼者也应该整理衣帽之后双手接纳。德吉礼是蒙古族饮食中必须遵守的礼节,在日常生活中很早便已习惯化,成为蒙古族训育礼节付养礼治的传统美德。

2. 萨察礼

萨察为蒙古语,意指向天地诸神、圣贤、英雄、土地神奉献的沉香、奶子或其他食物。而萨察礼则指进食前或进行祭祀仪式时,向天地诸神奉献饮食,用以感谢神灵的帮助和教导。

3. 礼节性敬酒

白酒和葡萄酒是蒙古族宴会饮品中的一个组成部分。蒙古族很早就开始酿酒饮酒,从而形成了与其相适应的敬酒的礼俗。敬酒时要在杯或银碗中斟满酒,晚辈为长辈敬酒时要轻轻地磕一下头,以表对长辈的尊重。接酒者也有遵守的礼俗,通常接下酒后要说几句吉祥话。蒙古族在接酒时也有一种独特的礼俗,他们用无名指蘸一下酒向天、向地、向火炉方向各点一下,然后才把酒喝下去,以示敬奉天、地、火神。不会喝或者不能饮酒者则可以沾唇示意,表示接受了主人的情意。蒙古族敬酒的用具与其他民族比也有所讲究,通常将美酒斟在银碗、银杯或牛角杯中。在较隆重的场合,也有将酒杯托在哈达上,唱着歌敬酒。一般的酒类都含有酒精毒性,所以蒙古族对饮酒这件事也非常慎重和谨慎。现在劝酒及大量酗酒者已很少见。

4. 敬茶礼

注重饮料是蒙古族的一个饮食习俗。茶对蒙古族来说,不但是一日三餐必须有的饮料,也是上敬客人时重要的款待礼节。不管什么时候蒙古族家里有客人来,第一件事就是为客人熬茶。倒茶必须要倒满茶杯,一般盛满碗内的八分。之后要双手献给客人,表示对客人的敬重。若用左手递碗或直接放到桌子上则被视为失礼。为客人倒茶时不能坐着满茶,要站着满茶。

第三章 建筑和民居

民居就是民众居住的地方,是人们休养生息的住所。民居不仅能反映时代特征、经济状况,还是一种地方建筑文化的体现形式。原始人寻找洞穴居住只是为了遮风避雨,防止野兽的侵袭。随着人类的进化、社会的演进,人们的居住观念也随之发生了变化。

安居乐业是每一个人的基本需求,但要实现这个目标很不容易,它受自然条件的制约,受经济条件的困扰,受社会因素的影响。尽管如此,人们还是顺应规律,适应条件,量力而行,努力改变居住环境,使其变得越来越好。建筑和民居在2000年以来已经从传统的居住型民居改变为舒适型民居和大平房结构。

第一节 传统民居院落

传统民居院落是以户为单元的住所,包括屋和院子。也就是一家一户饮食起居的生活区。准格尔旗的农村在2010年以前也基本都是传统民居的建筑风格。

俗话说子孙出在坟里,礼节出在门里。俗言认为民间居室的选择与子孙繁衍有关,贫穷富贵与住宅有关。所以人们在选择宅基地时都十分慎重,有一些人家还要请相士看四象(即左青龙,右白虎,前朱雀,后玄武)、看风水、看形状以定凶吉。也有的修养高深的人们在选择民居时请僧侣在驻地诵经做功德求平安。

本地区的院落按形制分,可分为平房院子、临街院、楼房大院;按建筑结构分,可分为四合院、楼房小区院、三合头院、一门一院。

平房院子:在平整的地面上起造,四面均无靠山,形成的院子叫平房院子,这类院子一般比较气派和规整。

临街院:仅有土窑一孔或小房子一两间,没有围墙和大门,院与街相连,这样的院子叫临街院,也叫临街房或临街窑。

四合院:可分为三种形式,即简易四合院,标准四合院,组合四合院。

简易四合院:北面窑洞 3~5 孔,东西房屋各 3 间,南面为棚圈和大门,这种院落在保德较为普遍。

标准四合院:俗称四大四小,即北面砖木结构瓦房三间,起脊立兽、飞檐斗拱,建在高台基上,个别的还有抱厦,两边配有耳阁;东西厢房各三间;南面为倒座三间,中间一间为明间,做大门,两边为次间,即小南房,倒座两边也配有耳阁;中央为院,这类建筑物多为官宦士绅所建。

这种院落多为两重门,分为大门、二门;门前或门里有照壁,俗称影壁浮雕五福捧寿图案;门墩或正方形、或石鼓形;有石阶。

三合头院:主建筑居于北面,或土窑、或石窑或正房,东西盖房,南面开大门,中央为院。

一门一院:即只有主建筑和简易大门。

第二节 传统民居和居室布置

本地区民居居室分为楼房、平房两种。1980年前南部山区的住房以窑洞居多,窑洞冬暖夏凉适用性强。现在的房屋多为大平房结构,都改为钢筋水泥结构。很多居民原先也是单家独院,近年来多数人家搬进楼房。

一、窑洞

窑洞按建材分,可分为土窑、石窑、砖窑。

土窑:农村中有不少人家依山而居,掘土为窑名为土窑。土窑冬暖夏凉,土窑面积或大或小视土质而定。土质坚硬则窑洞大,土质疏松则窑洞小。窑洞一般为高、宽各八尺左右,进深一丈八尺左右。有的土窑还要用石头或砖包砌门面,叫包面子窑或接口子窑。

石窑:用块石垒砌而成,多用砂石建成,没有砂石的地方也用青石。面子石则是经锤錾加工过的平整石料。

砖窑:用青砖白灰垒砌而成。有的还要开脸,即用灰黑色涂料将窑面子通体刷过,而后抠出白缝。

二、平房和楼房

平房基本有两种类型,一种为起脊房,一种为平房。

起脊房:梁架结构为五檩四椽,面宽三间,一明两暗结构,中间为明堂,两边为卧室,也有一间卧室两间明堂的。这类房子都建在高台基上,青砖起墙,飞檐斗拱,硬山或悬山顶,桶板瓦铺盖;起脊立兽。这类房屋多为宅院的主建筑,大多为古建筑。

平房:民居房屋也有不同种类,有的平房有里外套间,有的平房是单间,现在一般的地方平房都是一进几开的大平房。装修非常讲究,民居的陈设和城里面的建筑楼房陈设一样。

准格尔旗农村民居大部分的平房都是平顶子房屋,在2013年前基本的民居都是平房四合院。通过十个全覆盖工程的改造和新建,大部分旧时的传统民居改建为新建的仿古式民居和宽大明亮的当代新型四合院民居。十个全覆盖建设工程一步到位地让内蒙古和准格尔旗的老百姓享受到了以后几十年才能住上的现代化大平房和住宅楼群。在2013年到2016年修建的大平房中全部的平房都有供水设备和供暖、卫生间、大落地玻璃窗设备。

现在的城镇建房,多为钢筋水泥现浇顶的楼房,房又分若干小间,有的一单元三居室,有的一单元四居室。而农村的平房也配备考究,居室多为三居室一客厅,而且都配有卫生间,都是瓷砖铺地,都讲究装修。在乡村现在也有建起楼房别墅的人家。

第三节　传统民居构建

大门,是进入宅院的门户,是宅院的门面,一般都很讲究。

中等人家的大门多为房间式,朝街一面是卷式拱门,安门扇,朝院一面为长方空间,俗称外圆内方,圆喻意天,方喻意地,取天地和谐之意。

比较贫困人家的大门则在墙头上留一豁口,安一栅门则可。

现在修建的大门多用水泥钢筋作框架,女墙上用彩色瓷砖拼出安居乐业、和平岁月等字样,有的还有压瓦脊顶,甚至琉璃瓦铺盖。

大门一般开于东南方位,即巽卦方向。民居主建筑坐北向南,处于坎卦方位。坎为水,巽为风,二者匹配风水具备。也有的人家将大门建在正东或正南。正南为离卦方向,离为火,与主建筑匹配,有水火不相容之嫌,故中间造一影壁,取水火既济阴阳调和之意。

大门开于这三个方向的实用意义是避开西风风口。

畜圈:在农村畜圈、禽舍都建在院外,一般选在主家的南方或东方,或利用空闲的房舍为畜圈,或建简单的棚舍为畜圈。所饲畜禽有牛、驴、骡、猪、羊、狗、兔、鸡等。

厕所:又称茅房,有的住户建在院内西南角,有的建在大门外。农村厕所普遍比较简陋,即选平地一块,挖一深坑,埋入一大瓮,上置两块踏脚石,四周围以墙头即可,多数厕所没有盖顶。

在这几年修建的平房和城镇新建的楼房中,设有卫生间,安装了抽水马桶,基本上解决了农村厕所简陋的问题。

庭院:民居的院子基本是规整的正方形或长方形,其他形状视为不吉。有的院子是践踏瓷实的土院,有的经过硬化。墁院有两种形式,一种是用方砖墁院,另一种是卵石墁院,用卵石拼作花纹图案。现在的平房院子多用水泥硬化。

树木:居民庭院内外有栽植树木的习惯,院外多为榆树或槐树,杨柳树少见,院内栽一两棵枣树,暗喻子孙满堂。

水路:院内雨水的出路,一般从大门底下流出,归入人行道,通向沟渠。

第四节　室内布局

农村居室大部分为平房,平房具有多种功能,既是卧室,也是会客室,同时又是厨房。现在的平房已经现代化了,客厅和卧室、饭厅、花房、学习间都有。

一、装璜

窑洞装璜包括如下内容:

1. 砂抹粉刷:用砂灰将内壁抹平,然后上麻刀灰抹光,待干透后用白粉刷白。

2. 盘炕:农村人喜欢睡热炕,老年人更离不开热炕,所以家家都有炕。炕既是卧具又是取暖设施,故有家暖一盘炕的说法。炕与灶台相连,灶生火,火暖炕,烟通过炕洞、烟囱引出户外。盘在窑后墙下面的炕叫掌炕,顺山墙而盘的长炕叫顺山炕。

炕高约二尺,先砌炕洞三条或两条,再覆盖砂石石板,石板上铺盖黄土,作为保温层,然后做炕面。炕面有水磨砖炕、石头炕和水泥炕。人们最喜欢的是石头炕。其做法是:将落浆石捣烂磨面,细箩箩过,兑纸筋、砂子、胶水和起抹平,打光,打的次数越多越好,打光时要打入银珠粉。

灶台与炕相连,开大小两个炉口,大口在后,安大锅,称后锅;小口在前,安小锅,称前锅,此灶称炕炉子,具备做饭取暖两种功能。

卤灶也称村灶,是在院内搭一简易凉亭,内砌灶台,安前、后锅,专供春、夏、秋三季做饭用。

3. 铺地:过去墁地用砖,现在多数人家用瓷砖铺地的。城市墁地多用瓷砖。

4. 安门窗:农村人对门窗非常讲究,门窗体现三种文化内涵:一是透光,所以除了糊纸的地方外,还留有一块安玻璃的地方。二是美观;主要体现在窗棂的组合变化上,组成各种图案,极具观赏价值,即使是方形窗眼,贴窗花、红绿纸块,也非常美观。三是含有吉祥喻意,如寿字窗子,龟背窗子,喻长寿;工字窗子喻富翁,万字窗子叫富贵不断头等。现在大部分的人家为了防风保暖基本都安装防盗门。

二、民居摆设

在2000年前农村家庭摆设注重实用性,也讲究简练整洁,主要摆设有躺柜、橱柜、电视机、缝纫机、水缸、菜缸等。

现在农村也有了大衣柜、组合柜、席梦思床、写字台、沙发等物件。在农村和城镇居民家中,家具和摆设几乎一样了,大部分的人家都把楼房和平房装修得非常漂亮。民居里面沙发、茶几、组合柜、电视机、电冰箱、饮水机、花盆盆景全部都有。本旗人在民居的陈设和讲究方面,已实现了全旗农村城镇民居建设的现代化。

第五节 传统民居修建规则

一、择基

本地区主建筑的方位一般多为坐北向南,但不能是正北,或偏西或偏东,要有一点偏角。因为民俗规定只有庙堂和宫殿才居正北位,民居不坐正北。

二、敬土

敬土就是修建开始的礼敬土地神的礼节,人们一般都要选择吉年吉月吉日进行礼敬土地神的活动。

择年,主要是避太岁,民间认为太岁是个惹不起的凶神,太岁头上不能动土。太岁坐镇东南西北四方,每三年换一个方位。所以动土前一定要查看本年太岁的方位,不能和太岁的位置相向。

择月,也称忌月。本地区俗传张、王、李、赵四姓不能在六、腊月动土,其余人家不能在三、九月动土。

择日,请阴阳先生选择一个动土的吉日,有的人也按照历书上的吉日自己选择。

吉日既定就要到修建地点烧香上供以祭土神。祭毕则将地基掏刨几下,表示敬土程序完成,接着便可按顺序修建了。民俗中对敬土地安神灵的仪轨非常重视。

三、犒劳工匠

就是主家在新房的施工阶段,请匠人们吃饭。有拴线豆面铺底糕、上梁馍馍摆栈糕、摆栈不吃肉先从锅头露等多种说法。现在犒匠多以酒肉招待,新房完工时以结算工钱的方式和请工人们吃饭的办法感谢工匠。一是感谢工匠辛勤劳动,二是庆贺新居落成。

四、上梁

上梁仪式是建房的重要仪式,也就安放脊檩的仪式。盖房的架构部件是就地做好的,立架时将各部件按部位榫铆卸接,上脊檩时要举行重要仪式。即于午时在鞭炮声中,人们用红布将脊檩吊起,木匠师傅口念鲁班咒将脊檩定位,然后在脊檩中间系一方画有八卦的红布,俗称梁肚兜,还要安放五谷铜钱之类的镇物。安顿好后焚香、放炮表示庆贺。

此外,还要在柱子、柁、儒柱之上贴对联。联语为"立柱喜逢黄道日,上梁正遇紫微星""太公在此,百无禁忌"等文辞。

由于建筑物不同,上梁仪式也变异出一些性质相同、名称各异的仪式。

碹窑也叫合龙口,即在仪式中将最中间一块碹口石放上。同样也要贴对联、放炮、吃油糕、宴请工匠。

盖楼板房和混凝土浇顶结束也要庆贺,名为过顶。

五、安门

安门表示修建竣工即可入住,所以也要庆贺。门上要贴"安门增百福,立户纳千祥"之类的对联,并要烧香、放炮,敬门神、户尉。

六、入住

入住新家要择吉日,祭灶神,坐油锅,宴请宾客,吃安锅饭,共庆乔迁之喜。

第六节 住宅产业

改革开放以来,尤其是2000年以来,准格尔旗住宅产业异军突起,发展迅速。在二十年间,薛家湾镇、龙口镇、布尔陶亥苏木等十个镇区修建了大量的乡镇住宅社区,成为了本地区的新的住宅民俗。故本民俗吸纳新住宅民俗予以记述。1999年以来本地区薛家湾镇陆续修建了永安小区、康乐小区、万通小区、满世小区、和谐小区、旭景园小区、金力和小区等几十个城镇小区。而沙圪堵镇、龙口镇等其他几个乡镇也都选择了住宅产业的发展,修建了大量的楼房小区。

本旗持续开展城市环境综合整治,通过试点示范、典型引领模式,规范住宅小区物业管理,不断提升城市治理水平。有序实施生态修复和城市修补项目,推进大路和沙圪堵植物园项目建设,尽可能增加城市园林绿化面积,全力创建国家园林城市。发展住宅产业为城镇乡村居民营造了绿色美丽的民居大环境。

2013年到2018年准格尔旗持续建设美丽乡村。巩固和完善十个全覆盖工程建设成果,以满足群众基本生产生活需求为原则,继续完善必要的水电路等基础设施;全面推行城乡长效管理模式,充分发挥乡镇、街道政府在农村建设、管理方面的主导作用和农村居民参与后续管理的主体作用,开展农村垃圾收集、污水处理试点工作,确保农村环境持续改善。加大苏木乡镇政府所在地小城镇建设力度。推进美丽乡村建设与产业发展深度融合,建成市级美丽乡村和旗级特色村30个。持续抓好乡风文明大教育,开展提升农民素质教育活动。

农村的民居一般是以200平方米每户的类型建设,民居里面一切设施齐全,备有马桶和卫生间;所有家具和设备全部是高档货。农村院落以小型四合院为主,也有盖别墅的人家。至于城镇里面的人,大部分都住在楼房里面;楼房住宅面积一般从90平方米到300平方米不等;而且大部分楼房都是电梯楼,大部分人家的楼房装修考究,大部分人家都是进入小区或者社区构建楼房。住楼房和发展住宅产业已经成为该地区的新的建筑风俗了。

第四章　生活用具和劳动工具

第一节　传统生活用具

一、石头碾磨和粮食加工机械

石头碾磨为1980年前的旗民粮食加工器物。石碾为全村公用,每村一两处,大一点的村子两三处。过去加工粮食比较费事,往往半夜就起来抢碾子,否则轮不上自己加工粮食。

石磨为个户所有,有大小两种,大的叫大磨,小的叫小磨。是磨面、磨豆腐的工具。大磨可人力牵引,也可用畜力牵引。

与碾磨配套的用具还有:

扇车:扇糠。

笸箩、簸箕:盛物。

箩子、箩架:箩面。

笤帚:打扫灰尘。

1960年以后本地区人民用上了米面加工机器,碾米、磨面、磨粉、磨豆腐都用机器加工,省事省工。人们不再为粮食加工发愁,农村的石碾、石磨基本淘汰,成为了民俗展厅中的展出物品了。

二、卧具

火炕是民间传统的卧具。其次是床,农村用的床多为架子床,有木床,也有铁床,较好的为大木床。也有人家装有榻榻米和席梦思床。

三、床上用品

本地人过去有在火炕上铺席子的习惯,现在的民居一般是炕上铺漆布或者地毯。过去民居有铺毡习惯,绵羊毛毡叫白毡,山羊毛毡叫沙毡。规格有四六毡和二五毡两种。毡平时卷起,睡觉时或有客人来时放下。有的人家在毡上面还要铺床垫或地毯、毛毯,最上面铺褥子。

被子多为大花布面料,白洋布被里,内絮棉花四至五斤,外套被套,便于换洗。

枕头有长、扁、圆等形状,内装荞麦皮。长、扁形枕头用于枕头,上苫枕巾或套枕套;圆形枕头,形体硕大,用于靠坐,名为靠枕。

小孩枕头,做工精细,形式繁多,有娃娃枕、老虎枕、元宝枕等枕头。被褥统称铺盖,白天叠起,整齐垛放,用苫被单苫盖。

床上铺垫大体与炕上铺垫相同,被子放入床柜,其余用床罩苫住即可。

四、灯具

不同的历史时期使用不同的灯具,灯具的变迁,见证了历史的发展。

1. 麻油灯。以蓖麻油或食用油为燃料,棉花捻成灯捻,灯盏为瓷制品;灯台有木制品、铁制品或瓷制品。中华人民共和国成立前后,都用这种灯,重大场合则用灯碗。用碗盛油,放入若干灯捻,增加亮度。

2. 煤油灯。上世纪50年代后期煤油灯逐渐取代了麻油灯。煤油灯可分为三种,一种为玻璃体的有灯罩的洋灯。玻璃灯体内储煤油,上安一个穿灯芯的蛤蟆口,点燃后外罩一个玻璃罩,亮度尚可。另一种为马灯,其原理与上一种相同,只是形态有变化,便于提携,赶脚人常用于夜间照明。

3. 电石灯。出现于上世纪60年代初期。以电石为燃料,加水产生可燃气体顺灯嘴流出,点燃即成,亮度高,不怕风。煤窑工人和小摊贩多用此灯。

4. 电灯。一般居民为了省电,多用简单的一口一灯泡,功率多在15~45W之间,过年过节改用功率较大的灯泡。富裕人家安装壁灯、床头灯、组合顶灯和彩灯,价值上百元或千元不等。

5. 蜡烛。过去只有寺庙或富裕人家使用,现在一般家庭备停电时使用。

五、炊具

1. 助燃器。有风箱和手摇鼓风机、电风箱。

2. 锅。锅的种类很多,可分为后锅、前锅。后锅即大锅,铸铁制品。又可分为片锅和青棱锅,口径在1.6尺至2.4尺之间。后锅主要用来蒸饭、焖粥、做豆腐。蒸饭时不用笼屉,只用箅子。箅子有木制品、竹制品和铝制品。而最常见的是高粱秆制品,俗称进平子。锅盖有木制品、铝制品,最常见也是高粱杆制品。前锅即小锅,多为铸铁制品。浅腹的叫片锅,深腹的叫牛头锅,半球形带耳环的叫锣锅(铜制品居多),还有一种三足两耳锅,保留了鼎的形制。做菜、做汤用前锅。现在还有炒瓢、砂锅、火锅、电饭锅、电炒锅、高压锅、钢精锅等新型锅灶,这些锅虽然也进入农家,但多数用户还是城市的小型家庭。

3. 盆。盛饭菜及和面用具,按材质分有瓷盆、搪瓷盆、铝盆、塑料盆,各种盆又有不同的型号。

4. 其他炊具。蒸笼,农村一般平时不用,只有办婚丧事筵时才用大型蒸笼。城市家庭日用品有小蒸锅上附带的小蒸笼。

小型必备炊具有:舀水瓢、勺、铲、笊篱、案板、擀杖、切刀、礤子、捏钵子、河捞床、调料盒子等。调料盒为方型,中间分为四格,分别放不同种类的调料。有的调料盒是民间旋匠加工的木制套盒,一个比一个大,套装起来成塔状造型,现在用塑料制品代替。

六、家用餐具

1. 餐桌:高坐的有八仙桌子、圆桌、附带坐凳。农村多用能折叠的圆桌和坐凳,用毕收起,便于存放。低坐用炕桌,席地而坐。如在院内使用,则配以坐墩、坐垫或小板凳。

2. 餐具盘:俗称条盘,正方形木制品,边长约1.5尺,盘边高约寸许,漆成红色,或画吉祥图案。日常盛放碗筷什物,用餐时盛放菜盘,宴会时便是传菜托盘。

3. 碗:基本都是磁窑烧制的白色青碗。

4. 盘:多为瓷制品,也有搪瓷制品。按口径分,有四寸、六寸、七寸、八寸、一尺、出号等盘;按用途分有菜盘、鱼盘、拼盘等。大号盘叫羔盘,中号盘叫碟子,最小号盘叫盏。

5. 筷子:当代的筷子大部分为竹筷子、木筷子、仿象牙筷子。

七、盛器

民间储物,多用柜和缸、瓮、坛子、罐子、尼龙袋子、塑料袋子等。柜子品种繁多,有躺柜、立柜、厨柜、板柜、板箱等,用途各不相同。躺柜主要用于放粮,也可放衣物;立柜、大衣柜、组合柜、板柜、扣箱放衣物;厨柜放餐具;酒柜放酒具、茶具。

缸,俗称瓮,有大瓮、三只瓮、五只瓮之分,主要用途是盛水、腌菜、放粮食。放粮食的器具还有板仓、席囤、草囤等。

八、供器

民俗祭祀用品有供桌、贡品、神龛、神像。有的人家则以柜代案,用茶盅盛米代香炉。在当代的饭店和宾馆的大厅里面设有供台神仙塑像的饭店非常之多,大部分供奉的是财神塑像。饭店神台四季瓜果供养,四季上等沉香在香炉中燃放。居民家中的神台一般在过年过节和初一、十五日供奉神仙塑像。

九、家用电器

改革开放以来经济搞活了,农民的收入增加了,生活富裕了。家用电器进入农村,电视机普及。家家户户都有了电话机、洗衣机、冰柜或电冰箱、烤箱、绞肉机、果汁机。手持电话机人人都有。电瓷灶、电饭煲、电炒锅也成为农家日用品。

十、代步工具

过去,本地区南部地区道路多为羊肠小路,出行全靠步行、马车、牛车、独轮车出门。偶或能骑毛驴出门,便是一种享受。现在的准格尔旗交通便利,公路四通八达,村村通了公路,运营车辆到处皆是,出门即可乘坐。农村个户人家不但有了自行车、摩托车、小汽车,而且还有拖拉机、三轮车、大卡车、面包车,在城镇和农村人人家都有小轿车和电动汽车。

第二节　劳动工具

农具是农民的常备器物。

一、田间作业用具

犁、耕绳、耧、碌碡、柴磨(耙)、粪笸箩、锹、镢、笼头、箩头、担杖、锄、镰刀、背绳。

二、场上作业用具

碌碡、辘杆(连枷)、木锨、木杈、铁杈、竹芨扫帚、笸箩、簸箕、口袋。

三、手工工具

因行业不同,用具各异。

木匠工具:钵、斧、刨、锯、凿、方尺、墨斗等工具。现在的木匠都配备了具有综合功能的刨床以及电刨、电锯等工具。

石匠工具:大锤、钢钎、手锤、錾子等工具。

铁匠工具:风箱、砧、锤、钳、铲等工具。

泥瓦匠工具：瓦刀、瓦斧、抹子、泥盘、灰斗、靠尺、水平尺、吊线锤等工具。

四、运输工具

小平车、三轮车、拖拉机、铲车、吊车及各种机动车辆。

现在的农民是新时代的农民，他们的生产工具几乎全部机械化。耕地用大型四轮车，送粪土用三轮车，收农田用收割机，过去的传统农具基本不多使用。碾场面用的也是四轮车。和旧时代的传统农民相比，干活就是在开车和动机器，苦力劳动是大大地降低了。

第五章　交通行旅和出门习俗

民国时期，准格尔旗交通线路有几条土路，交通工具主要是牛、驴、马、骡车及骆驼。黄河之上则有大船运输，往返于宁夏、包头、山西河曲、陕西的府谷等地。黄河运输业的发展，源于清代。山西河曲、包头、宁夏等地的商业繁盛，首先吸引了定居于牌界地内马栅、榆树湾等地的务农致富者，他们学习山西人开始养船，在河上长途运输。为适应商业交往的需要，最初是小的船，供河两岸人与物资的往来。后来，他们为推销本地的、自己的出产，买回外地的皮毛、药材、布匹等杂货，所用船逐渐加大，变为三舱的张帆大船，开始长河运输，往来于河套的黄河之上。这种养船经商取利的做法，又影响了北境的上户人家，前房子、巨合滩、十二连城、新召湾等地的富人们除开煤窑、缸房、榨油房外也养船经商，推销自己的煤、油、酒等产品，并买回布匹等杂货。航运线路，由大口村、马栅村或榆树湾村上行，顺风可张帆，逆风有六七人拉行，舵手(艄公)掌舵，二三船夫牵行，艰难缓慢地逆水上行；尤其上行到龙壕、老牛湾一带，水流异常湍急，河底多石，崖路窄小，有时甚至为石级小径。纤夫背受烈日之毒晒，拼尽全身气力，汗流浃背地向前拉船，稍有息慢就可能船毁人亡,所以舵手经常告诫船工船令胜于军令;再上行达前房子,右岸喇嘛湾村为一码头,再至海口,右岸是河口镇,共计240里。每日行程30里左右,晓行夜宿,食住全在船上。

这段河运,船下行时,到老牛湾、龙壕需换二次舵师,分别雇本地熟悉河径的舵师掌舵,方可避免触礁之虞。因水流于两山狭谷陡壁之间,河道曲折,明礁暗石布于河床,水流冲撞而下,声音喧嚣,几步之外,话语就不能听清。故船行至此,船家乘客均憋气凝神,准备与险情搏斗。第二段由托县之河口起西行,经高龙渡口、磴口码头至包头南海子渡口,为240里,河流比下段平缓。第三段由包头深入宁夏拉运大米,至青海拉运皮毛等,不过上行船只较少。马栅以下,通山西河曲、府谷、保德等直通碛口等处,此段航路在平绥铁路未通之前比较繁忙,部分药材、粮食、木材运于山西。旗境与山西河曲县、偏关县以及清水、托县隔河而望。隆冬,冰封千里,黄河冻结,人、畜、车、马都可经冰河往来。春日消融,黄河解冻,互相之间的交易与往来则主要依靠几个渡口往返运输。从南开始逆黄河而上的渡口有:牌界地内有大口渡直达河曲;马栅渡口通河曲县之河湾;榆树湾渡口通河曲县的梁家碛;黑界地内有九坪渡口通偏关县的四沟;头坪渡口通偏关县的关河口;再上流有准格尔旗前房子渡口通清水河县喇嘛湾;沟门(即九枝榆树)通托克托县的蒲滩拐;十二连城乡的海口村渡口通托克托县的河口镇渡口;二道拐与高龙渡口分别通托县与准格尔旗河北境。这些渡口早在清代就已经使用。康熙三十一年，康熙皇帝亲征格尔丹时，曾在托县的托克托城沿河一带视察，并渡河巡幸至准格尔旗狩猎。准格尔旗、鄂尔多斯其他旗的扎萨克曾经托克托县的海口村河口渡（康熙三十一年确定为官渡）过河去给皇帝御营献马。民国时期战争迭起，这些渡口不断为兵家所用，战争年代，往往常年为官军把持。如1940年时奇凤鸣、奇子祥父子管理北境渡口；郝三秃连长管理黑界地渡口；朱五美司令有牌界地渡口，给行旅造成很多不便。上述这些渡口外运了准格尔旗的煤炭、皮毛、牲畜到萨、托、清及山西省偏关与河曲县也经这些渡口，运回了旗内所需的粮食、布匹等杂货。

长河运输除战争阻隔外一直处于繁忙状态。准格尔旗境内陆路交通，由于沟壑纵横，很不便利。只有顺皇甫川的两大支流长川与纳林川，在冬季或河道干涸时，两川坦途是两条进出通道，常年有车驼往来。下边分别略述：由旗治（即今布尔陶亥苏木大营盘贝勒府）南行至纳林50里，经沙圪堵至古城50里，再通马栅或大口，或府谷之麻地沟，分别为60里；也可由沙圪堵去哈拉寨70里，或去乌素沟煤窑地50里，往来均有车马便道；由旗治经白大路至海子塔70里，再走40里到达十里长滩集镇，由此到马栅50里，渡河进入山西省境，有车马便道可通行；由旗治经圪条尔不拉村至召梁村70里，到新召湾90里渡河达准格尔旗的党三窑子等地，再北行美岱召、萨拉齐。20世纪20年代前后，那森达赖执掌旗政，他的24辆骡车（12辆红色，12辆白色）常年由此路不断地将大批的河套党三窑子地区的粮食运回杨家湾老家。由旗治经白大路至九枝榆树80里渡河经河口至托县、归绥,当时有关公文、案牍或司法案件大都经此路去归绥。进京时,赴山西省杀虎口驿站也从此路过。由旗治经达拉特旗的马场壕村、新民堡村160里渡河即达包头。由贝勒府大营盘西行经典什沟50里,再经暖水可达西召村和扎莎克、郡王旗,或由典什沟经敖包梁70里至东胜共130里,均有通道。全旗人行小径交错歧出,只是不能通行机动车辆。此外,主要通道有两条干线,从东而言,由马栅经长滩、大饭铺至九枝榆树,共计140里,渡河入托克托县至归绥市。此条路1936年傅作义派人经过勘察设计修成简易公路,由绥远省归绥市直达山西省河曲。1937年日军进犯绥远省,绥包等地国民党人员向南撤退时,赵承授将军等人的兵马、汽车辎重撤退到河曲县,就是利用此道通行。这条大道也打通了马栅地区的水果农产品与归绥市市场的商贸交流。上述这条路径,又支生出从长滩村、白大路村、乌兰布拉格村至党三窑子镇、托克托县、土左旗的天然大道。

  驿站,有传邮件的叫驿,通军事情报的是站,多在边外建立。绥远及所属鄂尔多斯,历代曾于此设置邮传。清代时为传递军报迅速无误,于康熙三十一年(1691年)设立内外蒙古驿站。伊盟各旗在适当地点各划出方圆四十里地,驿站土地归公,专为台站所用。并有50户旗民为台丁,以供递送之役。各户自备马匹,牧放站地之内,守候军报驿传,以备急用,这叫兵不离营马不离站。当时的东素海台站地隶属于山西省右玉县杀虎口驿传道管辖,台站设章京1人、昆都1人、毕齐克齐1人、保什户1人、站丁10名。站丁即由50户土默特旗民中轮流充任选拔;鄂尔多斯驿站各站站丁无薪饷,在40里站地放牧或种植糜子谷子玉米以养赡全家。在光绪二十七年(1900年),绥远省将军贻谷全部将站地放垦。

准格尔旗驿站台站地在今十二连城乡召梁村黄河南、北各20里,取名为东素海驿站,这是归化城(今呼和浩特市)至鄂尔多斯的八个台站之一。此外,绥远省地区还有20家蒙古军事信息驿站。和林格尔厅的杜尔格站在黄河东岸;鄂尔多斯地区的吉克素特站,在今达拉特旗;白彦布拉克站在郡王旗;阿鲁乌尔图站在乌审旗;巴尔素海站,在杭锦旗;察汗扎达亥站,在鄂托克旗。每站相距百里到一百几十里不等,相互之间可火速递送军报。这种驿站既传递军报、邮件,又是接待站,接待过往官员,也是贡品转运站,所以职能比较复杂。

光绪二十八年,归化城设立邮寄代办所,这是绥远全境的通邮之始。以后又逐年开设萨拉齐、托克托、包头、五原等各厅县的邮寄代办所,清时邮政隶属于山西邮政管理局管辖。兹后各台站逐渐失去功效,准格尔旗的台站地虽在民国时候依然有人负责,但功效大不相同,已成为管理地方的行政机构。

中华人民共和国成立前,准格尔旗的交通十分闭塞,基本没有公路和机动车辆。1956年准格尔旗修通了第一条公路,经过60多年的发展,已基本形成以109国道为主线,旗乡公路为连线的公路网络。1956年至1978年公路里程为510公里,

1978年至1998年公路通车里程为2500公里,等级公路增加到800公里(其中黑色路面370公里)。1999年准格尔旗有旗县公路270公里,旗乡公路240公里,乡村公路1700公里,公路网架结构形成,实现了乡乡通公路、村村通汽车的交通格局。除公路外,全旗有大小渡口23处,渡船25只(机船),有桥梁17座。全旗的主要公路有:109国道(北京—拉萨)经过我旗82公里。县道:纳林—榆树湾65公里,史家敖包—榆树湾32公里,沙圪堵—羊市塔62公里,沙圪堵—乌素沟31公里,羊市圪咀—吉格斯太公路80公里。乡道:沙圪堵—长滩公路42公里,沙圪堵—蓿亥图公路93公里,沙圪堵—准格尔召公路88公里,魏家峁—房塔沟公路17公里。专用公路:薛家湾—魏家峁油路49公里,羊市塔—曹家石湾油路58公里,黄天棉图—碌碡焉油路21公里,水源路11.9公里,边家壕—弓家塔油路4公里,哈岱高勒—红湾沙石路8公里,双敖包—黄河畔油路9公里。

  1993年8月准煤公司开始接管大准铁路丹准段工程列车调度指挥系统,共开行工程列车3211列。1995年3月25日开行运煤大列,当年发送煤炭68万吨。1994年7月20日丹准段开行通勤客车,发送旅客61799人,完成换算周转量19461万吨公里。1997年发送煤炭168万吨,发送旅客201万人,完成换算周转量27920万吨公里。1997年6月28日大准铁路全线电气化开通,1997年11月8日大准线全线开通,全面进入试运营。1998年发送煤炭425万吨,发送旅客231万人,完成换算周转量96606万吨公里。1999年1~10月发送煤炭569万吨，发送旅客220万人。

旧时民间单独出行或者是在人们出远门的时候，为了安全顺利，有一套传统的出行习俗。

首先是出门必须选择黄道吉日动身，避开不宜出行的日子，这是历代相沿的习俗，当代也是这样。敦煌出土的伯3403号文书《雍熙三年历书》的正月二十日这天就有出行吉的字样。每个月的月祭即初一、十五不出门，因为这两天应该在家里祭祖拜神，在此日离家是对祖宗和神灵的不恭敬，所以也不吉利。民间选择出行吉日还有一些繁琐的计算方法，南宋时期杭州的习俗是，如有一人欲旅行时，则往询星者，告以生辰，卜其是否利于出行。星者偶若答以不宜，则罢其行，待至适宜之日。人信星者之说甚笃，缘星者精于其术，常作实言也，如果不信这些星者的告诫，往往会真的出事。一位姓邵的出行不择日，别人劝告也不听，被作为反常的行为记了下来。本地人出行都是要挑选一下日子的。

接下来的习俗是祭路神，宋代以后此习俗称作祖道，一般选好吉日到时候动身就行了，如果是比较重要的事情或者是出远门，还要在动身前祭路神，求平安。路神也称行神，分为陆地上和水上两个系列。陆地上的行神有梓潼君、五通神、紫姑神；水上行神有天妃妈祖等神灵。梓潼君是蜀道上的保护神，据说唐玄宗在安史之乱中逃难时，梓潼君在蜀道上保护了玄宗。北宋初又帮助宋军平定了王小波、李顺之乱，宋朝的时候陕西一带的人们经常在家里供奉梓潼君的神位。水上行神天妃据说是五代十国时闽国一位将军的女儿能乘席渡海,预言人的祸福,开始被称为龙女,入宋以后被封为灵惠夫人、灵惠妃。据刘克庄说东南一带大都信奉,凡大圩市、小聚落皆有之,非但莆人敬事,余游北边,南使粤,见承楚、番禺之人祀妃尤谨。祖道祭路神的仪式有完整的记载,有人认为《清明上河图》上就有一处祖道的场景:一个人要骑驴出行,另一个人单膝跪地,面前有一只侧倒的黄羊;跪地之人口中念念有词,骑驴的人回头顾盼,这是家人在为出远门的人送行祈祷。

出门人讲究纪律,不允许酗酒和杀生;住店也不住阴暗角落的娼妓店铺;在遇到寺庙和尚的时候要恭敬布施。

一般人家出行所使用的交通运输工具仍然以畜力为主,马、驴、骡以及牛是陆地交通的主要畜力。民间使用的马牛驴车以及人力车,可以分为客车和货车两大类。

家宅居处是人们经常活动的处所,是人们某种归宿意识的体现。人们待在家中,自然会有一种安全感。人们习惯于以家宅为中心的日常活动,很看重家宅。正是这样一种思想观念,使得人们同样地不能不看重出行。因为,出行即意味着暂时离开自己的家宅,离开自己的安全归宿地,会有一种安全失落感。所以,在行旅方面有一些禁忌俗信便也就可以理解了。旧时以为,人在行旅途中的安全是由神掌管着的,古时有路神,亦称道神、行神的信仰。其神为谁,说法不一,一说是共工之子,名修;一说是黄帝之子,称为嫘祖,此说或有异议。《史记·五宗世家》说:"祖者,行神,行而祭祖也。"《风俗通》云:"共工氏之子,曰修,好远游,故祀为祖神。"又崔诰云:"黄帝之子嫘祖,好远游而死于道,因以为行神,亦不知其何据。盖见其谓之祖,因以为嫘祖,非也。据《帝系》及《本纪》皆言嫘祖黄帝妃,无为行神之由也。"《礼记·祭法》中王为群姓立七祀,诸侯为国立五祀,大夫立三祀,適士立二祀,其中都有行祀一项。可见古时祭祀,適(嫡)士以上至诸侯、王,皆有行道之祭。庶士、庶人立一祀,或立户,或立灶,以求日常生活安然无恙,并未从礼法制度上作祭行之礼的规定。然而民间实际上也并不敢因此而怠慢了路神。晋·嵇含《祖道赋序》云:"祖之在于俗尚矣,自天子至于庶人,莫不咸用"。可见祭祀路神的习俗是通行于上下民众之中的。这种祀行的目的,不外乎是要取悦于神,使之不为邪祟,令人旅途平安,化险为夷。因而无论在陆路、水路上,都有这方面的祈祷祭祀。《吴越春秋》中有群臣送越王等入臣于吴,临水祖道的描述,长于哀诔的晋人潘岳亦有"启殡今夕,祖行明朝"的说法。古人以为,行役时有事于道路,会触犯行神的威严,故而祀之。同时,还以为人死之后,魂归地府,也会有旅途安危之虞,故出殡时也要祭祖。然而,一般离家外出的人在祭祀路神时,又禁忌获罪受刑的人和凶服者(穿着孝服的人)参加,恐会因此而冒犯了路神。中国人素来有慎于出行的习惯。孔子《论语·里仁篇》云:"父母在,不远游,游必有方"。这是从孝道出发对子辈的规劝,意思是不要因出远门耽误了侍奉父母。其中也包含着出远门会有一定的危险性的思想,或者虽有心也未必还能再尽孝道的意思。假如真要出远门,也要有一定的去处,可以让家人放心,或者便于前去寻找。古时又有出门应占卜方向的俗信,以为出门方向是有吉凶兆示的,因而也有所宜忌。民间有俗谚云:"老不上北,少不上南;老不入川,少不游广;老勿走新疆,少不走苏杭",这也是出门的禁忌。出门不但要忌方向,而且还忌时间,出行时必须选吉日才行。据《无何集》云:"《阴阳书》言,鹤神日游,五日正东,六日正南;五日正南,六日西南,西北仿此。元旦出行,忌向此方……或曰,鹤为噩字之讹"。民俗以为有噩神在四方云游,出行时要避忌之,尤其元旦日出行,忌之更甚。山东一带俗忌正月初五出行,初五为破五,恐有不吉。又有忌黑道日出门的,每月的初五、十五、二十五都不能出远门。河南虞城县一带有"要出走,三六九;要回家,二五八"的说法。萧县一带有"三六九,向东走;二四七,向正西"的说法。在民间流传最广的出行日禁忌俗谚是"七不出门,八不回家",或者说是"七不往,八不归"。这里的七和八是逢七、逢八的意思,即凡初七、十七、二十七日忌出行。如果是去看望病人,河南林县一带忌讳在初五、十四、二十三出门。本地人则忌讳下午出门去看望病人,据说下午属阴,恐使病人的病情加重。民间还有一种杨公忌习俗,亦是专门避忌出行的日子。据《无何集》云:"世俗多畏杨公忌,谓不宜出行,皆未悉其原委,故为所惑耳。今按其说,乃是室火猪日。其术元旦起角宿,依二十八宿顺数,值室即为杨公忌"。按这样排列下来,杨公忌日子为:正月十三、二月十一、三月初九、四月初七、五月初五、六月初三、七月初一、七月二十九、八月二十七、九月二十五、十月二十三、十一月二十一、十二月十九,这些日子都是禁忌出门离家的。有人说杨公是指的宋代术士杨救贫,是他推算出的这些忌日;也有人认为正月十三是宋代大将杨业遇难日,人们在这一天献礼摆供纪念为国捐躯的杨家将领和一切烈士。旧时还有出行忌月的,俗谚云:"六、腊月出门,神仙也遭难"。大约是指六、腊月大暑大寒,气候恶劣,出门困难而言的。六、腊月也不宜出兵作战,《风俗通义》中有俗云"五月到官,至免不迁"的说法。

第三辑
岁时习俗

第一章　节日习俗

四大节是指春、夏、秋、冬四个大节日,即春节、夏节(端午节)、秋节(中秋节)和冬节(冬至节),来源于古代历法的四季观念。我国古代的天文历法比较发达,早在商周时期,华夏族就已确定了春分、夏至、秋分、冬至4个节气。每至是期,官方要举行诸如春社、劝农、祭祀、秋报等活动。正如《礼记·月令》中记载的那样:立春时鼓励春耕,不得兴兵;春分时整饬田畴,修正封疆;立夏时命官出行原野,为天子劳农劝民;夏至诸事未定,需小心谨慎;立秋五谷丰登,祭祀土地神灵,秋分寒意来袭,人应躲入室内;立冬天地闭塞,修缮宫室城池,冬至天寒地冻,要塞尽皆关闭。农耕经济有赖于季节时令,立春躬耕、夏初劝农、秋祭神灵、冬日养藏,完美地应和着四季节令,由此产生了四季的节日,代代传承不绝。

八小节体现了国人的传统礼节教化观念,是国人伦理道德、宗教信仰、审美追求的充分展示。这8个节日包括上元节(正月十五元宵节)、龙头节(二月二)、清明节、五谷节(六月六日)、中元节(七月十五)、重阳节(九月九日)、寒衣节(十月初一)和腊八节(腊月初八)。龙图腾崇拜是中华民族最典型、最普遍的原始崇拜。二月二龙抬头的风俗广为流行。

战国时期,我国特有的二十四节气基本齐备。汉代明确地把一年划成24等份,对农业生产起着重要的指导作用,同时也为我国岁时节日的形成提供了必备的前提。所谓24个节令,民间有二种说法,一是指农历每月的初一日和十五日而言,除去春节、上元节、中秋节和中元节,实际只有20个。这个说法源于古人望月的习惯和二十四节气的节奏,既笼统又不符合秦汉以来节日风俗的实际情况。二是指实际存在并长期延续的其他24个有明确岁时与风俗的节日,分别是立春、迎喜神节(正月初一或初三);祭祖节(正月初二)、送穷节(正月初五)、人节(正月初七)、十至节(正月初十)、添仓节(正月二十和二十五)、青龙节(正月二十一)、祭星节(正月二十八)、太阳节(二月初一)、寒食节(清明节前一日)、上巳节(三月三)、财神节(三月十五)、关帝节(五月十三)、天贶节(六月六,与八小节中的五谷节相叠)、七夕节(七月七)、灶君节(八月初三,民间为灶君生日)、圣贤节(八月二十七孔子生日)、避疫节(腊月初五)、送神节(腊月二十三)、交年节(腊月二十四)、除夕节(腊月三十,小年为腊月二十九)。

可以看出,正月与腊月的节日最频繁,占全年的一半以上,这种不均衡性正是由农耕经济和山区无霜期短的条件所决定的。人称腊月至正月为年节,一切活动都围绕着过年,人们常说受了一年,只盼过年,对年节的态度远胜于其他节日。腊月至正月既是农闲季节,又是充满期盼与憧憬的季节,山西人把所有能融入年节的活动都包容进来,充分享受休闲、欢娱与口腹之乐,因此人说正月天天是过年。

岁时节日风俗,经历了形成、发展、传承、变异的长期过程,是历史的积淀过程,它既是我们祖先认识自然、认识自身的历史记录,也是我们民族文明发展的见证与活化石。汉代是中国岁时节日的定型期,其节日风俗以信仰为基础,娱乐与教化的意图并不明显,数量也有限。至汉末,纳入国家礼仪的节日仅有8个(春社、上元、上巳、伏日、夏至、秋祀、冬至、腊日)。在民间,已流行七夕与立秋打猎祭宗庙等习俗,带有一定的娱乐性。此时突然出现了太原及上党地区的寒食节,说明不同地域有不同的节日风俗,它们虽然没有被官方认可,却开始呈现其顽强的传承性。

一、春季节俗

春节:春节是本地区人民一年中最为隆重的一个节日,也是一元复始的第一个大节,是新旧年份之交替年。

准备过春节的人们在腊月里已经忙开了。家家户户加工米面,做豆腐、做粉条、洗衣服、打扫家;准备过年吃的油炸食品及红烧肉、压肉、凉盘菜肴和糖果瓜子儿。人们在一个腊月的时间里都要进行年货准备,在吃了腊八粥以后,便开始精心准备年货及备办食品。

在腊月二十三这一天,本地人家都要敬灶神,送灶神到天界向玉帝述职。同时要打扫院落,清理债务及往回要钱。

在腊月二十三到大年初一以前这几天可以任意搬动东西

和打扫家,而不需看日子。勤快的人家便把猪、羊、兔肉从瓮里消出来,把猪、羊肉饺子馅拌好,也可备办过年的蔬菜和熟食。把过年时期吃的红烧肉、炖牛肉、花卷、馒头、豆腐、粉条及过年期间的纸烟、糖果和酒买到位;写好红对联;大人娃娃必按时做一身新衣服;男人们去剃头和刮胡子,女孩子和小孩子也要理发。

传统的民俗对过年的盼望和敬畏显而易见。在年关以前,一般每家每户都将骡马牲口的饲料切上够用十几天的储备草料;把家里的白泥墙粉刷一遍;擦玻璃,贴新的窗花和窗户纸;洗灯盏并给灯笼剪红绿彩纸条以装饰之;而一些妇人也用手工剪年画和剪窗花。

本地区的汉族也有炒炒米及炸油圈子的习惯,蒙古族也擀豆面和做面食吃。

过年这天上午,一般是先贴红色春联,打扫院子和准备中午的饭以及准备好到坟地烧纸用的祭品。在旧式的过年这一天,有钱人当然是冷盘热菜和猪羊鸭肉一齐上饭桌,享受一年工作下来的愉悦和幸福。

即使是穷人也要在年三十这一天,尽力吃一顿饺子或肉食。在清代到民国的本地文盲家庭,也有人以碗底黑在红纸上印圈圈当春联的。

中午饭吃罢以后,在傍晚以前,人们要到坟地祭祖或到十字路祭祀。

在傍晚上灯时分,家家户户响几个麻雷并开始在住宅周围点上檀香和黄香,并向树神、土地神、火神、水神、福神、财神和马神爷磕头敬礼。

吃罢晚饭以后家家户户开始守岁。也有部分年轻人和小孩子们到各家各户去串门,看一下人家是怎样过年的,共同分享过年的快乐和喜悦。

在民国时期,本地区家家户户过年有贴门神和贴年画的习俗,南部山区的人家在院子中间垛上一垛炭火笼,在夜间点燃,用以驱邪纳吉和给自己心里增加温暖。多有在夜间悬挂大小不等的灯笼的人家。一般在点灯以后,不允许大声说话,并严禁人哭闹和嬉笑。汉族的一些讲礼节之家在除夕晚上,要举行祭祖、迎神和吃年饭守岁活动。在香案上摆供品和焚香祭祖之后,开始吃年夜饭。从山西走地方过来的汉民在除夕这一天要吃八月十五那天特意留下来的月饼,以取团圆甜蜜之意。饭后,长辈们要给小孩子多少不等的压岁钱。

到午夜12点到来时,家家户户要在院子中间摆上方桌接神。把白酒、红枣、红糖及月饼和油圈子、水果、馓子放在短腿桌子上,然后男人发起火笼,先向神位磕头和上香贡献贡品,并由长辈男人将鞭炮麻雷点燃,进行热闹的接神仪式。当然8岁以上的孩子及大人们,皆可点燃鞭炮以示祝贺。在接神时候,此时过年的活动达到最高潮。

接神后,本地人要把火堆里的柴火棍子用火铲往家里的炉子里面铲一部分,以表示迎接回了福气、运气和喜气。有的人家在12点以后吃上马饺子,有的小孩子在此时玩扑克和赢糖果,而有的老年人也用扑克打全年卦看看来年的运气。大人则可睡一会儿,以准备正月初一的饭食和应酬前来拜年的亲友。

初一一大早,大人即起身到门外放开门炮,有的人家还要点燃一堆柴火以进行迎财神和举行出行仪式。一般每家每户接待拜年的亲友要接待到正月十五以后,过罢元宵节以后春节才算圆满的结束。

正月初二为归宁日,俗称待女婿日、女儿节,已嫁女儿要和女婿双双回娘家拜年。这天清早,女儿、女婿(有子女的要带上子女)穿着节日的盛装,带着糕粿糖果等礼品一起到娘家拜年。如果是新婚第一次回娘家拜年,新婚夫妻要向岳父、岳母奉上红包,岳父、岳母会回一个红包,金额一般相同。新婚女婿还要备着香烟喜糖,到岳父、岳母家分发给宾客。

正月初五迎财神,在大年初五是民间迎接财神的日子,特别是从事生意,投资方面的人则更加重视。初五是五路财神日,所以这一天祭拜财神,迎接财神可以祈求来年有一个好的财运,事业兴旺,财源广进。

接财神的时间:农历的正月初五子时开始一直到下午申时结束。也就是正月初四的晚上11点就开始准备,香火不断到正月初五的下午4点左右结束。

方位:在正月初五的财神在正南方,故而祭拜朝向为坐北向南为吉。

牌位:红纸黑字,中间:供奉五方五路财帛星君神位。左边:地藏天下宝。右边:主纳世间财。右下角:信士:写上一家之主的名字。如果家中原本有供奉的财神像,则直接请到桌子上面就可以,没有财神像就要自己写神位,供奉结束后,神位烧在桌子下面。

准备物品:菜油灯(中途添加香油,不能断火)、龙凤烛一对(大点儿的,可以燃一整天的最好)、招财进宝香一副(要香火不断,所以要准备足够的香,也可以烧比较粗的,因为燃烧时间较长)、三杯糖茶、五碗素菜、一碗米饭、五种不同的水果以及长面、大枣、桂圆、黄糖、花生。

在风水上面:正月初五要把家中的财位收拾得整洁干净,整个房屋都应该是最干净的状态才可以。只有这样,才会招财神爷喜欢。

在正月初七日,本地人还有过小年的习俗,这一天也是颇为隆重的。一般在整个正月,都不动碾磨和针线,旧时的讲究和禁忌也主要集中在春节时俗。

初七又是民俗中的人日,传说女娲造物时,人是第七天才造出来的。根据汉时东方朔的占卜书:"正月初一鸡日、初二犬日、初三猪日、初四羊日、初五牛日、初六马日、初七人日。"其中又说:"初七人日,从旦至暮,月色晴朗,夜见星辰,人民安,君臣和合。"可见人日的礼训在汉朝时代就开始流传了。人类诞生的这一天,自然值得纪念。

正月初九是玉皇大帝生日,即玉皇大帝的诞辰,人间须礼敬大祭,在全年众多的祭祀礼仪中此节很重要。

因为玉皇大帝的神格非常尊贵,因此越早敬供越有诚意。

许多人家初八中午过后,就开始摆香案。

敬天公的贡品一般为双数,而且避开四这个数目。桌面的摆设是果品。果盘的左右放置鲜花,左边再放清茶三杯、米饭三杯;右边再放米酒三杯、面点三个;中央靠前请奉香炉,并在炉之两旁备好烛台;接下来摆放六斋,六斋为六道斋菜:供奉金针、木耳、豆乳片、香菇、红枣等。随后是放置果盘,如柑橘、苹果、香瓜、甘蔗、香蕉等水果,还有糖果、饼干等甜食品。

祭拜天公约在初九子时开始,直到翌日9点。是夜爆竹之声不断,烟花爆竹的闪光把天空照得如同白昼。初九子时,人们全都起床,梳洗之后在案前焚香上烛,最后全家老少按长幼次序逐一三叩礼拜。

初九也是人间向上天祈祷全家新年平安顺利发展运行的最佳时机。民间习俗注意强调拜天公玉皇大帝的诚意和礼数。心诚则灵,礼到则沐。真诚供养和礼拜高人大神自然有一种愉快感在心头萦绕。

元宵节:元宵节来源于汉武帝祭天的礼节。汉武帝在每年正月十五,于宫中遍燃灯烛,祭祀太一天帝,乃至通宵达旦,民间的人们也开始效仿汉武帝的做法,遂成为一个大节的风俗。

元宵节的主要用意是承载正月的社火及文艺活动,把过年的气氛推进到高潮了。中国古代有三官之说,三官指天官、地官和水官。三元是上元、中元、下元。正月十五为上元,七月十五是中元,十月十五为下元。分别为尧、舜、禹帝的生日。因上元节的高潮在夜里,特简称元宵节。宵者,夜也。

本地元宵节在清代和民国时期，由官府组织民间人士进行踩高跷、走旱船、舞龙灯、唱漫瀚调及二人台，一些打玩艺儿的人们也参与其中。民间的家家户户于夜间发起火堆，点上明烛。如独居一隅者，则一家于晚间围座火炉前吃扁食和喝红茶，娃娃们则放鞭炮。如在大营盘镇及长滩、五字湾诸镇，由镇长组织成节日活动委员会，向商铺起钱，白天各路文娱人员向大商号拜年，该商号出钱；从下午5点开始，进入了元宵节的高潮。晚上主要组织各式灯笼的灯展和猜灯谜大会，继而有漫瀚调对唱、二人台演唱以及山西省雁北地区晋剧团前来助兴。因准格尔旗人多半为晋陕人之后代，对晋剧情有独钟。山西省晋剧团在正月十五在沙圪堵镇演出《三娘教子》《杨家将》和《明宫传奇》《升官图》《王宝钏传奇》《穆桂英挂帅》。

而正月十五晚上有钱人则必食元宵以取一切圆满之意。据宋朝周必大的元宵诗歌说："时节三关重，圆匀万里同"。俗传一个没有生育子女的人如果能去偷一碗来吃，则可以有生育能力。这一天张灯结彩的习俗起源于唐代，盛于宋代。到了晚上8到10点，各商号及全旗各地，鞭炮、麻雷同时燃放，震得狗叫猪跑，场面壮观。本地人在正月十五日亦有送灯的习俗，意即送人光明，传人生命，灯灯相续，子孙绵绵也。通过千年来的发展和传承，元宵节和新年、端午节、中秋节成为中国民间四大传统节日。重要性不言而喻。以元宵节承载吉祥，帮助人屡建奇功为想念，这对于寄托美好理想和感化人的心理世界及建设美好、建设和谐之家是具有重要作用的。而旗人亦有于正月十五和二月二转灯游会的习俗。

二月二灯游会:农历二月初二是在我国流行十分广泛的传统节日之一。民间谚语有"二月二,龙抬头"之说,所以二月二被看作是龙的节日,称作龙抬头节、青龙节。

届时人们在庙里还要敬龙牌及各路神仙,并且唱大戏、逛九曲、垒旺火,家家户户请亲待客、邀朋会友,共享二月二盛会的欢乐,一同祈求龙王爷保佑五谷丰登、人丁兴旺,表现出人们对龙的崇敬和虔诚的信仰。

民间社火灯游会是本地逢年过节的主要活动之一,是人们祈求平安、幸福的场所,是本地人们进步、文明、和谐、富裕的缩影。它内涵丰富,给游人以平安、幸福、希望,使游人得到满足、快乐,是本地民间文化的重要组成部分。

农村灯游会的布局模式:灯会大概占地二三亩,地势平坦,四方形四边均用土堆成墙。阵内部布置用土堆成圆锥型、园锤型,用圆锤摆成九个转弯,每个转弯都有一个神仙。阵内留有可供人们行走的路(1.5米左右)。在4个拐角上有4个大灯,中间靠后的地方栽一根几米高很粗的木桩,上面画有龙的形象,叫做老龙杆。在阵内点360盏灯,灯是用山药剜孔后,加入麻油、棉花捻子点燃即是。

城市灯游会的布局模式:灯游会占地4亩左右,布局为四方形四边均用尼龙线拉成线墙,用木桩摆成九曲阵在木桩上放置了彩灯。灯分为二种颜色,一种代表男,另一种代表女。阵内留有可供人们行走的路(2米左右),在4个拐角上有4个大灯。在阵内共设有365木桩,木桩上放置365盏灯代表365天。中间靠后的地方栽一根几米高很粗的木桩,上面画有龙的形象,叫做老龙杆。在阵内的九曲每一个弯的中心有九根高杆,设有九个门。各有其意:第一门,一年通顺;第二门,二龙戏珠;第三门,三羊开泰;第四门,四季来财;第五门,五福临门;第六门,六六大顺;第七门,七星高照;第八门,八仙过海;第九门,九九归一。九个高杆象征着福、禄、寿、喜、富、安、康、戒、节。只要转过这些门得病的无病,生子的有子,发财的发财,愿望就可以实现。

三八妇女节:1949年12月,中央人民政府政务院规定每年的3月8日为妇女节。联合国从1975年国际妇女年开始庆祝国际妇女节,确认普通妇女争取平等参与社会的传统。1977年大会通过了一项决议,请每个国家按照自己的历史和民族传统习俗,选定一年中的某一天为联合国妇女权利和世界和平日。对联合国而言,国际妇女节定为3月8日。

寒食节:又叫禁火节,在该节期间一般3天之内不允许举动烟火,人们只可吃以前做下的熟食。寒食节一般在清明的前3天内举行。

寒食节的起因是晋国的公子重耳为纪念他的恩人介子推而号令全体国民在介子推遇难的前后三天内不准生火做饭,用以纪念忠孝两全的介子推先生。

在中国礼孝必行的体制下,寒食节有所坚持并且于斯节三日内,不吃热饭。后来由于,三天不食热饭的时间过长,人们便逐步将寒食节和清明节放在一起纪念,但舍弃了其不准吃热饭的弊端。寒食节另一个深远的意思是纪念前人和铭记责任,让人们知道过去的人们已经做过的一切贡献及功绩。活着的人要体谅死了的人的痛苦和辛酸,以感悟他们的痛苦和拔出其痛苦的信念,一体行承善道,从而救济前人而自振于流俗而不陷。它具有警示和督促人行善去恶的巨大作用,但能知识者少了,遂致此重大教育原因反致无人问津。

因为在迷信的说法中人死了以后,就要变成鬼及畜牲和其他众生了。尤其是转成饿鬼和畜牲以后,要承受巨大痛苦来偿还其生前杀生害命、吃肉邪淫及恶语伤人、毒心伤人的种种恶行。在那种环境中的鬼和畜牲当然想望自己的后代行善积德以救济和分担自己的部分苦难,同时意在教育一切活人不要妄自尊大和以为可以随便犯错而不受任何惩罚。劝世以济人这是寒食节之深义。这就推动了行好习善,以义为先,一恶不做,众善奉行,读孔孟书,行周公礼,举孝廉而后乐,受恩惠而慎之的儒家仁义道德思想及慎独慎恶的思想,促使所有的人考察自己之历史善恶。

在抗日战争和解放战争胜利以后,准格尔旗每到清明节在准格尔旗革命烈士纪念塔公祭革命烈士。

而民间的俗人们则家家户户忙于祭自家的已故亲人,公祭则极少参与。每到清明时节,必有千里而返的和上坟敬祖的旗民,而来自晋陕的定居旗民则在十字路口向其祖先点纸以致祭。一些孝心极重的人家,在祭祖前预备白纸冥币、白酒、香烟、荤食、柏叶等祭品,诸男士在清明节到祖籍坟地去供祭祖先。

二、夏季节俗

五一国际劳动节:中国人民庆祝劳动节的活动可追溯至1918年。是年,一些革命的知识分子在上海、苏州等地向群众散发介绍五一的传单。1920年5月1日,北京、上海、广州等城市的工人群众走上街头举行了纪念活动。中华人民共和国成立后,于1949年12月将五一定为法定的劳动节。

五四青年节:五四青年节源于中国1919年反帝爱国的五四运动,五四爱国运动是一次彻底的反对帝国主义和封建主义的爱国运动,也是中国新民主主义革命的开始。1939年,陕甘宁边区西北青年救国联合会规定5月4日为中国青年节。中华人民共和国成立后也将五四这一天定为五四青年节。

浴佛节:农历四月初八是释迦牟尼佛的生日,寺内称浴佛节,俗称佛诞节。据方志的记载,每逢此节到来之前,寺僧们要于四月初一沿门唱梵曲化缘,名曰洗太子(佛陀原为印度某一小国的王子)。至初八这一天,寺院举行浴佛法会,全寺僧侣和信徒们要用香汤为佛像洗浴,作为佛诞生的纪念。民间无子者,可用薄饼供九子母以祈子。在四月八这一天到庙求子的女人们也很多。

阴历四月初七至初十是长滩古镇特色的节日四月八庙会,也称奶奶庙会。在1966年前,长滩镇前街建有奶奶庙,供奉送子娘娘和送子奶奶塑像。在每年的长滩四月八庙会到奶奶庙求子求女的男女很多。此时正值春花烂漫的季节,让原本就备受大自然眷顾的季节更添了几分色彩。四面八方的群众不约而同齐聚这里逛庙会,祈求儿女和平安。清水河县有一座山神庙,也在每年四月八有个拴娃娃习俗。想要男娃娃的拴男娃,要女娃的拴女娃,老乡们说很灵验。

庙会的另一景观是到吕祖庙上香。四月八是个祈子的日子。

端午又称端五、端阳、重五和重午,这是地球一年中与太阳直线距离最近的一天。本地人过端午,一则纪念民族先驱屈原,二则为防止从地下升腾的热毒侵害,而人以善行压销诸毒之意。其根本用意还是于在建善以居安,积德行善以销毒气。《汉书·礼仪志》说:"朱索五色桃印为门记饰,以防止恶气。"晋周处《风土记》中说:"五月五日,以菰叶包裹黏米煮熟滑之角黍,以象阴阳相包裹,未分散也。"所以是在端午节要举家拔来艾草,喝黄酒,并在门上贴钟馗画像,用以避五毒、驱邪、除虫。

用艾草来驱邪和驱虫,在晋代便有此举。《荆楚岁时记》中说:"采艾以为人,悬挂门户上,门禳解毒气。"

在民国时期,年轻女人们用各色绸缎制成粽子,粽子里面装上香草和苍术药,再用红绿花线缝之,制成一个香叶包,送给情人和亲友,或以佩之,用来驱邪渡善。在小娃娃的手腕和脚腕都套上五色线,俗称长命、续命线。喝雄黄酒的习惯源于宋代,到了明代人们喝朱砂酒以去毒。并将朱砂酒涂在人身上,可除毒蛇的侵袭。

在五月初五这天,人人都到野外采艾草,这天的艾叫端午艾,可防治很多病。用艾叶和雄黄揉在一起,塞住耳朵,蚊虫则躲避。在五月端午这天居民们普遍吃凉糕和熏艾叶草,吃糕及粽子。

还有一种说法是认为在五月里夫妻同房有七害,故在本月,古代人是不允许夫妻同房的。一些深明此理的人家特地于五月前将其妻子送到娘家去,以免得夫妇睡在一起行淫事。如果在五月同房甚久,则百病群生。

农历六月初六,在中国民间称为翻经节、姑姑节。

六月六也是佛教寺庙的一个节日,叫做晒经节。传说唐僧到西天取经回来,不慎将所有经书丢落到海中,后来孙悟空捞起来经书晒干了,这方才保存下来经典。因此寺院藏经楼也在这一天拿出来晾晒经典。这种习俗也有开大智慧,脱离苦海,忏悔持戒,广度众生的意思。

三、秋季节日

七夕节:七夕节即七七节,在七月七日过节。相传牛郎和织女在这一天相会,此说法源于汉代。后又演绎出乞富、乞寿、乞子和祈求婚姻圆满的习俗。如晋周处《风土记》上说:"七月七日,其夜洒扫于庭,露施几宴,设酒脯,散香粉,向织女星宿磕头以乞富寿,无子者求子,有子者求官,不可兼求,三年乃可言之,颇有受其益者。"这种风俗在南北朝时期又演变成乞巧的风俗。

如《荆楚当时记》上说:"七夕,妇人给彩缕线穿七孔针,或以金银丝线穿在针孔,以瓜果放在院内的几案上以乞巧。"此风气一直延续到民国时期,到现在亦有乞巧的传习,只是不知这种习俗罢了。

一般的做法是把一碗清水,在太阳下晒晒,到上面有一层薄膜时,女子把针投到碗中,到针浮到水面上后,彼时看水中的针影则散如花,动如云,由此可以看出女子的巧拙。而若好以真心求巧,亦可称织女仙名号于香案前,为织女献花果,愈诚愈心灵手巧。亦有在这一天用猛火在砂里炒土和黄豆,若用五香调料煮成五香豆亦可,乞巧时供牛朗和织女星尊,供后可将果品分给小孩子或大人吃。则会父慈子孝、兄友弟恭,销怒言而出真心,即可免去兄弟和家人间的斗讼。也有人于斯初七日午间,并家有儿童者,礼神于家中,或檐前,以祈其子女不生疾病。

在七月七日,民国期间,亦有人设立两个牌位,上书"牵牛河鼓天贵星君"和"顶礼织女福德星君",焚香拜之以求护佑。

织女是人们心中的善良女神,她心地善良、美丽智慧,成为幸运、福贵、美丽和寿星的化身。人们相信,他们夫妻间真心相处,互相不以恶言伤害对方,情投意合而互相相爱,这已经成为一切夫妻的模范和榜样。而人们向织女神乞巧、乞婚、乞子、乞福、乞寿,都会予以照应的。

参加乞巧活动的皆为女孩子,所以又叫如弟、双星节和情人节。亦有聪明伶俐之女孩子,于这一天拿出平时所绣之荷包及香囊包送给男青年,有许彼为妻之意。

清迄民国的人们过七夕节的另一个意思是既羡慕牛郎、织女爱情的坚定和恩爱永久观念,现代的彼此夫妻间宁有牛织之忠乎?宁有牛郎织女之贤乎?同时教育世人要彼此真诚相待,真心做人,不出恶音,不做恶事,那样,富贵平安的美好愿景即使距自己海天之遥,而善种在心,其福寿何不来乎?

中元节:中元节即农历七月十五,俗称过七月十五。早在汉代之前,中国道家就有上元、中元、下元三个节日,七月十五乃中元赦罪地官清虚大帝生日,又是其下凡考察人间善恶之期,故要举行祭拜仪式。西汉末东汉初,佛教传入中国,佛教中传播的目连救母的故事与中国传统的孝道精神和祖先崇拜不谋而合。经南朝梁武帝的提倡,以目连救母故事为中心的佛教盂兰盆会与中元节合而为一,形成普度习俗。普度原是佛教的术语,意为广施法力,使众生得以解脱。

关于普度的来历,民间则传说中元节阴间鬼门大开,所有鬼魂全从阴间出来,人们就要祭祖祀鬼和超度孤魂野鬼,七月故又名鬼月。乾隆版《泉州府志》载:"中元祀先,寺观作盂兰会,俗名普度。南国风俗,中元夜,家户各具斋供,罗于门外或垌衢,祝祀伤亡野鬼。"

清代嘉庆《惠安县志》云:"七月望日,中元节,有事先祖。"人们在当日除了祭祀祖先外,还要将供品摆在家门口或祠堂布施,甚至将家中凡装粮食和贮水的器具全都打开,好让鬼魂饕餮一顿,黄昏时烧纸钱放花炮欢送。当月大约从初一到三十,各地皆有自己的普度日。

本地区的七月十五是家家户户到坟地烧纸钱的时节。到时候，一般由男人们到坟地为历代已故老祖宗敬供祭品和纸钱。一般人家对普度的礼节不懂，主要是对自己家的老祖宗予以祭供。一般祭品有素菜和荤菜之分。这一天的节日对子孙后代是一种礼节教育。对佛教和道教知识有研究的僧人和居士们在这一天还举行普度法会，以便超拔历代冤亲债主和已故亲人。

中秋节：农历八月十五这一天为中秋节，取秋字的意思即为秋之正中。又称为团圆节，取平安团圆、福德圆满的意思。相传在秦国农民大起义时期人们在八月十五那天以互相送月饼为由，在月饼里面写明起义的时间。在起义时，竟然真的推翻了秦政府，所以后人就在八月十五日那天庆团圆。到宋朝时，八月十五吃月饼、赏月已经成俗。

人们在八月十五日以前便自己动手打月饼或起了炉铺去打月饼，月饼又有混糖和包馅饼之分。

每到八月十五日这一天，中午一般各家各户吃猪、羊等肉食。于晚间则在院内摆供以献月神并献与嫦娥女神。桌子上摆的供品多为西瓜、苹果、葡萄及海红果，还有供花供酒者。

本地在清代、民国时期，亦有过中秋节的习惯。人们在八月十五日前给所有长辈及老年人和达官贵人送月饼及送桃李，亦有长辈之间分享月饼以互赠者。因到处是穷人或乞儿，故唯官府和大户人家可安享八月十五之月饼和月色。一般的穷困人家能在八月十五日这天吃上一个月饼便满足了，而那些街市饥人能吃半个月饼都不容易。

一般的人家所烙月饼大体上是手工制做的白面和玉米面拌在一起的杂面月饼,在面中放一些红糖则可叫做月饼。从锅中取出熟饼后,再用西葫芦的把子在月饼中压上红印颜色,就是真正的月饼。旗内的汉族有在这一天或八月十五日前后几家人家合起来宰一只羊以分食,然后再由其他几家在冬季卧羊后还肉的习俗。

在这个时节,正是农村收秋的忙季节,也有的人家有在田间地头中午赶活的而以月饼代饭者。

中秋节中嫦娥奔月的说法,占主流位置。有穷国主后羿的妻子嫦娥因怨恨丈夫后羿将她以土地换给太康之事,而偷吃了后羿从西王母那里得来的不死之药,而在这一天,升到月宫而为神。

后羿在每年的八月十五日望月摆贡,祈愿嫦娥可回心转意,返回人间团聚。这也有劝喻之意,希望人皆为尧舜,人都可以积福明德,进而祈求夫妻和美家运良好,子孙繁茂。

重阳节:西汉时,京都长安城郊筑有高台,每逢重阳佳节,人们登上高台,观景玩乐,登高一词即由此而得。魏文帝曹丕《九日与钟繇收》说:"岁往月来,忽复九月九日,九为阳数,而日月并应,俗佳其名,以为宜于长寿,故以享宴高会。"由此可见,早在三国时期,登高饮宴欢度重阳佳节的习俗就比较盛行了。到了唐代,人们每逢重阳佳节登高、饮宴、佩带茱萸的活动就更盛行了。杜甫《九日蓝田催氏庄》诗中说:"蓝水远从千涧落,玉山高并两峰寒。明年此会知谁健,醉把茱萸仔细看。"李白《九日登陵望洞庭水军》曰:"九日天气晴,登高无秋云。造化避山岳,了然楚汉分。"王维的《九月九日忆山东兄弟》曰:"独在异乡为异客,每逢佳节倍思亲。遥知兄弟登高处,遍插茱萸少一人。"

在晋代古人就有在高岗插茱萸的习俗,后来则演化出登高尚明,避诸邪恶的道理。

阴阳五行学说认为,此时地气上升,天气下降,天地相交,人们便为了避开低温之气,登高饮酒以避邪。

孙思邈在千金云方中说:"酒必系茱萸,甘菊以给之。"王缙在九月诗中说:"今日登高酒樽里,不知能有菊花无。"不会作文章的人亦可在这一天去山岗放箭,以及到野外看景观田。

糕者高之同音也,而此地又盛黄米,故本地人颇有在斯日食糕习俗。九月九日为古代的老师节,在这一天各家都要去拜先生的。本地的汉民以猪羊肉及糕和月饼,到老师家去慰问和感谢。

人们还根据重阳节前后的气候规律总结出了初五到十三,有雨家家欢;初五到十三,没雨一冬干的说法。

9月3日抗战胜利纪念日:2014年2月27日下午,十二届全国人大常委会第七次会议经表决通过,将9月3日确定为中国人民抗日战争胜利纪念日。

1945年9月2日,日本向盟军投降仪式在东京湾密苏里号军舰上举行。在包括中国在内的9个受降国代表注视下,日本代表在投降书上签字。这是中国近代以来反侵略斗争史上的第一次全面胜利,也为世界反法西斯战争的胜利做出了巨大贡献。每年的9月3日为中国人民抗日战争胜利纪念日。

国庆节:1949年12月2日,中央人民政府委员会第四次会议通过《关于中华人民共和国国庆日的决议》。《决议》指出:中央人民政府委员会认为中国人民政治协商会议第一届全国委员会的这个建议是符合历史实际和代表人民意志的,决定加以采纳。中央人民政府委员会兹宣告:自1950年起,即以每年的10月1日,即中华人民共和国宣告成立的伟大日子,为中华人民共和国的国庆日。

四、冬季节俗

立冬:立冬是农历廿四节气之一,时间为农历十月上半月,阳历11月上半月。明代王伯谷有《补冬》诗曰:"秋风吹尽旧庭柯,黄叶丹枫客里过。一点禅灯半轮月,今宵寒较昨宵多。"

立冬是我国气候暑往寒来的一个分界线,立冬之前是深秋,之后严寒将至。

立冬来临,又到了秋冬进补的最佳时节。传统医学认为,秋冬进补可平衡阴阳,调和气血。按照中国人的习惯,秋冬时节是给身体进补的大好时节,大家称之为补冬。由于夏天天气炎热,人们的进食相对较少,各方面的耗损也都很大,所以在秋天天气转凉时,适当进补是有科学道理的。秋冬时节进补不但能固本培元,而且有利于驱病祛邪,使体内的阴、阳、气、血、津液得到充实,使身体能进入到最佳的状态。

民谚云:"立冬之时饮水也有补",反映民俗对补冬之重视。境内常见的补冬食品是羊肉、猪、鸡、鸭肉。出嫁的女儿,常在这个节日给父母送去鸡、鸭、猪蹄、猪肚之类营养品,让父母补养身体。

十月初一:是民间传统的祭祖日和寒衣节,家家户户都要到坟地烧纸钱和摆放贡品,并且在坟地为老祖宗们送衣服。

冬至二十四个节气之一,每年农历十一月中旬,阳历11月22日(或前、后一天)就是冬至节,又称冬节。全国不少地方都有冬至大如年的说法,把过冬至节当作过年一样。这是因为我国古代的历法,曾以冬至为岁首隆重庆祝,改行夏历后,冬至才退居次位。汉朝时,冬至成了冬节,魏晋南北朝时又改称亚岁。闽南一带称冬节为小年兜,过节时同样很隆重。关于这一天,福建省泉州地区也有冬节不回家无祖之说,故出门在外者,都会尽可能回家过节。

饮食。汤圆是应节的食品,它由糯米制成,是中国人很早就发明的一种食物,在古时候称为牢丸或粉圆。《清嘉录》曰:"有馅而大者为粉团,冬至夜祭先品也;无馅而小者为粉圆,冬至朝供神品也。"泉港人所吃的圆仔,实际上就是《清嘉录》所介绍的苏州人应节食品粉圆。早先,吃汤圆没有一定的时间,宋朝以后,有人开始在元宵、冬至吃汤圆,明清以后,家家户户开始以圆仔祭神祭祖。

天时人事日相催,冬至阳生春又来。说的便是冬至,数九是从这一天开始的,民间有过一冬,长一针的说法。冬至在农历十一月中旬到下旬之间,在阳历年的前十天。冬至后十天,阳历过新年。

在本地,冬至的节俗活动,首在祭祀其先人。有前三后四的说法,即冬至的前三天和后四天均可。冬至又称长至,在冬至这一天物体的影子最长。冬至是一年中的一个重要节日,素有冬至大如年的说法,有肥冬瘦年之称。亦有人家于冬至节的头一天晚上举家宴饮,称为节酒,以此强壮筋骨。家家户户在冬至这一天都要祭拜祖先,不忘养育之恩,常怀人伦大道。蔡云在文中说:"有几家挂喜神,匆忙拜节乘(趁)清晨,冬肥年瘦生分别,尚袭姬家建子青。"本地人在冬至这一天有吃炖肉醮糕的食俗;也有吃大米饭炖鱼的人家,取吃剩有余之意韵,把吃剩的鱼放在米面瓮中,取其年年有余的谐音。吃冬至肉可强身健体,于冬至日,将猪肉放在锅中搁少量的酱烧熟食之。到了冬至这一天,已出嫁的女儿则必须回夫家过节,留在父母家则母家会衰落的。

中国古代对冬至节很重视,而有节以贺之的习惯。《汉书》中说:"冬至阳气担,君道长,故贺。"古人认为,过了冬至,白昼一天比一天长,阳气升,是个吉兆。定襄地方志中说:"冬至,族党亲友拜贺,略同年节,渭之升冬"。山西省左云县地方志中说:"冬至,家祀祖先之大节(节者捷也)也"。

冬至饺子夏吃面,这是北方人的食俗。准格尔旗还有九九歌的一类的民谚:头九二九,冻烂碓臼;三九四九,掩门叫狗;五九六九,开门大走;七九八九,消井口;九九又一九,耕牛遍地走。

本旗人士在冬至这一天除上坟祭祖外,过去家家有吃羊头啃羊(阳的谐音)蹄子的习惯。意思是阳气回归开头,阴气逝者落了蹄,喜迎阳气抬头回升。到这一天,家家户户都要把水瓮洗净,把余水倒掉,再担回新的阳气之水。一些老中医在看病的时候也有让人在数九这一天喝凉水的治病奇方。

据史书记载,历代朝廷在冬至这一天都要放假让人去祭祀祖宗。司马迁在《史记》中写道:"冬至日,帝祭天于南郊,迎长之至"。可见,我国在三皇五帝时期即有祭天地之仪轨和给人加能量之妙法,有顺天道而行,推我心进虚空的大量。历代相承,历久弥新。

腊月初八:农历十二月初八,是释迦牟尼佛成道日,又称成道会、成道节,民间又叫作腊八节。文献记载佛陀成道之前,苦行经年,骨瘦如柴。后食用牧羊女供养之乳糜而恢复体力。端坐菩提树下七日七夜,夜睹明星,悟道成佛。

自宋代起,我国即于此日举行成道会以纪念释尊成道。中国佛教徒依禅宗之习,于阴历十二月八日,以米与果物等煮粥供佛,称腊八粥,后演变成民间习俗。《敕修百丈清规》记载:"腊月八日,恭遇本师释迦牟尼如来佛祖成道之辰,率比丘众,严备香、花、灯、烛、茶、果、珍馐,以伸供养"。

佛教认为食粥拥有很多好处,因此寺院一般在早晨有食粥习惯。至于腊八粥则更为讲究,通常会用莲子、红枣、薏仁、云豆、白果、黍米、花生等一起煮。

中国各地腊八粥的做法众多,其中,最为讲究的是北京的腊八粥。掺在白米中的食品较多,如红枣、莲子、核桃、栗子、杏仁、松仁、桂圆、红豆、花生等。

第二章　过年习俗和外来节日

　　腊月二十三祭灶：旧时，人们把腊月二十三视为年节活动的开端，许多地方更将这一天称为小年，而这一天最重要的事情，莫过于祭灶。家家户户都在灶间设有灶王爷的神龛或画像，视其为家庭的守护神，不仅掌管灶火，也体察民情、判别善恶。每年腊月二十三都是灶王爷上天汇报的日子，家家户户都要为他饯行。这是极富代表性的民间信仰，寄托了人们辟邪除灾、迎祥纳福的美好愿望。

　　灶神信仰源自火崇拜，早期祭灶多在夏日，《礼记·月令》就记载祭灶之日在农历四月，另在农历十月五祀时也一并享祭。也是因为阴子方的传说，才逐渐形成腊日祀灶这一礼俗。宋时，祭灶日期有官三民四船五的说法，即宫中、官府腊月二十三送灶，普通百姓腊月二十四，船家则腊月二十五。范成大就有"古传腊月二十四，灶君朝天欲言事"的诗句，腊月二十四，正是普通百姓祭灶的日子。明清时期，官民祭灶日期的区分已经渐渐模糊，尤其在北方地区，往往官民都将腊月二十三视为小年，而远离政治中心的南方，却多有保留腊月二十四（船家亦有保留二十五祭灶）的习俗。

清宫祭灶,例设祭品三十三,帝后亲自拈香,颇慎重其事。清宫由宫殿监率各该处首领太监等设供案,奉神牌,备香烛、燎炉、拜褥,奏请帝、后分别于坤宁宫东墙的灶君神像前拈香行礼。传说灶神是一美男子,为守男女大防,女子往往不参与祭灶,而满族风俗和女子地位显然与汉家不同,皇后也是主祭人之一。

灶神究竟是谁,可也如凡人一般有名有姓?关于这个问题有很多传说。从火崇拜衍生而来的就有好几种,如认为灶神就是火神祝融,又如认为灶神是时常出现在灶间的昆虫或精怪。后灶神形象逐步演变,有将灶神形容为掌管灶火的老年妇人,这大概是因为母系社会时期女子地位较高,常由年长女子看守灶火这类重要资源的缘故;也有认为灶神即是华夏族的祖先炎帝或黄帝等等。这些传说中灶神已被赋予了家族长老、守护神的身份,但依然只是司灶的小神,就职能而言与火神相类。

灶神信仰流传日广,而其形象也渐渐转为普通人,如擅长垒灶且热心调解邻里纠纷的泥水匠张奎、过而能悔的富家子张单等,由神仙精怪变得贴近人间烟火。其成仙经历都是凡人离世后被玉皇大帝封为九天东厨司命灶王府君。随之而来的是灶神职司的变化。《太平御览》引《淮南万毕术》言灶神晦日上天述职,郑玄著述的《礼记》也称灶神居人间,司察小过作谴告者也。汉代时灶神已经成了掌判别善恶的神祇。灶神造像时身边也多伴有两位手捧善罐、恶罐的小神,专司人间功德善恶。每年岁末上天奏报民情,玉皇大帝则据其汇报情况降下赏罚,因此民间又称灶神为司命主、灶君司命。

清朝末代王爷爱新觉罗·溥杰晚年回忆清宫风俗曾撰文称清宫流传一首歌谣:"灶王爷,本姓张,一碗凉水三炷香。上天言好事,回宫降吉祥。"清代刊印的《敬灶全书》,也称灶王爷姓张名单字子郭,想清宫供奉的灶王爷,原型是张单。蒙古、鄂温克等北方少数民族所供奉的火神,也多选在腊月二十三或二十四祭祀;鄂伦春族也有腊月二十三送火神上天的说法。

过年习俗:除夕是一年中最后一天,俗称过年,是一年中最为繁忙、喜庆的一天。除夕之名由来甚久,《吕氏春秋·季冬纪》中说:"前岁一日,击鼓驱渡疫魂,渭之除逐。"在民国时期人们称除夕的前几日叫小除,除夕这一天叫大除,亦有大尽、小尽的说法。除夕一个很重要的寓意,便是除卸一年之中所积之恶言恶习,除却一身的债务及而安享大年。旧时的汉人们很重视除夕期间买门神及贴驱邪年画,及用桃木驱邪的功用。《山海经》书上说:"东海中有度朔山,上有七桃树,杖连千里,其东北门有魂出入,上有神人,一叫神荼,一叫郁垒,主阅领众鬼之恶,害人者执以苇索,而用食虎。黄帝就做法而教之,教毕,便之桃梗于门户上,画郁垒像,画虎于门,当食鬼也"。以桃木做为镇符之事在古代就有,后来从桃木门神逐步演化成为了猛将形象。《家雪亭风俗录》中说:人家多用秦叔宝、尉迟恭之像彩印于纸在大门上张贴的。门神风俗延传到现在,山西省平鲁县即为门神尉迟敬德的故乡。在宋代迄今用红纸写春联的做法代代相传,春联因从事的职业不同而撰文不同。但多以金银满柜、富贵吉祥、子孙满堂、称心如意之吉语来写。

一些准格尔旗的老庄户人在自家的小驴车上贴上"日行千里,夜走八百"的春联;在羊圈上贴"六畜兴旺";在神树上贴"万福来集"。有在大门上贴"忠厚持家久,谦诚继世长"之礼训为对联的;而老了人的人家在除夕时则贴绿色的和黄色的对联。人们在除夕一大早起来即放麻炮以震衰气,焚香以祷告天地神灵,祈望人人懂事,易于教化,居家平安,永久欢喜者亦多矣。除夕上午要贴春联并预备中午年饭。中午一顿过年午餐是一年之中最丰富的宴席,1980年前大人、娃娃盼着在除夕这一天穿新衣、吃好饭。

从早晨开始,妇人们一直要忙到晚上,中午准格尔旗人一般以吃炖猪肉烩菜、油糕、糕圈子及坐席喝酒为主。坐席饭菜种类繁多,须预备猪手、羊蹄子、冷肉、豆芽、油炸花生米及冻海红子,做炒鸡蛋、过油肉、回锅肉、红烧肉及羊肉炒粉,有食酥鸡和肉丸子等热菜。到了中午,全家人坐在一起共进午餐。在下午人们到坟地或十字路口摆供烧纸礼祭祖宗。

现在有的人们过年时领着亲朋好友到饭馆去吃席,过年时家家户户中午的席面是必不可少的美食。过年习俗最隆重的事项尚在晚上,迎神、吃年饭、守岁全部集中到了这一块儿。在傍晚时,汉族家庭要把祖宗的牌位摆好,把三牲贡品放在桌子上,家人点燃香烛给祖先磕头,以此铭记祖辈开创护理大恩和引领子孙开创未来。

在鄂尔多斯一带,还有守岁过年的传统。在这一天的晚上,南部山区的人用热灰围住院门,人不再出院,一家人在闲聊、吃食及小娃娃们的放炮和嬉笑中等待晚上12点的接神仪式。在接神之后,也便意味着五更分二年了,一夜连双岁的除夕守岁活动圆满结束。

接神仪式是先在灶王爷神龛前摆上果品、面食品、清茶,烧香点烛,鸣鞭炮来迎接诸神。虽然本地区接神时间不一,但敬神和迎神礼仪在民俗中的重要性是一样的。俗话说:"晚送神,早接神。"民众送神时间在腊月二十三日下午,接神时间在大年三十晚上12点。在晚上12点以后,各家各户到院子中间用桌子摆上水果、红糖、烟酒等贡品,然后一家人磕头接神。接神礼节完成之后,由大人将火堆中的炭火用铲子铲回厨房的炉坑里面,表示红火发旺的意思和希望来年兴旺发达。本地人接神之后一般都吃煮的下马饺子。意思是各位家神已经来到家里主持本职工作了,人们一定要恭敬守礼,履职尽责,做好来年的一切营生和事务,起到宣传礼节,积累功德,训导于人,以身作则的实际作用。

二、外来节日

20世纪90年代至21世纪初,情人节、圣诞节、母亲节、父亲节等西方国家的节日传入本地区并受到部分青年群体的青睐。但多数本地人不过外来节日,看重的仍是中国传统的节日民俗和中华传统道德礼节。

情人节:又名圣瓦伦丁节或圣华伦泰节,西方传统节日之一。每年的2月14日为纪念名叫圣瓦伦丁和圣华伦泰的基督教初期教会殉道的圣人。情人节是一个关于爱情、浪漫以及花、巧克力、贺卡的节日,其特色是情侣互赠礼物,用以表达爱意或友好。不但欧美各国青年人喜欢情人节,在中国也得到越来越多情侣的喜欢。20世纪90年代后期,中国的青年男女开始过情人节。男孩多以一支半开的红玫瑰赠送给女孩,女孩则以心形巧克力回赠,情人们双双逛公园、吃快餐,谈心交流,表达相互之间的感情。

圣诞节:是基督教的一个重要节日,也是很多西方国家的公共假日,有些地区定于每年12月25日,纪念耶稣基督的诞生。圣经记载耶稣生于夜间,故称12月24日夜为圣诞夜或平安夜。

母亲节:一个感谢母亲的节日,最早出现在古希腊,时间是每年的1月8日。这天,古希腊人向希腊众神之母瑞亚致敬。到古罗马时,庆祝活动规模变大,往往持续三天之久。17世纪中叶,母亲节流传到英国。1876年,美国为悼念南北战争的死者和赞扬美国与全世界的母亲,由一个名叫安娜的女人写信给许多著名人士,要求他们支持设立母亲节,无果后继续向各界呼吁。1907年5月12日,安德烈卫理教堂应安娜之邀为母亲们举行礼拜仪式,反应热烈,终获维州州长支持,并于1910年宣布在该州设立母亲节。1912年,美国专门成立母亲节国际协会。1914年,美国国会正式命名5月的第二个星期日为母亲节。

第四辑
蒙古族民俗

第四辑　蒙古族民俗

第一章　鄂尔多斯蒙古族传统民俗

蒙古、鲜卑、突厥、契丹、女真、党项等几十个民族或部落，一脉相承地继承和完善了北方游牧文化和礼节崇拜文化，虽然各具特色和时代烙印，但其主流的基本礼节文化没有特别大的变化。蒙古族13世纪前信仰以萨满教为主导的宗教。后期信仰佛教、儒教和伊斯兰教。

鄂尔多斯地区自匈奴居住之后，从未间断过游牧民族的存在，那些历史上所有曾经称霸草原、雄视中原的北方民族，均在其民族强盛期时期占据或统治鄂尔多斯地区。成吉思汗元帅率领百万蒙古大军进入鄂尔多斯是在征服西夏的战争过程中。这期间，鄂尔多斯的文化主流仍然是游牧文化和草原文化。考古资料表明，在同一时期出土的主要是有明显特征的金、辽、西夏的器物和遗址、墓葬，同时出土的还有大量的北宋时期汉文化特征的遗存，因此鄂尔多斯是游牧文化、黄河文化、农耕文化结合地。

成吉思汗对西夏的最后一役，其指挥中心和狩猎受伤及养病、病逝的地点，在鄂尔多斯的阿尔寨石窟及贺兰山插旗口。此后元代忽必烈一系的诸位帝王及统治家族均对这一地区施行封闭管理,划入中央政府直辖的中书省范围管理内并确定为皇室的育马场,同时引入藏传佛教,建立众多寺庙,终年诵经祝颂,以这种特有的宗教方式纪念先祖成吉思汗和传承宗教文化。

以成吉思汗八白室敬贡、成吉思汗苏勒德信仰和蒙古族传统民俗礼节为核心的蒙古族文化传承成为鄂尔多斯蒙古族文化的主要内涵。在藏传佛教从1200年时期传入鄂尔多斯之后,在鄂尔多斯仍然有古老的萨满教文化保留传承。明清时期统治阶层实施的宗教改教措施,严禁萨满教信仰公开活动,但在鄂尔多斯遵循古训的帝王祭祀活动,按制不允许改变蒙古族礼俗传统的政策使以萨满教为主体的13世纪的完整的祭祀、供奉形式都保存了下来,与其相一致的民间信仰文化也相随得以存在,并鲜活地呈现出来。

在千年的文化传承和蒙汉民族文化融合的过程中,蒙古族文化和晋陕黄河文明进行了沟通,蒙古族民长时间学习先进的文化和文明,进行了民族礼节的构建和推进,进而逐步形成以行善理论和家庭伦理道德观念为核心的蒙古族正文化能量。在民俗文明的发展和选择的过程中,一切坏的、恶的、错误的、无知的、邪恶民俗都必然要淘汰掉。正确的礼节修行才能扛起一个国家和民族的荣誉和未来。

鄂尔多斯蒙古族传承了蒙古族婚礼、那达慕大会、迎宾礼俗、规矩礼节、节日节庆等丰富的民俗礼仪。

一、那达慕大会

那达慕为蒙古语,是娱乐之意,来源于男子三项那达慕。从古以来,赛马、摔跤、射箭被称为男子三项那达慕。那达慕大会的主要娱乐项目还有很多发展,因而将草原上的娱乐盛会统称为那达慕大会,实际上就是蒙古族的物资、文化交流大会。

成吉思汗陵园每年举行盛大的传统那达慕大会。那达慕大会期间举行成吉思汗祭祀活动,并举行以传统的赛马、摔跤、射箭等蒙古民族男子三项技能比赛为主,由体育运动、文艺演出、物资交流和贸易流通、民俗传承等多项活动组成活动模式。

鄂尔多斯成吉思汗陵在每年农历三月二十一查干苏鲁克大祭期间举办盛大的集会。1949年前来自大漠南北广阔地区的蒙古族群众数万人骑马或者赶车,马车拉着蒙古包或毡帐,人们携带生活用品,聚集在成吉思汗八白宫所在地伊金霍洛巴音昌霍格草原,参加为期近十天的盛大的祭典活动。在此期间,旅蒙商等诸多商人也带着各种商品赶到这里,到处是物资和情感交流的集会。在那达慕大会期间,伊克昭盟政府组织大型体育比赛和赛马、摔跤、跑步、射击、马球比赛等活动以及文艺活动和礼训传承活动。

中华人民共和国成立后,伊克昭盟政府于1951年4月26日举行查干苏鲁克大祭时,由伊克昭盟人民自治政府主持集会,在那达慕大会增加了摔跤、赛马、射击等蒙古民族传统比赛项目。1952年查干苏鲁克大祭时,又增加民族文艺歌舞演出和放映电影工作。从此,每年在查干苏鲁克大祭期间举行传统的那达慕大会。

由于气候原因,从1956年成吉思汗新陵建成以后,将在春季查干苏鲁克大祭期间举行的那达慕大会,改为农历五月十五成吉思汗夏季淖尔大祭期间举行。1977年恢复成吉思汗祭奠以后,那达慕会改在八月初举行。

在成吉思汗陵园所在地举行的那达慕大会,不但保留了蒙古族特有的赛马、摔跤、射箭等三项男子竞技内容,而且也体现着鄂尔多斯那达慕包容发展的特点。在竞技内容中有鄂尔多斯特有的走马、公马赛和鄂尔多斯式摔跤等项目。

走马赛为技巧性很强的竞赛。参赛的骑手多为有经验的男子;参赛的走马要备上精美的鞍辔,把骏马打扮得漂漂亮亮。走马的步伐,前后蹄一顺交错,既快又稳,姿势和谐、优美。在鄂尔多斯沙漠地区走马很多,因此在那达慕中举行这一赛事。

奔马赛,也称速度赛马。奔马赛为长距离的比赛,是一种毅力性赛马。为了减轻马的负荷,奔马都不备鞍,骑手多为少年儿童。参加奔马赛的骏马一般较多,少则数十,多则逾百。头马冲过终点时,祝颂人将彩带披在头马身上,并手捧哈达,将鲜奶抹在马头上,并咏诵《骏马赞》。

二、摔跤比赛

在成吉思汗陵园举行的那达慕大会上的摔跤比赛,原为鄂尔多斯式博克,20世纪60年代以后又增加了蒙古式摔跤项目。

鄂尔多斯博克自由式的摔跤方式,没有特别的服装,只将蒙古袍脱下,用各自的腰带,斜搭在肩腰之间,双手攥紧不放,使用腰部扭动,手部摆动和双腿拌踢等技巧摔倒对方,这完全是力量均衡式的较量。鄂尔多斯式摔跤不分年龄、不限时间,由于有时持续时间长达半天,也是耐心、恒心、信心与决心的较量。

蒙古式摔跤,要身着多层帆布和香牛皮制作的坎肩式摔跤服。双方以抢攻来占据主动,战胜对方。

三、射击比赛

鄂尔多斯蒙古族几百年来守护、祭祀成吉思汗。成吉思汗弓箭,作为八白宫供奉圣物之一,在鄂尔多斯人心目中是神圣的。那达慕大会上每年都有的射箭比赛。

射箭,分静射和骑射两种。弓箭的式样、重量、长度、拉力都不限。静射,是从固定的方位上射击目标;骑射,是从奔跑的马上向左右目标射箭。

成吉思汗陵园所在地举行的那达慕大会,一般在成吉思汗大祭期间举行。那达慕大会期间,除举行体育竞赛活动之外,还举行民族民间文艺表演鄂尔多斯民歌比赛,举办民俗民间文化展览,鄂尔多斯蒙古族服饰展销等多项活动。

四、鄂尔多斯蒙古族传统婚礼

保留元代宫廷文化特点的鄂尔多斯婚礼,经过漫长的历史演变过程内容和形式更加丰富,成为蒙古族民间文化的珍贵遗产。保留完整的古老的鄂尔多斯婚礼仪式,是鄂尔多斯民间歌舞、祝颂、民俗、礼仪风情、服饰、饮食、礼节、规矩、礼俗的集中展示。鄂尔多斯各地的婚宴礼仪各具特色,各旗之间在婚礼方面也有所区别。

一般来说各旗区传统鄂尔多斯婚礼要举行三天三夜,在婚礼举办过程中有诸多的民俗礼仪教育教化程序和纪律教育模式。其中主要包括以下内容:婚前主家对女儿、女婿的人格培训和健康检查;在确定婚姻的进程中再传承民族礼节,以节制邪习和发展民族礼节和伦理道德;在潜移默化中将年轻人的人生放在礼节的轨道上加以推进;在新人结婚之前对成婚者进行民俗礼节的教化和学习。所强调的是做人的礼节而不是欲望和苟合,强调的原则是人生责任义务而不是占有和欺骗;强调的理论是忠诚一生的守护承诺而不是为了异性而丢掉规矩和礼训。在培训新人走上担当历史重任的程序中,主要以《人生三问》来教化和确定年轻人的礼节价值观和礼节道路。《人生三问》的歌词这样写道:

"在走向成熟的道路上,

没有什么鲜花和掌声。

在面对人生责任的选择上,

没有可以说不的地方。

经过万千磨炼和艰辛选择,

蒙古族走向了智慧和光明。

暴力并不能解决利人的问题,

战斗也要看对手是谁。

丘处机老师告诉我们要学习礼教,

要在接受文明的选择中提高自己的才能。

只有正规教化和言行一致的行善,

才能创造毕世的功德。

蒙古族每天要严肃地追问自己,

我今天做对了什么?我今天帮助了谁。

每天都要坚持积累细小的福德,

每天都要严格地坚守不侵犯他人的规矩。

年轻的人啊,在承担使命,

历史的使命,如泰山般沉重。

你们要接受的并不是卿卿我我的缠绵,

而是世世代代的礼节承诺和对奉献的强烈追求。

人生三问,在于正心。人生三问,在于坚守礼训。

问问我到底能对他人承担什么责任?

我究竟有没有荷担仁义礼智?我究竟有没有刻苦行善?

如果我要做一个真正的义士,做一个真正的人,

那么,选择奉献和为众生服务的事业就是人生最崇高的目标。

年轻的生命,选择了大婚。

坎坷的历程,在风雨中行进。

对执行礼节的义务和责任进行一生的担当,

把别人的利益和神圣的礼节永远捧在心上。

在歌颂与执行公德至上和规矩管理的历程中,

完成人生伟大的使命!

走向人生伟大的新生!
构建人生伟大的灵魂!"

在鄂尔多斯婚礼中一般选择夜晚娶亲,新郎背负弓箭,一身武士装扮,这是成吉思汗时期游牧民族常常遇抢亲习俗而遗留下来的传统礼俗。

娶亲队伍到达女方家时,女方家在黑慕热(天马旗)前举行迎接仪式。让娶亲队伍坐在白毡上,新郎也站在白毡上,双方主婚人轮流念诵《骏马赞》《弓箭赞》《英雄赞词》。《英雄词》中说:

"什么是真正的英雄?
什么是伟大的使命?
这是人生第一次发问。
英雄不是愚蠢和野蛮无礼的暴徒,
英雄也绝对不是有勇无谋的胡汉。
英雄是受持天地的重托,
担当人民的信任.
能够推进孝道礼治,
对自己严格要求的大丈夫。
英雄能够跃马扬鞭,
英雄也能够爱护妻子。
英雄能够助人为乐,
英雄也能够吃苦耐劳。
蒙古族信仰伟大的英雄,

就是信仰伟大的责任。

新人们即将走上新的考场，

必须将历史的责任再一次担当和铭记。

结婚意味着对别人的承诺和奉献，

出发意味着对未来的许愿和贡献。

人都可以做英雄，人都可以做圣贤。

让我们再一次传唱礼节训词，

兢兢业业忠诚与共，尽职尽责谱写功德，

走向那创造历史担当责任的伟大人生吧。"

五查献礼仪式。男方祝颂人将羊背子（蒙古语叫五查）以及其他礼品放置在女方婚礼主持人和长辈们面前，与新郎一起端着酒跪在地上，这时，女方主婚人念诵《献礼祝词》。

新郎拜见新娘子礼仪中，新郎向女方亲戚敬酒磕头以表示尊敬和感恩。妻姐给新郎套上一件袍子，系上五根腰带，并送绣花褡裢、荷包等纪念物；敬献全羊礼仪中女方摆放羊背子款待大家。掰羊脖骨礼仪中女方家将一块煮熟的羊脖子放在一盘饼子上面递给新郎，让他掰开。主婚人将掰开的羊脖子一块给新郎，另一块作为新娘的福份递给伴娘；新娘分发礼仪中，邀请的两位分发父母将新娘的头发用象牙筷子从中间分开，给戴上头戴，穿上出嫁服装；送亲礼仪中，女方家邀请客人送亲。

送行新郎及娶亲人员仪式在念诵《弓箭赞》和《骏马赞》中进行。站在新白毡子上的新娘，在别人的扶持下上马，母亲为女儿举行送行仪式和再次的礼节教化。

迎亲仪式。在离男方家不远的地方,由男方家十二人组成迎接女方送亲者的民族婚礼传承小组,迎接女方宾客。主婚人开始念诵《蒙古族迎亲大礼功德赞》:

"像是万里长征的婚姻,

像是马拉松模式的人生。

远道而来的亲戚们,

请接过这沉重的责任。

蒙古族婚礼重视的礼节是智慧、稳重和平安财富的平传承,

历史的使命就是要推进文明,人生的使命在于担当责任。

婚礼绝不是简单的两性游戏而是承诺责任和文明。

没有忠诚担当的男人承担不起这非凡婚姻。

女人要坚守礼节和一切规矩,

男人要胸怀宽阔,严肃持身,

在成婚以后夫妻双方要构建完全的尊重。

长生天啊伟大的责任,做人难啊艰辛的推进。

草原人有承担苦难的习惯和传承礼节的坚韧,

让年轻人学习圣贤的大礼吧,这才是做人的核心。

扎,向一切圣人磕头吧,向光明的火神敬礼!

用实践修建礼训吧,用生命完成承诺。

用生命写就的婚姻才是高尚的楷模,用信仰书写的历史才是英雄的史诗!

扎,年轻的人,前进吧!扎,伟大的承诺,开启!"

其他娶亲仪式还包括圣火洗礼、新娘拜见、争抢毛毡等礼仪活动形式。圣火洗礼仪式中,新郎骑马迎新娘,并牵着新娘骑的马从两堆旺火中间穿行过去。然后,让新郎站在禄马旗前,双方婚礼主持人念诵骏马赞、弓箭赞和进行婚姻责任再承诺,之后两位新人一起进入婚礼殿堂。在新娘拜见公婆的礼仪中,人们在燃烧着圣火的火撑(灶)里投放果品和绸缎、羊毛、地柏、针茅草等贡品让新人学习和传承婚俗。此时,主婚人念诵《礼节规矩顶礼文》:

"将这伟大的礼节,

用正确的传承执行。

让继承家业道德的子弟,

振兴未来的事业。

那永恒之幸福,

就是奉献给予和坚守责任。

女人最高贵的美德是坚持礼训,

男人最尊贵的习惯是奉献和忠诚。

夫妻间既然已经跪拜过天地星辰,

就要做肝胆相照的亲人。

既然已经许下庄严伟大的诺言,

就要用一生来兑现做人的责任。

蒙古族啊,崇拜那敢于担当的英雄,

礼孝的习惯一定要代代传承。

新人们一定要在规矩礼治的实行中勇敢前行,

切不可贪婪于食色酒祸的深坑。

新人们要推进道德和修养,

切不可在狂妄与邪行中迷失方向。

将礼节铭记于心中,担当自己的责任,

这就是蒙古族的人生说明。

孝悌忠信礼义廉耻的八规,

在检查着我们人生的考卷。

规矩戒律就是神圣的指路明灯。

宣布礼节是为了严肃的执行,

缔结婚姻是为了传承人生的责任。

世世代代要坚持法律和制度,

用年轻的人生推进历史的巨轮!

扎,礼节的大轮铿锵前进,神圣的婚姻,奉献是核心。

让我们共同奋斗,谱写出人生新的文明!"

在新人进洞房拜天地之前,男方推举出当地最有威望的蒙古族长辈对年轻人和结婚者发表《成家立业训词》,训词如下:

"在成婚之日,就接过了责任,

用炙热的心把礼治高捧。

经过千万年的前行和思考,

已经把人生的考卷代代书写。

年轻的人啊,未来的希望,

可爱的新人,要走向前方。

恩格贝(平安吉利)在规矩中长生永茂,

吉日嘎拉(幸福如意)在奉献中营造,

新人们要坚守一生的承诺,

在功德榜上写下自己的名字,

把永恒的大爱铸就在史册。

这雄伟壮丽的礼堂昭示着期望,

那娇美的新娘要悉心爱护。

新人们要担当起责任,

把人生的使命代代传承。

扎,二位新人,向着长天大地磕头吧!

向着一切正确的礼节和规矩磕头吧!

扎,沐日葛呼!沐日葛呼!沐日葛呼!(礼拜磕头的意思)"

在主婚人宣布新娘子完成进门规矩典礼程序后,再讲一些民族的历史和婚姻礼节。之后,新娘子在伴娘的带领下步入洞房。从夫家的婆婆开始,婆家主要亲戚赏给新娘礼品。之后,由婆婆解开新娘头盖;争抢毛毡礼仪中,新娘踩着门槛上铺的白毡进屋时,几名小伙子将毡子来回摇动,新娘在伴娘的协助下躲开。接着伴娘和小伙子们争抢毛毡,成为一项游戏。

宴会礼节。女方家给男方长辈敬献奶酒、羊背子和贺礼之后,双方客人共同用餐,紧接着敬酒并宣布宴会开始。在婚礼上鄂尔多斯民歌演唱和鄂尔多斯婚礼传承成为鄂尔多斯民族器乐、民歌展示、民俗文化培训的舞台。

五、巴音昌霍格草原风情

环绕成吉思汗陵园的巴音昌霍格河,滋润着两岸美丽的草原。位于成吉思汗陵园东侧,以树林环抱的这块水草丰美的草滩,就是巴音昌霍格草原。

巴音昌霍格草原占地约 30 平方公里,是原生态寸草滩。这里过去是成吉思汗陵寝的禁地,草原河水常年流淌着传说中的成吉思汗灵车陷住而喷出的陶高布拉克圣泉。

巴音昌霍格草滩,曾经是成吉思汗八白宫聚集的祭祀营地。在 18 世纪 30 年代,清乾隆年间,成吉思汗八白宫又一次分布在鄂尔多斯各地之后,每年 3 月 18 日八白宫从鄂尔多斯各地聚集在巴音昌霍格草滩祭祀营地,参加 3 月 21 日举行的成吉思汗春季查干苏鲁克盛大的祭典。祭祀活动结束后,3 月 24 日又请回原地。在查干苏鲁克大祭期间,蒙古地区的朝拜者从四面八方涌向伊金霍洛,好多商人也带上蒙古族喜欢的金银珠宝、绸缎布匹、砖茶及日用品,纷纷赶来参加查干苏鲁克大集会。每逢查干苏鲁克大祭期间约有三四万人聚集在这里。巴音昌霍格草原蒙古包、毡帐林立,人欢马叫,平时宁静的草原呈现一派文化交流的壮观景象。

成吉思汗新陵园建成以后,虽然祭祀活动不在巴音昌霍格草滩举行,但每年大型那达慕大会,仍在这里举行。

1987 年,在巴音昌霍格草滩西端建立了成吉思汗鄂尔多斯行宫,为巴音昌霍格草原增添了新的景点,并在这里经常举办古老的宫廷珠玛宴、诈玛宴,向人们展示着古老的传统文化。

成吉思汗陵园周围的达尔扈特牧民,在巴音昌霍格草滩周边建立了诸多的蒙古包,为游人提供草原牧人生活环境,并为游人提供骑马、射箭、摔跤等娱乐活动。

巴音昌霍格草原树木成林,水草丰美,骏马奔驰,保留着广阔草原特色;这里的一片片蒙古包,从远望去,像是一块块蓝天上的白云。整个草原散发着奶香,叫人神往。远方的客人在洁白的蒙古包里做客,品尝奶茶、手扒肉,听听草原牧人悠扬动听的鄂尔多斯民歌,领略草原风情。

第二章 衣食住行

第一节 蒙古族服饰

蒙古袍是蒙古族民为适应牧业生产和自然环境而创制的一种古老的传统服装。衣领、衣襟、袖口,皆有彩色的镶边。衣扣多用绦子绣制或缀以特制的黄铜琉璃扣子。从右方开襟,左方多不开叉。男式长袍一般用深蓝色、海蓝色或天蓝色的衣料制作;女式长袍多用红色、绿色或黄色的绸缎制成。蒙古袍按季节分为单袍、夹袍、棉袍和皮袍。年轻的牧人穿上长袍和马靴,紧扎腰带,显得魁梧、剽悍;姑娘穿上蒙古袍,腰间系红或绿绸带,能衬托出苗条身躯和青春之美。

蒙古靴子是蒙古民族服装的配套部件之一。分布靴、皮靴和毡靴三种,根据季节选用。布靴用高级布料或大绒制作,靴头和靴筒上往往以金丝线绣花。图案新颖艳丽,具有浓厚的民族特色。皮靴通常用牛皮制作,分旧式和新式两种;毡靴用羊毛模压而成。蒙古靴是蒙古族民在长期的劳动生产和日常生活中创造出来的,非常适应自然环境。骑马时能护踝壮胆,勾踏马蹬;行路时能防沙防害,减少阻力,又能防寒防蛇。蒙古礼帽一般用精致呢料制作，是一种椭圆形的四周有一圈宽边檐的帽子，多为黑色、棕色或灰色。帽筒前高后低，帽顶中央稍凹陷，帽筒与帽檐相接处，缀以花纹镶边。穿蒙古袍或西服，佩带礼帽，显得文雅美观。蒙古坎肩是蒙古民族服装的配套服饰之一，是蒙古长袍的一种外套，蒙古坎肩始于元代。蒙古族妇女穿坎肩，一般不扎腰带。坎肩无领无袖，前面无衽，后身较长，正胸横列两排纽扣或缀以带子，四周镶边，对襟上绣花。蒙古顾古冠是元代蒙古族已婚女子流行的高冠。在《蒙古秘史》中蒙古语称孛黑塔，汉文史籍称固姑冠、故姑冠或罟罟冠，是一种具有浓厚民族色彩的艳丽的首饰。这种高冠，一般采用桦树皮围合缝制，成长筒形，冠高约一尺，顶部为四边形，上面包裹着五颜六色的绸缎，缀有各种宝石、琥珀、串珠、玉片及孔雀羽毛、野鸡尾毛等装饰物，制作精美，绚丽多姿。进入近代以后，蒙古族妇女的头饰也有所演变和发展。内蒙古东部和西部，甚至各盟市、旗县的头饰都各有自己的特色。

蒙古族的服饰主要包括首饰、袍子、腰带、靴子四个部分。

蒙古族喜欢戴帽和佩挂首饰，民族服饰中各地区的帽子也有地方特色。内蒙古及青海等地的蒙古族的帽子顶高边平，里子用白毡制成，外边饰皮子或将毡子染成紫绿色作装饰，冬厚夏薄。帽顶缀缨子，帽带为丝质，男女都可以戴。呼伦贝尔的巴尔虎、布里亚特蒙古，男带披肩帽，女带翻檐尖顶帽。男子帽子的颜色多为蓝、黑褐色，也有的用绸子缠头；女子多用红、蓝色头帕缠头，冬季和男子一样戴圆锥形帽。

已婚妇女梳两个长辫,用黑布做两只辫套把辫子装在里面吊在胸前。辫套上绣有花纹图案或缀以银质圆牌首饰,蒙语叫哈都尔。手戴镯子、戒指,耳戴耳坠。未婚女子把头发从前方中间分开,扎上两个发根,发根上面带两个大圆珠,发稍下垂,并用玛瑙、珊瑚、碧玉等装饰。蒙古族妇女佩带的饰物,除了头饰、耳环、项链、手镯、戒指以外,还有种佩挂在袍子右上襟扣子上的饰物,叫哈布特格。这种饰物,小巧玲珑,精致华美。哈布特格宽约二寸,长约三寸,有月牙、金鱼、蝴蝶、桃、石榴、葫芦、五瓣花朵、花瓶、树叶等多种形状。有椭圆的、长方的、正方的、三角的,还有圆圈的。哈布特格是用两块浆过的硬布,垫上棉花,裹上绸缎,缝成的一个空心的小夹子,然后再用五光十色的金银丝线,绣上各种具有蒙古族风格的花纹图案以及花草鸟兽等。哈布特格,色彩斑斓,金边闪闪,工艺考究,造型美观。哈布特格不仅是装饰品,还有实用价值。它的上方是开口的,里面放有一个舌头,舌头的上端连着佩挂的绳带,下端是穗带。上下抽动绳带,舌头就可以从袋内外移动。蒙古族妇女在此舌头上别放针线,还喜欢把自己采集来的香料(麝香或草原上野生的花草)装在舌头里边,哈布特格可以随时散放馨香。此外,哈布特格有时候还被做为友谊、爱情的信物,送给朋友或恋人。小伙子在选择爱人时,首先要看看姑娘的哈布特格绣制得怎样,甚至以此来推断姑娘是不是聪明、勤奋、手巧,是不是他的理想伴侣。而勇敢骠悍的小伙子,是会得到一个绣有一对百灵鸟,或其他象征幸福爱情的精美的哈布特格的。

蒙古族平时穿布料衣服，节日或喜庆日一般都穿织锦镶边的绸缎衣服。在内蒙古、新疆牧区，蒙古族男女老幼一年四季都喜欢穿长袍，俗称蒙古袍。春秋穿夹袍，夏季穿单袍，冬季穿皮袍、棉袍。男子蒙古袍一般很肥大，除乘马放牧中能护膝防寒以外，夜晚还能当被盖。女袍则比较紧身，以显示出女子身材的苗条和健美。一般蒙古袍的特点是袖长而窄，袍身宽大，高领，从右方开襟，左方多不开衩。多数地区下摆不开叉。衣领、衣襟、袖口皆有艳色的镶边，边宽约6～9厘米。多以绸缎花边，盘肠、云卷图案或虎、豹、水獭、貂鼠等皮毛装饰。衣扣多用黑绦子绣制，或缀以特制的黄铜扣子。

蒙古族头饰很美丽、华贵，一般用玛瑙、银链、珊瑚、玉石穿缀而成。

近现代，珊瑚、玛瑙、翡翠、珍珠、琥珀、白银等装饰原料大量流入蒙古草原，蒙古族的首饰更加富贵华丽。东部区蒙古族妇女的头饰也有所变化，虽不像阿拉善、鄂尔多斯、乌珠穆沁地区妇女戴着上为发套，下有串串珍珠，前有流苏，后有流穗那种富丽堂皇的头饰，也比较讲究头饰的美观。她们常选用珍贵的珊瑚、孔雀、玛瑙、翡翠做华丽阔绰的装饰品。在牧区放牧的姑娘们，则系着精选的华美艳丽的头巾。女性从小扎耳朵眼，成年后，普遍戴耳环。老年妇女的耳环多是略小于铜钱的玉石耳环。极少数的男子也有戴耳环的，不过只戴一只耳环。

蒙古族服饰刺绣，主要运用帽子、头饰、衣领、袖口、袍服边饰、长短坎肩、靴子、鞋、摔跤服、赛马服、荷包、褡裢等处。刺绣的图案都含有一种潜在的象征意义,或喻富贵,或表生命繁衍,通过不同题材的造型表现,运用了比喻、夸张的手法寓情于艺术。如变化多样的盘长图案,与卷草纹等不同图案的结合,象征吉祥、团结祝福。犄纹,代表五畜兴旺。蝙蝠,象征福寿吉祥。回纹,象征坚强。日纹,寓意太阳的转动和四季如意。云纹,有吉祥如意的含义。鱼纹,象征自由,虎、狮、鹰象征英雄。再如杏花象征爱情、石榴寓意多子、蝴蝶象征多产的母亲。寿、喜、梅代表美好的祝福。自古以来,蒙古族的文化受到汉族文化的影响,在蒙古族服饰刺绣艺术中,潜移默化地接受了各种文化的长处。蒙古族对龙凤非常崇拜,认为龙凤是神物并不具有汉族的统治含义,因而在服饰、荷包、建筑壁画、银碗、蒙古刀等地方都用龙的图案进行装饰。蒙古族服饰刺绣纹样无不包含人们对美好生活的愿望,这种象征性的手法与刺绣技艺相结合,形成独特的有图必有意,有意必吉祥的图案内涵特征。

第二节 蒙古族饮食

(参见第二辑第二章第四节民族饮食)

第三节 蒙古族民居

  蒙古包居住模式是北方各族牧民在长期的游牧生活生产中形成的独特的民居,以高原游牧生活生产方式为基础,与蒙古民族思维观念、宗教信仰、民俗文化等意识形态密切相关。

一、蒙古包居室中的布局和陈设

传统蒙古族的民俗文化崇尚方位,具有明显的特点。蒙古包内也分两个中心,中心为火撑位置,西北为神灵祭祀位置,这个跟蒙古族在查干萨日(白月,相当于春节)祭祀天神和崇拜火神的民俗习俗十分相似。

1. 香火圈

在蒙古包内,香火圈主要用于摆放火撑子相关工具。火撑子蒙古语称图拉嘎,位于蒙古包的中心位置。蒙古族认为火是一个家庭存在的重要标志,也是重要的神祇。它不仅能烧煮食物,还给牧民带来温暖智慧和光明,所以在蒙古包中摆放在正中间。

蒙古族自古就有敬火的民族习俗,这是蒙古族对火的崇拜和敬佩而产生的。火是家族繁荣和兴旺的象征意义,蒙古族一直把火当成神灵,而火撑子是火神的神圣居所。蒙古族拜火而形成了日常生活中敬火的禁忌。如:坐客在蒙古包内,脚不能放在火炉上;不能把不干净的东西投入火中;不能往火里吐痰;不能用小刀或尖利东西碰火盆等规矩。

2. 家具圈

蒙古包的家具圈指的是铺垫圈的外围,蒙古包里的家具的摆放是有一定的规律的,通常正北为中心,往西边区域,摆放男人的生活用品之类。往东边的位置,摆放女人的生活用品。

二、蒙古包中座次和就寝

1. 蒙古包里的座次

蒙古族注重方向位,在草原上到蒙古族家里做客时,来客通常从正南或西南方向来到蒙古包附近。尊贵长辈客人来到时,家里的主人要迎到蒙古包前面。客人到蒙古包时,让年长的人走在前面。进蒙古包做客时,将刀鞘、马绊等工具放在外面。从毡门东侧进,而且客人一般坐在西面。

2. 蒙古包里的就寝

蒙古包里的不仅座次分区域,就寝也有特定的划分。蒙古族以左方为阳,右方为阴,按照这种思维,蒙古包内划分为男人区域和女人区域。把东方看作太阳升起的地方,意味着生命孕育的方向,所以东方寓意女性。西方是神圣的位置,祭天要从西边开始。西方是敬重之地,因此把西方的一边给长者或男人。按照这种习俗,在蒙古包中就寝,一般西边给家中的长辈,家中的主人妻子睡在北面的位置,要是有客人的话,把西面或北面的位置让给客人。

三、蒙古族的习俗和忌讳

1. 蒙古包生活习俗

蒙古包内部空间要划分区域,以西为贵地,是从古代相传的习俗。长者到儿童都严格遵守,以西边为贵,与蒙古族宗教信仰、历史、文化有着关联。

蒙古包内部空间布置有崇尚方位的习俗特点。蒙古包内部空间划分,主要突出了两个中心,蒙古包中心位置的火撑子和西北方向的神灵祭祀位置。

2.蒙古族的忌讳

(1)哈啦嘎的忌讳。哈啦嘎(汉语译为门)是蒙古包的组成结构之一,蒙古包的门有着独特的特点和意义。蒙古包的门户不仅仅是进出的需要,更重要的是防止野兽的攻击;蒙古包的门户既是用来保卫自己家庭,又是游牧文明的标志;蒙古包的门已经成为游牧文化的象征,赋予了民俗文化、家庭道德和规矩戒律的内涵。也有让后代和家人守卫心门不犯错误的含义。

蒙古包的门有三大忌,在进入蒙古包时不能踩门槛,也不能在门槛上垂腿而坐,不能挡在门口。蒙古族特别忌讳坐在门槛上或踩在门槛上,在家族中从长者到小孩子们都会自觉遵守。

(2)灶火的忌讳。蒙古族自古就有敬火的习俗,有关火炉的习俗也较多,这种对火的崇拜形成了敬灶火的忌讳。如:客人不能踩在固定后的火撑的木框里;支火撑和放好锅的时候,一定注意端正,忌讳向灶火洒水、吐痰、乱扔脏物;不能向灶火伸腿,更不能用小刀或尖锐的工具碰火,忌讳用刀子在锅里翻肉。敬重灶火就是尊重家庭主人。

(3)坠绳的忌讳。坠绳是拴在蒙古包套脑正中间用来固定蒙古包的拉绳。蒙古族认为坠绳是保护蒙古包稳定和家庭的安宁、保存五畜福祉的吉祥物,没有坠绳的蒙古包不算完整的蒙古包。在牧区外卖家里大畜的时候,从鬃、尾上拔一小撮毛拴在蒙古包坠绳上或保存起来,象征着将牲畜的福祉保留在家里面;如卖小畜的时候,女主人要用袍子里的襟擦它们的嘴,象征牲畜的底福保留在里面。还有男方到女方家娶亲的时候,将准备好的哈达作为五畜的礼物挂在女方家蒙古包的坠绳上。坠绳作为保佑家庭的平安、五畜繁衍的吉祥物,客人不能随便去触摸。

第四节 商务习俗

一、传统商贸模式

蒙古族依靠畜牧业产品谋生,通过与其他民族之间的物资交换、商贸往来满足生活需求与发展经济。蒙古族先民早在匈奴时期就开始与中原地区有贸易往来。匈奴以牧业为主,农业尚未居支配地位,手工业虽有一定程度的发展,但还没有发展到在生产、生活方面都能足够满足自己的程度。因此迫切需要用牲畜和皮毛与汉族的农产品和手工业品进行交换。此外,上层贵族所需要的奢侈品也是贸易交换的一个重要内容。

自成吉思汗至1636年时期各个地区的商业贸易得到了蓬勃的发展,出现了哈喇和林、归化城、上都、大都、银川等较为大型和集中的贸易城市。随着社会的发展和物质财富的增长,蒙古诸部的内部物质交换已不能满足他们生产生活的需求,需要不断地向外扩大市场。物物交换是蒙古诸部与辽、金进行商贸往来的主要形式,同时也使用金、铜、铁等金属货币。在哈喇和林出土的185枚硬币中,有19枚金币。在成吉思汗统一蒙古各部落之前,关卡重重,战火纷飞,在一定程度上妨碍了商品交换活动和商业的发展。他们克服重重困难,从辽、金和中原运输所需物资。后来,蒙古地区内部贸易活动也慢慢开始频繁,这些商贸活动促进了蒙古各部落生产、生活的发展,同时更加紧密了与中原地区的联系。蒙古统一后,特别是对黄河以北地区及西夏、中亚、西亚地区的征服,结束了这些地区原有的政权割据状态。至此商路畅通无阻,为各地区间的经济往来创造了有利的客观条件,蒙古统治者对商业也采取了鼓励和扶持的政策,如保证商旅安全、降低商业税赋等。元世祖至元十八年(1281),成吉思汗派遣商团赴花剌子模国,试图开通与西亚的商路,但商团成员被花剌子模统治者杀害。蒙古军西征就是以此为导火线而爆发的。中原及西域商旅云集蒙古地区,与蒙古民众进行商品交换,中原商人所提供的商品有丝绸、铁器、百货产品和土特产品。历史上,中亚许多民族都有经商的传统,自匈奴至回纥汗国和辽朝以来,他们依附于游牧王朝,以其代理人的身份,在游牧民族与西亚、欧洲之间扮演着重要角色,汉文史料中把他们统称为胡商。此外,由于蒙古上层统治者重视商务合作,在客观上也促进了蒙古地区商贸的发展,本地区的商务事业就是从元朝政府执政时期建立的。在大都通向中亚的皇家通道驿站系统中,托克托县和准格尔旗也是组成部分。在明代时期准格尔旗的马栅、长滩和古城、羊市塔村都是蒙古族和明朝人民贸易的村镇。长滩和古城、麻镇、马栅、皇甫的民族贸易史已经有600多年的历史,为发展和繁荣本地区的经济事业做出了贡献。

二、传统商贸类型

适应游牧经济的蒙古族传统商贸类型主要是游牧商贸、集市商贸、流动商贸、斡脱钱商贸等。

1. 游牧商贸

游牧商贸源自蒙古贵族的游牧生活,源自供应他们日用品的买卖。蒙古可汗贵族的大营里始终跟随有商业贸易集团。他们原来是可汗的属民,随着蒙古地区贸易往来的发展和商品、货币思想意识的提高,产生了独立的商人。寺庙集市也常常跟随着牧民一起游动,牧民供应生活用品的同时,发展了商业贸易。游牧商贸的特点是跟随着蒙古族的游牧生活而游动,商贸团队与游牧大营有着稳定的关系。因此,商贸活动主要是供应生活用品,而不是像扁担买卖那样的随意流浪。汉族商人渐渐掌握了蒙古族的游牧生活规律,也学着蒙古族,准备了勒勒车和蒙古包及其他生活用品,跟随着蒙古族的游牧生活做买卖。

2. 集市商贸

集市是蒙古地区最早的市场形式。集市与蒙古族的大型祭祀及仪式活动有密切联系,在不定期的盛会和那达慕集会中,逐渐产生了集市贸易活动。受佛教影响,蒙古地区的寺庙法会也逐渐演变成了有集市贸易特点的活动场所。当时,北方的蒙古族赶着牛马,拉着皮毛,到边疆口岸和中原人交换粮食、绸缎、锅、托力嘎等生活用品。20世纪初鄂尔多斯地区最大的集市贸易就是庙会时期的集市。随着封建帝国的削弱和蒙汉人民来往的加深,交易的机会也逐步增多,集市也随之多了起来。在1930年以后准格尔旗的各地集镇的赶集习俗构建了蒙古族的赶集商务活动。1920年以后准格尔旗的沙圪堵镇、马栅、长滩、羊市塔、五字湾、大营盘、纳林镇人民都有集市贸易和赶集习俗。

3. 流动商贸

草原流动买卖指的是在蒙古地区流浪,进行商业活动的汉族商人买卖。因此,也称为草原流动买卖、商贩、铺子或挑担人等。蒙古地区的汉人买卖有长期性和流动性,这些汉族商人,每年定期从中原来到北方地区,进行买卖或收购畜产品原料等贸易活动。有些则生意越做越大,逐渐发展成了名声显赫的大旅蒙商。就伊克昭盟地区而言,清光绪年间以晋商为主的贸易公司得到了很大发展。麻镇的贸易公司也非常发达;绥远省大盛魁贸易公司资金雄厚有白银十万两以上,雇用人员达千人以上。贸易公司既有批发,又有零售业务,货郎们还走村串落到牧区民宅去收购皮毛和出售百货商品。20世纪初叶,外蒙古札萨克图汗盟车臣沙尔都勒旗境内的达尔扈特蒙古族为了得到自己的生活用品,常到边境地带的汉人和俄罗斯人商铺购买物品,多以物物交换的形式进行。外蒙古的人有时还会到归绥(今呼和浩特市)进行贸易。

4.商贸合作社

随着蒙古帝国的兴起和欧亚诸国间的政治、经济往来的日趋频繁,合作社模式从西方传入了蒙古高原。最早把这种贸易中的借款形式传入东方的是犹太商人。合作社虽为他山之石,但与蒙古地区的生产类型与经济形式得到了完美的结合,很快便成为了一种本土化的贸易形式。其中,蒙古游牧经济的自身特性、蒙古族的消费结构、生活方式、民间习俗以及沉迷于城市生活的蒙古王公贵族的经济需求等都是合作社得以迅猛发展的内在动力。蒙古帝国时期的合作社有以下几个特点:一是蒙古帝国时期的合作社的利率高。当时,在西方受教会的干涉,贷款的利率一般被控制在10%左右,而蒙古地区的合作社的利率却高达100%。二是蒙古帝国时期的合作社是王公贵族与商人利益的结合体。在那个时期,商人们为了利益的最大化,往往要与王公贵族联手进行贸易。三是蒙古帝国时期合作社的所有权、经营权和使用权是相互独立的。一般来说,王公贵族有所有权,商人们有经营权,贷款者则有使用权。

三、传统商贸习俗

1.选择吉日出行

《北虏风俗》中有这样的记载:"蒙古族在办任何事,必须履行喇嘛说的忌讳事项,认为每月的初一、十五是吉日,这天出行吉利或减少麻烦"。蒙古族忌讳甲、庚日,忌讳甲子、庚午、庚申日,如果是甲、庚日就不做物品交易。在蒙古历法中有这样的讲究,初一卖牲畜会繁殖千万头,初七、八、九、十一、十二、十

三、十八、二十六、二十七卖牲畜,牲畜要得病,忌讳卖牲畜等。另外,购买牲畜时忌讳对辰交易,即丑日不买牛、庚日不卖马。

2. 选择出行方向

清代,蒙古族在外出贸易时注重选择出行的方向。在占卜某个出行方向的吉凶时,通常要参阅一种叫《吉如海》的卦书(吉如海是蒙古语,意为占卜)。此外,蒙古族还认为西方是正方,东方是反方;西方代表吉祥,东方代表恶运。认为最不好的方向是东北。所以,在不参照《吉如海》的情况下,出行时不管去往何方一般都要先踏向西方,顺时针方向(即蒙古族所说的正向,与此相反倒时针则是反向。)绕蒙古包三圈后,再走去往的方向。对于蒙古族来说,选择一个正确的出行方向是贸易成功与失败的关键。蒙古族民间谚语拉米去的车选错了方向,就会拉着土原路返回,正是这一习俗的体现。

3. 观察自然现象

在蒙古历法中,有冬至这一天观察云彩和风向的习俗,人们通过观察云彩的颜色和风向,判断下一年年景和诸事吉凶。如冬至这一天刮东风,被认为人要病或牲畜要死,刮南风,则是丰收、安康的征兆;北方天空出现黑云,则下一年种地要获丰收。

4. 出售五畜禁忌

蒙古族非常珍爱自己所拥有的马匹,深知马对主人的功劳。他们把好的马匹当作自己的伴侣,认为这个伴侣能够让其,增添男人的威风。在战争年代,勇敢的战士配一骁勇的坐骑更是一件重要的事情。因此再贫寒的人家也不出售心爱的马,也忌讳出售好的种马,忌讳出售下奶多的母马。这是因为母马和种马都是繁殖发展马群的基本保障。此外,蒙古族以前还有给多高的价钱也不出售羊羔、牛犊的习俗。他们认为羔羊、牛犊等还未长到健壮有力的程度,还不能独立生存,如果把幼畜从其母畜身边分开,它们就不能很好地成长,认为出售幼畜是一件做孽的事情。此外,蒙古族出售牲畜时,有留牲畜福分的习俗。出售骆驼或马时,要留下骆驼的鼻勒,马的笼头、马嚼子,或马的一些鬃毛、尾毛等,认为这样可以留下它们的福份。

第三章　蒙古族婚丧嫁娶礼节

第一节　准格尔旗蒙古族传统婚姻礼俗

准格尔旗蒙古族婚礼的举办过程可分为三大部分：即订亲、婚礼和回门仪轨。

儿女相亲。儿子长大成人以后，作为父母的就要物色年龄、长相、针线、营生都般配的姑娘，作为寻找的对象。主家接着就请一位娴于辞令，善于交际的媒人去女方家提亲。当然，女方也要详细了解男方的一切情况，不过在提婚形式上必须让男方占主动。

看家小定。由媒人领上小伙子携带两盘饼子，并带上奶食、红枣和糖果，还有两瓶白酒来到女方家中。喝完茶以后提亲人将两盘饼子和奶食、红枣、糖拿出来，放在桌子上让姑娘的父母品尝，再向长者们献上哈达说明求婚的来意，女方主家接住哈达再回敬一个哈达，则表明同意这桩婚事。女方家如果把哈达退还回敬给对方，则表示不同意这种婚事。定婚酒宴是在献过提亲哈达之后，男方让媒人再次向女方父母敬献哈达，表示订亲。媒人从拿来的瓶子倒出酒来，敬给女方双亲后，把其余的酒让男方交给女方父母。接着就在女方家的欢宴上,介绍男方家的情况,其重点突出女婿的状况,提出求婚结亲的愿望。男方取得了女方父母的同意后(姑娘也得点头同意才行),才算初步达到了求婚的目的,之后男女双方互赠信物,俗名叫抓把定。这就是小定礼节。小定之后女方家组织人员到男方家会亲,俗称看人家。

结婚大定。男方这次到女方家,除原来两个媒人(现在称为介绍人)外,还要有女婿和一位近亲,选择良辰吉日,带着哈达,一只绵羊背子(煮熟的整羊,在建农业社时,没有整羊可以用砖茶代替),两盘饼子、两瓶酒等礼物来到女方家,女方一般也要有娘舅、近亲和好友等主要人物在场。男方让女方家主人品尝奶食以后,便递鼻烟壶、献哈达,将饼子和羊背子(五查)摆在桌子上,表示送来订亲的礼物。这时,女方主家选出来一个人将羊背子象征性地品尝以后,便端起盘子正转一圈放了下去。然后媒人便向女方长辈每人敬酒两盅,开始饮酒用膳。女方这次来的目的主要是为了决定聘礼的数量和结婚典礼的日期等事宜,蒙古语称作依克阿勒奇高日。聘礼通常为穿戴和现金,有一九、二九之说。一九主要包括砖茶、绵布、帽缨、腰带、牲畜,给女方父亲的贴杆马、银钱和给姑娘的礼袍等东西,这些物品大部分在娶亲的时候又陪送回去。女方的头戴由女方家准备,但男方家要根据自己的财力给予必要的资助。有些经济条件好的人家,头戴由男方给新娘准备,有的头戴还相当贵重。大定在特殊的情况下,也可以简化或跟婚礼一起举行。

在结婚之前男方需要到女方家探话,两家共同核定好娶亲日子,男方家把应当给女方家的彩礼和赠送的物品全部交给女方家之后,然后两家各自向亲戚朋友发出婚宴请贴,以确保婚礼如期进行。

准格尔地区蒙古族婚礼的过程分为以下几个部分。

婚礼喜宴。男方的亲戚朋友接到婚礼的邀请之后,便在婚礼开办的那天一下午,骑着马、赶着车,带着礼物从四面八方来到男方门上。这时,男方家神台上飘扬的码尼红旗帜显得更新,新郎娶亲骑的枣红马已经拴在木桩上,一片喜气洋洋的气氛。下午申时左右宾客一起聚集到婚宴正厅,向新郎父母亲递送礼品:有整煮的肥羊、整块砖茶,还有布料、衣服、现金。主家接受了亲戚朋友的馈赠,设宴摆酒开始,当地称为点将宴,婚礼正式拉开帷幕。第二天大大小小的事情,都要在喝宵夜酒时商量好。主家当着大家的面把事先约好的主婚人、大宾、伴郎、祝颂人邀请起来,作为这次娶亲的代表(主婚人不去)。帮忙的人具体负责什么,谁接待新亲、婚宴的座次怎么安排,都要方方面面考虑周到。代东者(婚事主管)和东家要给帮忙人敬酒发纸烟,被敬酒的亲友喝了酒、接了烟,就意味着接受了东家的重托,各负其责,决不能误事。

接近太阳落山时,娶亲的人们到神台前祭过圣主成吉思汗神像,新郎便披弓挂箭,翻身上马,仿佛一位奔赴战场的勇士待命出发。祝颂人则手端鲜奶,诵《弓箭赞》和《骏马赞》。

念过以后,以大宾为首,新郎、伴郎、祝颂人参加的一行四人骑着马,轿夫赶着轿车向女方家走去。

当娶亲车马队走近女方住地时停下来,人员都下来选择一块高地燃起一堆篝火,摆放八个大月饼,将皮筒里携带的各种食品、烟酒象征性地取出些,向天地四方发放一点儿,在火里焚烧一点儿,人马小憩。

娶亲队伍祭祀完毕后点放炮竹给女方家传递出信息,让女方家做好迎接娶亲人员的准备。

娶亲人员和车马来到女方家门前,在女方家点燃篝火。娶亲人看见了这堆旺火知道女方的一切婚礼工作已准备就绪。便按照预定的婚礼议程从新娘家院子后面转上一个圈子,来到东面办喜事的灶台前念《婚礼规矩》《骏马赞》《弓箭赞》等赞词。娶亲队伍来到女方家院外的时候,娶亲人员要喝女方摆的拦门酒。喝酒之后娶亲人员正要迈进女方家门时,门却被新娘的嫂子们关上了。于是男方娶亲人和新娘的几位嫂子们展开了难分难解的对唱和对话。新郎进入新娘家中之后首先向岳父、岳母和新娘的长辈们敬献哈达、行跪拜之礼,而后新娘的嫂子、姐妹们要给新郎系红腰带。

五查酒会。准格尔旗蒙古族婚礼献羊祝酒的仪式跟鄂尔多斯婚礼中的五查宴大致一样,也是男方向女方主人执行娶亲的一个礼节。男方要请女方亲朋好友全部入席,把带来的全羊放在主婚人面前的桌子上,让新郎和伴郎面向席位宾客行礼。男方娶亲人斟了酒,向着满座宾客致祝酒词,并给女方宾客敬酒。

新郎在伴郎陪伴下起立向宾客一一敬过酒。这时女方的待客者便走出来从全羊身上割点肉祭过神灵,再将羊头捧给女方主婚人,让他品尝以后,领了男方的心意。接着由女方家招待宾客。

女方家晚宴。这是女方婚事仪程中最盛大的一次婚宴,要摆上各种凉菜和蒸锅中的满盘满碗席面,还有煮大肉和烧酒、纸烟招待亲戚朋友。这次晚宴以新郎论资排辈向女方家的宾客敬酒拉开序幕,而女方的主要亲戚都要在新女婿叩头时给新郎赠送礼品。按照传统规矩,岳父家赠送的衣服越多越显示出对女婿的厚爱,新郎必须把所赠送衣服都穿上,中途也不能脱掉,必须带回新房中。

结婚耍笑。有的户子为了年轻人开玩笑,不让新郎参加正厅的晚宴,而是安排在小辈房里跟新娘进膳。进膳以前,新郎必须当着众人的面,把一个半生不熟的羊脖骨掰开(这是女方家有意考验新郎腕力和智谋的一段插曲),然后跟新娘分餐。有些爱开玩笑的小伙子,往往在羊脖骨里偷偷放一根红柳根,从而打趣逗乐,增加喜庆气氛。

新娘上轿。黎明时,人们喝茶吃点糕点后,新郎一行要娶上新娘离开女方家。要好的姑娘们知道新娘就要登程,便用绸带把她们自己和新娘拴在一起,准备阻嫁。为了缓解这一插曲,娶家总是拿上纸烟和糖,另请一对德高望重、儿孙满堂的老夫妇作为新娘的绾头爹娘。当婚礼总管代东宣布装新穿衣服的命令,新郎娶亲方面的人抢新娘的时候,众姑娘阻拦不让对方把新娘带走。这时,总是绾头爹娘给众姑娘些纸烟和糖,姑娘接收后,便再纠缠了。绾头额吉指挥穿好衣服,绾好头,罩上红纱巾,在伴娘的搀扶下,走出院子,缓缓走出人群,将她扶上轿车。胞弟提着嫁妆也同坐在轿车上,这时所有宾客便唱起惜别的《送亲歌》。

在歌声和鞭炮声中,娶亲大宾并邀请女方家所有亲朋来送亲。蒙古族婚礼不像山西和陕西的汉族人的娶三送四,而是所来的亲戚朋友都可以送,前有马队后有车队,年轻人骑马奔驰,老人和孩子坐在车上缓缓前行,一路上呼声笑语,十分热闹。

迎亲赛马。当娶车和马队到家门附近的时候,男方要派出几位精干的小伙子,骑着马到野外迎候。迎亲的方法是,自己先下马,再邀请对方下马,将奶茶、美酒、圣饼、大块肉摆在桌子上,点燃柴草堆发起旺火,然后由迎亲总管对所有的送亲人致欢迎词。

男方迎亲的小伙子们便赶快给对方斟酒,新郎和伴郎趁大家乱哄哄喝酒的功夫骑马赶快逃走。本地风俗,赛马时女方的送亲的要抢新郎的帽子,跑慢了就有被抢走的危险。整个马队在河滩比赛奔跑着,在伴郎的陪护下,新郎抢先回到村口。随后,马队和车队都来到新郎家门前。在伴娘的搀扶下,把头蒙红纱的新娘领到两堆旺火中间和新郎一同走过,才能进入新房,以表示对爱情的忠贞,另外一层意思是除邪去恶。

新人梳头。新人入新房后由新娘的梳头娘为二位新人结发梳头,喻意着二位新人百年好合。

男方家喜宴。送亲的宾客喝过茶吃过饭以后,要派出自己的代表(也称为代东),到婚宴正厅向男方献上礼节性的煮全羊(蒙古语叫五查)而后才能正式坐入男方家的席位。为了使婚礼更加热闹红火主家请了当地的丝弦班子,在婚宴正厅内开始打坐腔,大家都围着打扬琴的、拉胡琴的、吹玫的或坐或站,不分男女老少,谁也都能唱,大都是男女对唱。内容有蒙古族民歌和蒙汉结合的漫瀚调,随着酒席上轮番敬酒,歌声和乐器声随起随落。敬酒也穿插唱酒曲,由男方总管敬第一轮,新郎、新娘在伴朗的陪伴下敬第二轮,第二轮后开始吃宴席。吃罢宴席后,由新郎的父母敬第三轮酒,随后亲朋好友们互相举杯问盏,相互对歌饮酒。五查宴的礼节很隆重,代东先生用四方形木制大盘端一只煮熟的全羊,摆放在众宾客当中的红漆方桌子上,其羊头放在煮大肉上朝着年长的客人。代东的总管捧着哈达端着银碗,向各位来宾们敬献洁白的鲜奶。

天明送客。第二天早上,送客礼节在门前宽阔的地方进行,男家主婚人向送亲者致《送客词》。送亲者在接受男方家的迎送哈达后,成人们每人喝三杯上马酒。然后男方乐队开始演唱送亲歌,在高亢激昂的送亲歌声中,穿着蒙古袍的送亲者们飞身上马,返回新娘家,送客仪式结束。

回门礼俗。在新人结婚后的第二天,新郎要陪同新娘子到新郎的岳父家回门拜谢和在女方家坐席,俗称回门。回门时新郎要给岳父家准备礼物,以感谢老岳父家的许婚之恩。

(准格尔旗蒙古族传统婚礼文稿撰稿人:准格尔旗民俗文

化协会副会长王拴。本节摘录、修订自王拴著述的《准格尔旗风俗》。)

　　蒙古族实行同姓不婚习俗及执行一般不与其他民族通婚的习俗。蒙古族家子女的婚姻在1949年前其决定性意见由父母或爷爷、奶奶辈中长辈提出,以郎才女貌及男忠厚而女温存体贴为选择配偶标准。蒙古族的婚俗在演变过程中充分汲取了汉满两族的礼孝婚嫁体制,形成了一整套的蒙古族礼节制度和婚嫁观念,意在不厌其烦地、不间断地向年轻人灌输动辄有礼、克己行礼的做人道理。蒙古族一直坚持和贯彻了礼义廉耻第一的原则立场和孝悌传家的礼节。

　　男女结婚前三天,男方三日不奏乐,女方三日不熄灯。为什么呢？很多人说这是迷信,我们现在学习传统文化确实留下了很多的形式,但是很多人对于其中的内容、教育意义不明白,就被误以为是迷信了。

　　再过三天这个女儿就要出嫁了,要趁着她还在家的时候,抓紧时间给她以为人妻、为人母的原则和制度教育。当然她的父母平日里夫唱妇随已经给她传授了很多礼法传统,她已经潜移默化地受到了熏陶,但是在她结婚出门前三天的时候,父母还是要在女儿婚前举行人生礼节的再培训,要彻夜不眠地教导她为人妻、为人母的道理。

　　娶妻这一天,新郎早早的起床要做什么事呢？要祭祀天地,祭祀祖先。为什么呢？因为在中国古人看来,两个人的结合不仅仅是两个人的私事,它关系到整个社会的和谐,关系到整个家风的传承,所以要非常恭敬。中国人特别讲求长幼有序,平时吃饭的时候都是儿子毕恭毕敬地给父亲敬酒,但是这一天就不一样了,次序颠倒了,换做父亲给儿子敬酒。这个儿子一下就很警觉,他就知道今天所办的这件事不可以大意,非同寻常,他的责任感就提起来了。他到了女方的家里,岳父、岳母非常郑重地亲手把女儿交到新郎的手上。意思是说,从此以后我女儿一生的幸福就托付给你了,你要对她负责任,要对她很有爱心。这个时候新郎也能够体会到岳父、岳母的心情。一方面嫁女儿是一件很高兴的事,但是心里总不免有很多的牵挂,不知道这女儿嫁到了夫家和婆婆的关系能否处理好,会不会受气?丈夫对她够不够负责任?对她够不够关爱?所以父母心中也是七上八下的,新郎能够体会到岳父、岳母的心情,怎么办呢?他就带着新娘跪拜岳父、岳母,感恩他们为自己培养了一个贤内助;也是希望岳父、岳母放心,自己会善待他们的女儿。这样,这个女子就被娶上了花轿,就上对花轿嫁对郎了。

第二节　丧葬习俗

中华人民共和国成立后,蒙古族的殡葬仪式在部分继承古俗的基础上,又逐渐增加了更多科学、卫生、文明、可行的内容。土葬、火葬方式日益普及,越来越多的地区建立了火葬场和殡仪馆、公墓。土葬者也有,多将死者安葬于家族墓地之中。在城市,葬于公共墓地的也越来越普遍。死者遗体和遗物的处置方法也更为科学。缅怀哀思的形式和时间也更讲求文明。如为死者开追悼会,安葬后每年春季到陵地扫墓,缅怀先辈的功绩美德,以鼓励子孙后代继承长辈勤劳、节俭的传统等。蒙古族原来大多数人信仰萨满教,蒙古民俗认为万物有灵,所以很容易接受多重信仰,其殡葬仪式中就体现了上述特点。在他们的殡葬习俗中,既能找到蒙古族传统宗教信仰的影子,也存在着受喇嘛教影响的做法,还有不少是明显受其他民族风俗习惯的影响而形成部分。一般而言,蒙古族传统的做法比较纯朴。受喇嘛教影响的部分则具有较浓重的宗教色彩,如请喇嘛念经超度,向寺院及喇嘛赠送牲畜、布帛、钱财以及其他物品为死者祈祷等均属此类。不少地方的蒙古族长辈死后要守孝和祭七日或百日,即长辈死后每七天一祭,直至七七四十九天为止。期间不剃发、不饮酒、不作乐、百日内不宴宾客。此举与汉族的守孝仪轨极为相似,无疑是受汉族儒家文化影响所致,是不同文化间相互借鉴、吸收乃至融合的结果。生老病死苦轮常转,蒙古族的丧葬礼仪受萨满教和道教、佛教的影响认为人的灵魂不死,人有今生就可以有来世。人们希望死者将来能够杜绝轮回,能够往生极乐世界受到最高级别的智慧教育不要再受到一切的痛苦折磨。

　　葬制是指人去世以后,其子女、家庭、亲戚、邻里、朋友们哀痛怀念,安葬死者的仪式。葬制中含有社会民俗礼节规定的意义,同时蕴涵着信仰礼节祭祀超拔的内容和课题。本地区蒙古族的丧葬模式一般是土葬和火化两种形式。

现在的本地区蒙古族丧葬事项的模式和汉族人几乎一样。就是在穿丧服上汉族是满孝,蒙古族是戴一点头孝。准格尔旗蒙汉丧葬的程序和模式几乎一样了。本地区蒙古族的丧葬模式程序一般是:在人死后先把尸体从窗户上放到棺材里面,然后请阴阳先生定死人下葬的日子。具体的程序和模式就是由阴阳先生主持,再请一个代东先生主持日常丧葬事宜。

本地区蒙古族治丧的具体做法是在选择了下葬日子后,由阴阳先生在下葬的前一天到家主持丧葬仪式。阴阳先生先在这一家人家家中贴上平安吉祥符录,然后再在死者的门外贴上下葬不能参加死者丧葬仪式的人的属相以及丧葬的注意事项。

现在蒙古族民俗中的丧葬事宜已经简化了程序,没有1980年以前那么复杂和烦琐了。本地区民间的蒙古族丧葬模式中一般用阴阳先生和平事先生的俗人居多。在起灵的时候一般的阴阳先生要念引灵咒,在安灵的时候要念安灵咒和保平安咒。在起灵以后可以由四个到八个男人抬棺材到坟地,或者让殡仪车拉着棺材到坟地安葬。阴阳先生在坟地要让人们先把坟地墓子里面的土行平,然后指导棺材下葬。一般的棺材总是要死者头朝北面脚朝南面安葬,一般的说法是头枕金山脚蹬银滩后辈子出一些高官。死者的头多少要比脚的位置高一点。

棺材下葬到墓坑里面以后阴阳先生跳在棺材上面洒一些五谷和镇物,念念有词地希望死人能转到好地方生活,希望死者的后人们和家人能够平安健康长寿。本地区蒙古族的丧葬模式中还有在坟地棺材落葬以后往棺材上埋土的时候孝子拔坟树的习俗。目的是希望死者被超拔,后人们杰出和高超。

本地区蒙古族在安葬尸体的人们归来时,在距家稍远一点的地方点燃两三堆柴火,让参与安葬的人们从火堆上跳过,还让他们在火堆上烤一会儿手,之后又在洗脸盆里洗手,有的地方用牛奶洗手。扣翻运载尸体的车,上面堆木柴,点燃木柴,将车和木柴一同烧掉。这样的净身、净手仪式是蒙古族从古代便传下来的。在古代,死者亲戚及参与的人们都要举行用火净身净手,驱除秽物。在1949年以前本地区蒙古族的丧葬模式还有:

1. 火葬。火葬是喇嘛教传入蒙古地区后出现的一种葬式,也有一种说法是蒙古族在接受佛教时,随藏传佛教进入蒙古地区的。火葬即以火焚尸,需要说明的是这种葬法并不是对每一个人都适用,它一般是王公贵族、大喇嘛、官吏等人死后所采用的葬法。蒙古族认为,将死者的尸体火葬之后,其亡灵会直接升天。普通阶层的人死后,多数是不能实行火葬的,只有患传染病或产妇死后,才进行火葬,这样会驱除其晦气或肮脏的因素。

火葬一般根据死者的遗愿,火葬使用的木柴,必须到处乞讨得来。火葬的次日,由死者家属拣拾死者的骨灰,有的把骨灰洒于山川、江河等处任其漂流,有的则装入坛罐中将其埋葬,用来表示永远的悼念。

火葬的一般过程是:先将尸体用净水擦洗干净,再用白布缠裹死者的尸体;如果是喇嘛则一般都用红布将死者的脸覆盖住,殓入棺材,停放于正房西侧的屋檐下;灵前摆上供祭食物,点燃佛灯、香火,请喇嘛诵经,一般尸体要停放3~5天;由晚辈守灵,定时举哀;选择吉时起灵,一般棺材是由人抬或者是车载到预定的地点;由喇嘛诵经,祈求神谅解死者生前所犯罪过;用羚羊角在地上扎个洞,将灵柩置于洞上,再用柴将其火化。如果死者是上层喇嘛,即将尸体置于特制的大锅内铁篦上,用油焚化,用银筷拣出骨灰,殓入木盒,筑藏式塔葬于其下。有的地方火葬完毕之后,将去世喇嘛的骨灰捡起来,弄成粉末,同泥土和好,塑成雕塑,有的在外面涂抹一层金子或银子,将其放在寺庙,供人祭拜。

若死者是有威望的喇嘛或葛根,将其尸体烧毁之后,捡其骨头,将其埋在地下,上面建设寺庙。或者把尸体烧完之后,将其骨灰洒在家乡的山水或者海洋里。一般身份的人,将尸体烧毁完整,3天或7天之后捡其骨灰,装在瓶子或者盒子里,就地深埋,恢复地表原貌而不留坟头。所以至今仍有许多皇家贵族的坟墓没有找到,直至清朝以后才开始留坟头。也有将骨灰投入河里的,据说亡灵顺流入海,便可进水晶宫的极乐世界。

古代蒙古族的火葬有其特点。人死后,死者的亲友聚集在一起,帮助死者的子孙用死者生前喜欢的马驾一辆车,然后将死者置于其上,将车赶到野外。选择一个狗和人马罕至,森林茂密的地方,用树枝做一木屋,将尸体放在里面,外边再围上两三层的草木栅栏,防止有猛兽偷袭。接下来在木屋旁杀掉驾车的马,以祭奠死者,也可以算做是一种殉葬品。然后众亲戚、家人各自回家,等到春天到来,冰雪溶化,河水初动的时候,亲友们再次聚集林中。家属将死者生前所喜爱的衣物带来与木屋一起焚烧,火化时不能仅用自己一家的木、柴,要募集百家木、柴做为火化燃料。烧尸完毕过3日,家人又来到焚尸地点查看,如风扬四散,便认为死者已经升天;倘若遗骸微存,则认为死者在阴间极受虐待。于是请来喇嘛超度,或将死者的钱财进行发放,以减轻死者的罪行。有的专门坐化的,即将在辞世之际,双手合十,盘腿而坐,静静死去。待坐化的喇嘛鼻孔流下血水,凝结成芨芨草棍状,方可放入坐棺入殓。呼和浩特市土默特左旗的喇嘛洞,传说供奉的就是坐化的葛根扎木苏一世。据土默特史料记载,俺答汗便是采用火葬模式下葬的。

2. 石葬。石葬是一种很古老的葬法。早在匈奴、突厥时期就已出现,清末乃至中华人民共和国成立前,科尔沁右翼前旗、乌兰浩特一带仍保留着少数石墓葬俗。这种石墓埋葬要立建标,其石多少,依平时所杀人数而定,显然这种葬法与战争紧密相关。这是蒙古草原牧民早期的埋葬方式,这种石墓在新疆、内蒙古一带均有发现。这种石墓是把石板侧埋于地上,成一四方形的围垣,然后把死者和殉葬物安置其中,最后再掩埋起来成为坟墓。这种葬法应该是古代游猎民族所共有的一种埋葬形式。

3. 树葬。树葬是一种草原人的原始葬式,多由狩猎民族采用,这与早期人们的树居有关。树葬又称风葬,基本形式是将死者置于深山和野外大树枝上,任其腐烂。树葬多有二次葬,即:将腐烂后剩余的遗骨土葬,或将遗骨火化土葬。古代北方狩猎民族和由狩猎民族演变为游牧民族的民族多有树葬习俗。后期的树葬模式是把砍倒的大树分开并把树干的里面掏空,然后把死人放进去再深埋到土地里面覆盖野草的丧葬模式。这种模式一般是蒙古族帝王和大臣们选择的丧葬模式;平民们一般选择火化、土葬和坟地等丧葬模式。

第四章 宗教信仰习俗

第一节 蒙古族民间宗教信仰

蒙古族认为万物有灵、责任至上，必须互相爱护和担当使命，因此崇拜和信仰一切圣贤智慧、道德文书和礼节法律。本地区蒙古族的崇拜对象主要包括佛菩萨、天尊、宇宙天地、一切公正的神灵、保家卫国的英雄烈士、敖包、火神、道德和规矩人格。

蒙古族对佛教、道教和儒教世代礼敬；对五戒十善和规矩礼节孜孜以求；对道德圣人顶礼崇拜；对英雄烈士永久尊敬和纪念；对人生的责任和历史的使命选择了一代又一代人的担当和推进。在佛教方面，蒙古族主要信仰观世音菩萨和文殊菩萨、地藏王菩萨、关帝大帅；在道教方面蒙古族主要信仰玉皇大帝、王母娘娘、吕祖、送子娘娘、土地神、家神、灶神、财神；在儒教方面蒙古族信仰和恭敬孔子、孟子、黄帝等儒教神灵。蒙古族的自然信仰主要有：

一、长生天崇拜

天，蒙古语叫腾格里。蒙古族崇拜和信仰上天和长生天。

自古以来天与蒙古族渊源甚深,蒙古族自古以来就有长生天和多神信仰。《蒙古秘史》中记载成吉思汗的祖先是奉天命而生。其后,成吉思汗一生的事业依靠天力帮助,成吉思汗无一事不深谋远虑和处处慎重。《蒙鞑备录》中也记载了鞑靼人特别敬仰天和地,每事之前必提到上天之事。《鲁布鲁乞东游记》中也有一段简短的祭天仪礼叙述。这些都充分说明蒙古族自古以来有拜天、祭天之俗。

祭祀天地礼节由官方的公祭形式逐步演变为民间户祭形式。在每年大年初一当天空刚刚放亮时,家人都要出来祭天。牧区在蒙古包门农区在院落的东南角放一张供桌,桌上摆放全羊、奶制品及酒等供品。然后点一堆柴火,全家老少跪在地上向天磕三个头,然后用奶子、圣酒、美食祭天。家长和长者斟满酒,洒向四面八方的天空,口中默默祈祷长生天保佑大家。接着主祭人致祭词,祭词都是祖先传下来的,但各户的祭词不尽相同。

致词完毕,蒙古族全家向上天三叩首祈祷,并把供桌上的供品投入火中。有的地区在除夕之夜祭天,但大多数本地区的人们在农历初一祭天。蒙古族崇拜九十九层天并相信上天能保佑平安,赐予吉祥。因此每遇到重大事件都要祭天,而且遇到困难时也随时叩拜天,以求天地的恩赐。

二、大地崇拜

崇拜大地也是神化自然力、崇拜自然力的信仰之一。蒙古族认为大地是万物之母,也是保护子女、五畜、五谷的女神。所以把大地称为额和德勒黑,意为大地母亲。蒙古族把大地作为神秘的超自然力量来崇拜,这与他们依赖自然草原生活有密切联系。他们把上天和大地连结在一起,称上天为慈爱的父亲、称大地为慈祥的母亲。把天和地信奉为上九十九天,下七十七地。蒙古族崇拜大地与崇拜长生天一样是从古传承来的自然崇拜的表现形式。《马可·波罗游记》中记载了古代蒙古族的祭地之习俗。如:名称纳赤该,谓是地神,而保佑其子女、牲畜、田麦者,大受礼敬。各家各户各置一神于家,用毡同布制作神像,并制神妻神子之像,位神妻于神左,神子之像全与神同。食时取肥肉涂神及神妻神子之口,已而取肉羹散之家门外,谓神及神之家属由是得食。蒙古族用羊肉、奶食、圣酒祭地并跪拜大地,以祈求大地的保佑和恩赐。平时饮酒时蒙古族也把酒的德吉献给大地。

三、日月崇拜

日月为宇宙之光,蒙古族崇拜日月的核心是光。光和蒙古族有着不可分的缘分,蒙古族认为自己是光的后代。据《蒙古秘史》记载,孛儿只斤氏族的祖先孛端察儿就是日月之光孕育而生。其母阿阑豁阿自丈夫死后,每夜日月之光从窗而射,光浸其腹,怀此子而生,所以把日月之光当作祖先来看待。日月给人们温暖和光明,因此蒙古族特别崇拜它并通过祭祀来表达自己崇拜和敬畏之心愿。从古至今在漫长的历史长河中逐渐形成了拜日月习俗。每日清晨日出和正午日照时祭日,还有求育男婴时举行拜日活动。或遇到灾害、病疫蔓延时也虔诚祭日,以求解脱。每月初二和月中十五、十六日进行拜月活动。还有得眼病、祈求生女儿时也祭月,每年正月初二为公祭日。祭日月多用马奶酒、白酒、鲜奶进行洒祭礼。祭祀日月时朝向日月叩拜,致祭词、献洒祭礼。由对日月的崇敬和视日月为神明而形成了一系列的禁忌习俗。蒙古族禁止对着太阳和月亮大小便、扔垃圾、吐唾沫、谩骂和泼水。日食和月食时人们大为恐惧,说日月被天狗吃掉或被妖精吞没,因此便敲打铜盆将天狗和妖精吓跑。

四、星宿崇拜

蒙古族不仅崇拜日、月,也崇拜星宿。蒙古族对星宿的崇拜与他们的生产方式密不可分。因为以畜牧业为主的蒙古族不可避免地经常夜牧,并在多年观察夜空气象中产生了对星宿的崇拜和信仰。蒙古族主要崇拜的星宿是北斗星,蒙古语称道兰额布根(七老翁);北极星,蒙古语称为阿勒坦嘎达斯(金钉子);三犬星,蒙古语称为古日本瑙亥(三只犬)或古日本敖敦(三颗星)。很早以前蒙古族当中流传着北斗星的祭祀并传下来了七翁祭祀经书。蒙古学者策·达木丁苏荣论证为民间文学性质的萨满作文的七翁经书后来变成为文献,并列入甘珠尔经,七翁经不是译文而是真正的蒙古作文。因此,七翁的祭祀、经书起源与蒙古族有着很大的渊源。北斗星一年春夏秋冬总是有规律地运转,所以蒙古族崇拜和祭祀北斗星。北斗星的祭祀在蒙古族的星宿祭祀里占重要地位,每月有固定的祭日,一年祭祀十二次。如:农历正月七日、二月四日、三月二日、四月二十七日、五月五日、六月二十三日、七月二十日、八月十七日、九月二十日、十月十一日、十一月十五日、十二月八日等礼敬致祭。祭祀七星是先备好干柴,然后在蒙古包或庭院东北角仿造北斗星堆起七个小土堆。夜幕降临,北斗星全部出齐并能看到时开始祭祀。首先在土堆上边挖个小坑放备好的干柴然后点燃,再用点燃的香和柏松净化代表七翁的星。接着火中投入果点、茶叶、红糖、奶皮子、白酒、奶酒等供品。参祭人铺上洁白的毡子,朝家庭的东北方向跪成一列,叩拜北斗星七次或九次,还献上七次或九次的洒祭礼。

牧民把北极星视为方位星。夜幕中遇暴风雪迷路时,随时跪拜北极星神灵求指路。

三犬星,牧民把它看成为测时星,东升西落的三犬星在没有钟表的古代起到了夜间测定时间的作用。牧民夜牧或外出时随时叩拜三犬星指时间。

蒙古族崇拜北斗星、北极星和三犬星的习俗古来有之。据《蒙古风情》一书中记载,蒙古族还对启明星、木梨星、火星、水星、银河星、牛郎星、织女星、南斗星等进行祭祀。

五、山水崇拜

山水崇拜是古代蒙古族自然崇拜的重要组成部分。蒙古族认为高山峻岭、大江大河和树林里都有神灵存在。蒙古族把自己居住区域内的雄伟险峻的山称为神山,晶莹碧透的江湖称为神河,冬夏长流的泉称为神泉来祭祀。他们认为神山、神河、神泉能保佑五畜兴旺,风调雨顺,人丁安详。因此他们日常生活和生产中不动神山、神河的一草一木,对它进行祭祀和膜拜。他们焚香诵经,祈祷山水神灵保佑蒙古族交鸿运。蒙古族怀着虔诚之心祭祀不而罕合勒敦山(今肯特山)。在 12 世纪末,蒙古族先祖成吉思汗被蔑儿乞惕部落追捕时,隐藏于不而罕合勒敦山才得救。据《蒙古秘史》记载:帖木真走下山来说:"我的小生命被不而罕山搭救了。这山以后要时常祭祀,我的子子孙孙也一并祭祀"。蒙古族各个盟旗公祭的山河有阿尔泰山、博格达山、罕肯特山、杭盖山、大青山、克鲁伦河、土拉河、色楞格河、额尔奇斯河、乌兰木伦河等名山大川。除此之外,各地区的蒙古族有自己祭祀的神山、神河。据《蒙古风情》一书记载,东乌珠穆沁旗和科右前旗有索岳勒吉山的博格达峰,扎鲁特旗有扎鲁特罕山,赤峰地区有赤峰红山,巴林旗赛汗罕山(黑山)、巴彦罕山、玛尔钦本布热山、达尔罕山,林西县与克什克腾旗交界有阿鲁亥拉罕山;克什克腾旗有黄岗梁、赛罕坝,阿鲁科尔沁旗有阿巴嘎哈喇山,呼和浩特地区有翁贡山,土默特旗有茫汗哈喇山和土默特黑山,乌拉特旗有姆纳山;包头市有白云鄂博山,阿拉善旗有阿拉善山;新疆蒙古地区有阿尔金山、腾格里山、阿拉套山、巴尔鲁克山、赛尔山;甘肃蒙古地区有祁连山、野马山、马鬃山;青海蒙古地区有日月山、鄂拉山、柴达木山、巴颜喀喇山;辽宁蒙古地区有医巫闾山、努鲁尔虎山、黑山;黑龙江蒙古地区有蒙古山、多克多尔山;云南蒙古地区有凤山;喀尔喀蒙古地区有博格达罕山、拉钦王达山、宝拉干山、纳勒罕山、巴图罕山、罕肯特山、敖特浑腾格里山等神山。内蒙古河套地区的蒙古族祭祀黄河和大青山;科尔沁地区的蒙古族祭祀西拉木伦河;青海地区的蒙古族祭祀青海湖(呼和诺尔);鄂尔多斯蒙古族民祭祀成吉思汗陵和甘德尔山、乌兰木伦河。准格尔旗历代蒙古族民都在布尔陶亥苏木、土默特右旗团结村敬供成吉思汗的三个白室直到1953年。1953年原准格尔旗成吉思汗白室统一搬迁到了伊金霍洛旗的成吉思汗陵敬供。准格尔旗蒙古族还祭祀位于西部区的神山。

  山水祭祀经过漫长的岁月,由早期的祭祀山河本身演化为祭祀山神、河神,后来把神人格化,赋予了人的形象。比如巴颜珠日河山的神是黄面、塔式头发的年青人;博格达山神是嘴里叨着长蛇的金翅鸟形象的人;准格尔山神是黄面、长须的老翁;松根山神是紫面、浓黑眉,发愁的老翁;扎鲁特罕山神是骑马的年青人;赛罕山神喜骑白马,达尔罕山神喜骑黄马,巴彦罕山的山神喜骑黑马。蒙古族还相信水的主人是蛇。奈曼旗那日特河的主人是独眼盲黑龙王;科左中旗的布日根哈嘎的主人是盲龙王;奈曼旗塔日根诺尔的主人是缠白菜的花纹蛇;库伦旗哈喇乌孙河的主人是鳝鱼。蒙古族认为,蛇是下界的占领者,也是江湖河水的共同的主人,因此崇拜和祭祀蛇。苏尼特人有祭泉的习俗,他们在泉水之源堆起石头敖包,献上各种奶食品的供品,并举行酒、鲜奶的洒祭礼。然后叩拜,祈祷泉神保佑,风调雨顺,无灾无病。山祭分为公祭和户祭。公祭没有固定的祭日,每年农历七八月份择日祭奠,时间为3~5天。祭山时周围各村屯农牧民,骑马或坐车云集到神山附近,安营扎寨,参加祭奠活动。公祭一般由大萨满或部落尊长、王公诺颜和札萨克主持。佛教理论传入蒙古地区之后寺庙的僧人也到场诵经说法。古代时素食祭山为多,到了现在用奶制品、炒米、酒和果品祭祀山神。庆典上还要举行招福仪式。献供品、献马的同时,主祭人双手捧起招福木桶和系着各种各样彩绸的神箭,跪在祭台前,晃动着木桶和神箭呼叫造福禄才能有福禄!一切众生造福来!造福来!一切吉祥是造着来。人的一切功德都是一点一滴积累起来的,人就是自己心田的开拓者的吉祥语。而且还要宣读布礼祭文,向山水神灵和一切地方神灵们宣传积极持久地持戒造福除恶行善的原则和利益。祭祀仪式完毕后主持祭山庆典的礼节宣传员把供品分给大家分享,同时开始进行那达慕活动。那达慕白天的项目是赛马、射箭、摔跤和赛棋、体育比赛等文娱活动,晚上则唱歌、跳舞集体活动。蒙古族的那达慕大会实际上就是地方文化物资的流通大会。

六、崇拜火神

祭祀火神是蒙古民族的古老传统习俗。在蒙古族看来,火是神圣、纯洁和光明智慧的象征,它具有使一切肮脏东西净化的能力。正因为如此,蒙古族自古以来有着用火净化万物之俗,以驱除所有的污秽之物,排除一切不良想法和清扫一切邪恶势力。古时人逝世后,逝者所用的物品,亲属以及安葬者都要通过火的净化。蒙古汗国时期的外国使臣、王公和其他人以及赠送的贡品都要经过火的净化才能会见皇帝和进入宫廷。进行火净仪式时烧起两堆篝火,在篝火附近立一支3米左右高的长矛杆,用绳索将两杆连起来,绳上挂一些布条。人、家畜、帐幕、物品等就在这两堆火中间进行净化。到了现代用火净化脏东西的民间习俗普遍存在。有些蒙古地区夜间来客人、家人夜归或病人回到家时,都要经过火的净化,才能进入家门。帽子掉地上被人畜踩过,要用火净化。妇女做完新衣服,尤其是给喇嘛做新衣服之后,用火净化。小孩发烧也要用火净化。蒙古族在打猎、游牧生活中火是不能缺少的,所以蒙古族把火与生活、生命、传宗接代甚至繁育兴旺联系在一起。新郎、新娘结婚时必须跪拜火,只有拜了火才算夫妻。蒙古族还把继承家产称为继承灶炉。

由于崇敬火神,蒙古族讲究许多关于火的规矩。人们对火不能插入或接近刀刃的东西;不能用刀拿锅里的肉;不能用刀斧在火旁砍物;不能用棍和鞭子抽打火,不能往火里扔不洁和有异味的物品,不能往火里大小便,不能往火里倒水,不准从火上跳过。

火祭仪式分为日火日、月火日和年火日。日火日为每天必须将第一次用的奶块、茶、好的食物献给火神。因为蒙古族认为火能够带来幸福和成功,所以蒙古族出门找牲畜或路过险要地段时也烧香祭火。月火日为农历每月初一、初二作小祭。年火日为农历腊月二十三和二十四日。这是蒙古族共同的祭火日,这一天举行一年一度的隆重的祭火仪式,专门准备丰盛的酒肉茶饭祭祀火神。哈日楚(平民)在农历腊月二十三日祭火;台吉(贵族)在农历腊月二十四日祭火。传说中农历腊月二十三日火神要上天述职,住三天之后回来。如果火神上天用美言美语报告地上之事,上天就保佑人丁安详,五畜兴旺,五谷丰登,风调雨顺。因此,在火神上天之前家家祭祀,以求保佑。人们认为火是圣洁的象征,所以祭火时特别重视清洁。祭火前一两日打扫院子、居室和家具。祭火当日备齐祭火物品。晚上用小米、糜米、黄油、什锦等煮好阿木苏(稠粥)。无黄油的农区以肉粥代替。到了黄昏星星出齐时祭火仪式开始,首先主人要点燃火撑子之火,然后主人向火神献上杜松、鲜奶、奶食品、黄油、酒等供品。蒙古族有用羊或羊胸脯祭祀火神的习俗,把羊胸脯朝上献给火神。接着主人手托装祭品的大盘或阿木斯,朝向日出方向,从左向右转进行招福仪式。这时口中呼出"呼咧!呼咧!呼咧"三声蒙古语,然后面朝向后面再作一次同样的动作。主人还要致祭火词。

第二节 祭祀敖包

敖包也写作为鄂博,意为包子和堆子、功德塔。祭敖包蒙古语叫敖包塔黑乎。敖包是一种用石块、泥土、柳条、砖和雪等堆积而成的塔形建筑物。

敖包的分类:敖包通常分为阿拉坦敖包(黄金敖包)、艾玛格敖包(部落敖包)、和硕敖包(氏族或旗县敖包)、努图克敖包(苏木、乡敖包)、阿寅勒敖包(村屯和家族敖包)、苏木敖包(寺庙敖包)、毛力敖包(马敖包)、诺颜敖包(王公敖包)、多日斯嘎拉敖包（纪念敖包）、将军敖包、呼拉呼敖包（集会敖包）、翁滚敖包（墓冢敖包）、札门敖包（路标敖包）和亥支嘎尔敖包（分界敖包）、额莫斯因敖包（妇女敖包）、乎和德因敖包（儿童敖包）等。根据敖包数目的不同而分为：圆敖包、2个敖包、3个敖包、4个敖包、5个敖包、7个敖包、9个敖包、13个敖包、27个敖包、33个敖包和多敖包等。古代人们只祭一个敖包，这象征着地方保护神。两个敖包的大小一致，分界敖包多为两个敖包。分界敖包和路标敖包等标志性敖包不举行大规模的祭祀性活动。人们路过敖包旁时添几块石头或几捧土，然后叩拜求吉祥。或迷路时填几块石头或几捧土并跪拜求指路。准格尔旗有著名的点力素敖包、德胜西敖包、铁盖敖包、丰州古城敖包、西召敖包、查瀚淖尔敖包、东西六道敖包、安定豪敖包、西臭海柴木敖包、布尔陶亥杨家敖包等敖包。

准格尔旗人在清代和民国的五月十三日祭点力素敖包时，由官府及敖包负责人主祭。本旗的点力素敖包、六道敖包及察汗淖尔敖包、铁盖敖包、五道敖包都常年有人供祭。

点力素敖包为全旗最主要的敖包之一。除点力素敖包外，本旗尚有东六道敖包和西六道敖包。有东达尔敖包、铁盖敖包、神山敖包、双敖包及西召敖包、柴达木敖包、松树焉敖包、安定壕敖包、史家敖包、新召敖包、塔并召敖包、铁木尔敖包、察汗淖尔敖包、丰州敖包、西臭海敖包、仓瀚淖尔敖包。

敖包的建造：敖包的建造在古代时期比较简单，随着时代的变迁而复杂化了。建造时首先要选好地方，由于敖包种类的不同而选择的地点也不同。建立地区敖包时,请萨满或喇嘛先生,选风水宝地的山岳,然后开始建敖包。建分界敖包时双方商定之后建立在双方边界上。清朝建立旗县敖包时,按照清政府指定的地点堆起。无论建立什么样的敖包,多建立在气候宜人,风景秀丽的山顶、泉边、湖畔、滩中等显眼的地方。纪念敖包是建立在发生有纪念意义的事情之地点。选好地之后,挖小坑将瓷罐埋进去。罐里主要装入金银珠宝、翡翠、五谷杂粮和骏马鬃尾等。蒙古族深信每个敖包都有神灵主持工作。于是他们挖个大坑,周围用砖砌成像个蒙古包,里面放敖包神的四季服装、弓箭、鞍辔、锅勺、盘碗等用具。火撑支在中间位置,上面架起沉香木作欲燃之状。然后僧人进入里面诵经,僧人们出来之后把坑顶封闭,然后埋入黄土,使之地平。接着上面堆起敖包,敖包的基础广,往上渐尖。中间竖起一个端上按四刃铁矛的杆,四刃分指四方,其下挂一个铁盘,盘上缀有枣骝公马黑鬃作的垂缨,这就是敖包的顶饰苏鲁德神物。敖包周围插柳条装饰,敖包的东、西和正北竖起木杆,用彩带把苏鲁德旗杆连起来,上面挂哈达和旗幡之物。阿拉坦敖包的东南和西南各竖一个木杆,左右对称,其间拉一条绳上垂挂五颜六色的禄马风旗,以此代表王府的门庭。建立树条敖包时围绕中间的一支高杆竖起树条,再用石头和土固定或用锦鸡儿根、生皮条围捆。建立木头敖包时先竖起一个高木杆,接着周围竖起四尺多高的木头,然后再用三尺多高的木头围起,最后用土或石头固定。砖敖包是用砖砌成的敖包,柴木敖包则用柴木棍子搭建。

敖包的祭祀：祭敖包是蒙古族普遍、隆重、最具有礼节代表性的祭祀活动。由于敖包各自的来历和性质不同，其祭祀的日期也不同。但常在水草丰美、牛羊肥壮、气候宜人的夏秋季进行。一般一年进行一次祭礼，偶尔也有两次的祭礼。祭祀时间的长短不定，短的一日祭毕，长的5~7天。每年除定期祭礼外，若遇旱灾、牲畜得病、庄稼受灾时也祭敖包，祈祷免灾怯病、平安无事。还有人们路过敖包旁时，骑者要下马，拔一绺马鬃献给敖包；步行者弯腰捡几块石头加到敖包上以求吉祥。祭祀时用翠绿的松柏、艳丽的花束和五颜六色的布条把敖包装饰起来，还建立一个祭坛。到了祭敖包这一天，远近的牧民穿上新衣服，坐着勒勒车或骑着马捧着祭品从四面八方千里迢迢赶来。到了敖包前一般从西南边登上敖包，从西向东顺时针方向绕敖包一圈，将带来的石块填在敖包上，把哈达或五色布条、禄马旗等挂在敖包上，将敖包装饰一新。萨满法师身穿法衣，手持神鼓，跳起舞致祭。接着宣布纪律礼节和人伦规矩，明确修福建礼积极做人做事做大人的根本原则。然后再说一些希望人丁兴旺，吉祥如意，禳除灾害之类的祭词。参祭人往祭台两边摆放牧民献的乳制品、糕点、饼子、酒、红茶等食品。然后主祭人或萨满法师带领大家按顺时针方向转敖包三圈或九圈。敖包祭祀仪式上还要把附近牛、马、羊的脖子上系五色彩带，绕火堆一周，净化成为神畜。成了神畜的牛、马、羊不得随便骑乘，不得打骂，不得卖出和屠杀的，神畜死后，人们把它的头骨放在敖包山上。祭祀敖包时领祭人最初为萨满法师。蒙古族佛教工作者认为,牛、马、羊、驼是六道众生之一,应该公平爱护,否定了杀生求利的邪论。随着五台山僧侣对汉传大乘佛教众生平等理论传入内蒙古地区和佛教持戒修善理论的普及教育,加之内蒙古地区宰牲畜数量减少,从远古形成的宰杀牲畜祭祀敖包的野蛮行为逐渐被断除。现在祭祀敖包大多数人们选择用素食品、奶制品、白酒和哈达、沉香供果礼祭。洒祭:所谓洒祭就是将鲜奶、奶酒祭洒于敖包。鄂尔多斯地区洒果祭礼是敖包祭礼的重要组成部分。火祭:就是在敖包前燃一堆柴火,参祭人口中念自己家人姓名并把自己带来的祭品投入火中焚烧。蒙古族认为火是圣洁物,用火可以去除一切邪恶。玉祭:是用玉石祭祀敖包。

祭神树:神树为荒原上或大山中生长的大树。蒙古语尚西是一棵大树和神树的意思。历史上很多蒙古部落有自己祭祀的尚西树,会盟誓约等活动在尚西树下举行。蒙古族的祭尚西的习俗起源于古代。古代人们相信尚西树神有灵,而且能教育人以智慧、力量、幸福和吉祥的模式发展和生活,所以人们祭尚西来实现自己的修正修福心愿。蒙古大多地区以独棵大榆树为尚西,少数地区以松、柏、桦树为尚西,个别地区也以柳树为尚西来祭祀。每年农历五六月择吉日祭祀一次。祭祀尚西时,一个或几个村落为单位举办。届时村民们聚集在独棵神树之下用哈达和鲜艳的布条,将树杆、树枝装饰一新,还向尚西献白酒、白食品和糖果等供品。尚西老人也就是主祭人向尚西致祭词,并以白酒进行洒祭礼,向大树礼拜祈祷。这时人们请萨满法师致词祈祷或请僧人诵经。人们接着围绕尚西跳舞,唱祈雨歌或唱蒙古歌。有的地区则专门祈雨而祭祀尚西,在欢快的歌舞中祭尚西活动结束。准格尔旗民俗中的神树村村社社都有,一般都在过年过节的时候本地方的人们对地方神树予以礼供,表达敬意和感谢。民间恭敬神树和古树名木的风俗对于保护森林和树木有非常重要的意义。

第三节　祭祀成吉思汗

成吉思汗是世界级军事大师及蒙古族著名政治家、战略家及伟大领袖。在蒙古族民的心中,成吉思汗是他们永远的领袖和超级战神。实际上全体蒙古族民已经将成吉思汗神化了,成吉思汗已经跃升到了一位超级大神的地位。

鄂尔多斯地区完整地保留了对成吉思汗皇帝的祭祀仪轨,完整地传承了13世纪以来的蒙古帝王礼敬仪式,在今伊金霍洛旗成吉思汗陵园每年举行的若干次成吉思汗祭祀活动所用的祝词、颂词、祭文、祭歌等仪轨,基本涵盖了蒙古族传统的历史、文化、信仰、观念、风俗、律法、语言,成吉思汗祭祀主要用以表达对长生天、祖先、英雄人物的崇敬之情。蒙古族每年3月21日查干苏鲁克大祭中的祭天仪式、嘎尔利祭祖活动等,再现了古老的蒙古族牲祭、火祭、奶酒祭等祭祀形式。

每次的成吉思汗祭典皆要献全羊、鲜奶、圣酒等贡品。成吉思汗祭典由圣主宫帐的八宫祭典及苏勒德祭典两部分组成。

四时大典为春季查干苏鲁克大典、夏季淖尔大典、秋季斯日格大典及冬季达斯玛大典。

1649年,清政府决定将鄂尔多斯部划分为七个旗管辖,本地即为鄂尔多斯左翼前旗。

在清代,成吉思汗的八白室及苏勒德的祭文、颂词、祈祷词、祝福词得到增进和加强,并相应地产生了一批祭祀文献。鄂尔多斯蒙古族几次修订元代历史文献资料,编撰成《金册》,进而使成吉思汗的祭仪确定化和定型。

成吉思汗的祭文在800多年的历史变迁中,人们不断对其进行修订,以便使祭词更加准确和完善,成为蒙古族珍贵的历史文化遗产。

祭文主要赞扬成吉思汗皇帝及其黄金家族以及有功之臣的丰功伟绩,并表达对他们的缅怀之情。祭文分为大祭文、小祭文和普通口头祭文几种。大祭文有《成吉思汗大祭文》、《金殿香火大祭文》,小祭文有《金殿小祭文》,普通祭文有《成吉思汗哈日苏勒德祭文》等祭文。

在清代及民国,准格尔旗政府对祭祀祖先及成吉思汗的政策有专文颁发,每年都在固定日期由旗长带领各苏木领导到本旗坝梁村进行祭祀活动。

原布尔陶亥地区的达坝席利嘎查供奉着成吉思汗夫人古乐伯勒津高娃皇后的衣冠冢。在土默特右旗团结村供奉成吉思汗的溜圆白马和宝日温都尔奶桶。旗政府对于每年应由旗政府及各苏木贡奉的香火、羊肉及银两均有专门规定,这一制度一直延续到民国时期。在清代及民国时期,本旗之蒙古族亦有到位于今天的伊金霍洛旗的成吉思汗的蒙古包去礼敬的,在本旗的供奉点坝梁村每年亦有大批蒙古族前往敬贡。

一般的蒙古族祭祀成吉思汗主要在每年的三月二十七日成吉思汗苏勒德大祭这一天,在院子里垒起火笼,摆上供桌及贡献,朝西南方向跪下,三叩首及在桌子上摆放全羊、红糖、白酒、炸面条、炸糕圈子及水果月饼等贡品。由该家之家长带领全家老小集体礼敬本民族的伟大领袖和祖先成吉思汗。

在夏季的阴历五月十五进行淖尔大祭,是元朝忽必烈皇帝钦定的夏祭。在此时节,把挤下的第一桶奶汁献给苍天和圣主成吉思汗,祈愿获蒙加被,人畜兴旺。

在阴历的九月十二举行需日格(禁奶)大祭,每年的四大祭之一。从这天开始,母马不再允许挤奶,马驹可以吃母亲的奶汁。冬季的达斯门(皮条)大祭,也就是成吉思汗出生的大祭仪式。

另外在每年的正月初一、初三,二月初一,三月初三,四月初一、初三、初八,五月初一、初三、初十,六月初一、初三、初十、十二、十五、十七、二十、二十五,七月初一、初三,十月初一、初三,十二月初一、初三、十三、二十三、三十,均可祭祀。一年中以3月21日的查干苏鲁克(酒奶)大祭是一年中最大的一次祭祀。苏勒德大旗则为蒙古族民的战旗,有所向无敌之意,也必须礼敬。由于成吉思汗的卓越战功在蒙古族民心中有最崇高的威望,故而本旗蒙民对成吉思汗异常虔诚。每到祭日蒙古族民必至心礼敬这一千年伟人。既追寻伟人雄风,又鼓励家人秉承忠诚正义,替天行道,勇敢智慧,爱护自然,军民统一,捍卫国家的神圣意志及用以提振士气及人心。

元朝时元朝中央政府忽必烈皇帝在元大都建立了八座纪念成吉思汗等历代英雄人物的宫帐,史称八白宫。蒙古族皇家八白宫车队在1368年后随着北元政府的皇家军队四处行走于大青山南北地区。1460年以后成吉思汗八白宫随着鄂尔多斯部军队供奉在鄂尔多斯地区。在1636年到1949年的清代和民国时期一直在鄂尔多斯伊金霍洛旗供奉。抗日战争期间的1939年成吉思汗陵迁移到甘肃省塔尔寺供奉。现在的成吉思汗八白室和其他蒙古族历代英雄人物祭祀宫殿是1953年从甘肃省转移到伊金霍洛旗巴音昌瀚草原供奉的。在成吉思汗最精锐的保卫部队中,有个叫达尔扈特的群体。达尔扈特这一名称来自达尔汗一词,达尔汗意为神圣,达尔扈特是达尔汗的复数,有担负神圣使命者之意。在780年前达尔扈特人的祖先是成吉思汗的禁卫军。除了英勇善战之外,达尔扈特人还是成吉思汗最忠诚的部下、最亲近的部下,大汗的食宿全部由他们来管理和服务。1227年,成吉思汗在攻打西夏的途中病逝。从成吉思汗去世的那一天起,为了保护和祭祀大汗的灵魂达尔扈特人就建起了白色宫帐,并点燃了酥油长明灯。从此,遵照成吉思汗的遗训,达尔扈特部的男人就不耕不种、不狩不猎、不纳税、不服役,也不当官,他们一生只做一件事情,就是守护成吉思汗的陵墓。在《清代理藩院则例》的内蒙古部分中,这样记载着有关达尔扈特部的工作:清宣宗道光十九年(公元1839年)定,伊克昭盟境内,向有成吉思汗园寝,其鄂尔多斯七旗,向设有看守园寝承办祭祀之达尔扈特五百户。此项人户,不作为旗王爷所属,于该盟内择贤能札萨克一员,专司经理。也就是说,达尔扈特不属于鄂尔多斯的七旗管辖,他们是盟旗之外的一个特殊祭祀工作人员。达尔扈特部的最高首领叫济农,是成陵大祭的主祭官。济农的官职是在明代设置一直延续到清朝的。达尔扈特人的守陵工作为世袭制:父亲教给儿子守护成陵的使命,以及关于祭祀和管理各种仪式的方法,代代学习念诵《伊金颂》《苏勒定颂》《窝奇特经》;在父亲死后儿子接替他所有的工作,并将继续培育自己的儿子成为一名优秀的守陵人,以此代代供奉世袭罔替。

蒙古族民以信仰成吉思汗元帅为主的天地英雄崇拜风俗习惯,源于蒙古族原始的萨满教信仰。萨满教把九十九天分为左四十四天和右五十五天。萨满教认为,赤天为左四十四天的首领,只要供奉它就会救助人间。信仰萨满教的蒙古族,相信天及其宇宙、大地和一切自然现象都具有神灵善士,蒙古族民四季祭祀九十九天以及日、月、星、山川河流、土地神和树神灶神、火神。同时,他们把成吉思汗看作是受长生天天命禄位而降生的划时代巨人和超级战神,能够起到保家卫国和保卫和平的目的。全体蒙古族民世世代代供奉成吉思汗神像和恭敬祭祀成吉思汗,并且将他的灵柩、旗徽、战刀、战马、金马鞍和法典礼则、名言训词、家谱规矩作为神物供奉。在现在的伊金霍洛旗成吉思汗陵还供奉有历代蒙古族英雄人物的功德牌位和祭祀宫殿。

达尔扈特人一直把自己看作是圣主的卫士,有许多信仰和成吉思汗有关。达尔扈特人只要生了儿子,便将弓箭挂在自家门口以示庆贺;同时,还会在家门口竖立铁杆天马旗2杆,右边是象征成吉思汗苏勒德(苏勒德是成吉思汗军旗,它象征着长生天赐予成吉思汗的战无不胜的力量),左边则代表着守护成吉思汗的卫士。蒙古族妇女们在挤羊奶、牛奶前,要先向苍天和圣主献祭;人们制做新毛毡前。也要向成吉思汗请福;人们遇到美食佳肴时也总是要说一声托圣主的福然后才用餐;蒙古族遇到敬酒时,还要用食指向苍天和成吉思汗弹祭后才能品尝。

世世代代蒙古族达尔扈特人忠诚地坚守着他们的责任,不但完整地保护了成吉思汗八白宫,还把蒙古族的祭祀文化传承至今和推向永恒的明天。

第四节　祭火

蒙古族认为火是纯洁光明的象征和火神的化身,灶火是民族、部落和家庭的保护神,可赐予人们平安幸福和财富智慧。祭火是蒙古族最古老的祈福祭祀活动之一,祭火表达蒙古族对天地的无上信仰和对光明智慧的追求。

祭火的程序是先在供桌上摆放煮好的羊胸叉(把肉全部剔

净,留下来整片骨头),将祭火饭、公羊头顶上的毛、香炉、沙地柏(臭柏)、小白蒿、针茅草、芨芨草、隐子草、榆树枝、炒米、九盏酥油灯、哈达、馓子、红茶、红枣、奶食品、五种颜色的小块布(红、黄、蓝、绿、白)等贡品置于羊胸叉之上,用羊毛线将羊胸叉骨头正绕三圈。主祭者在玛尼宏贡台上香,并念诵《伊金桑》,之后由主祭者念诵祭火祝词。祝词是:"皇皇九天,悯我人民。国泰民安,风调雨顺。人行正事,仙神帮助。以礼行事,礼行事圆。光明正义,火神象征。给人温暖,给人光明。忠诚信义,博广雄文。孝悌礼节,人格之根。行善积德,济往昭来。是年腊月,二十三日。我等众人,怀恭敬心。躬就古例,在兹祭火。敬拜火神,常怀感恩。恭敬天地,一切正神。人心向善,礼义昌明。人民向正,可喜可庆。唯望来年,平安通顺。"念诵祝词后由主祭者点燃供桌上的九盏酥油灯,再由主祭者点燃火灶之内的木柴,然后人们把羊胸叉、奶食品、红枣、饼干等祭品投到旺火上,之后主祭者带领众人向祭火灶跪拜三次,大家再正绕祭火灶三圈后祭火仪式完成。

第五章　民族音乐

第一节　蒙古族民间音乐

蒙古族有着优秀的文化传统,民间音乐有着系统的传承。7世纪之前蒙古族在额尔古纳河流域的深山密林中过着狩猎生活,与此相适应,那个时代的音乐和舞蹈结合,特征是曲调短小节奏鲜明并配合以打击乐。这种风格的作品在狩猎歌舞、英雄史诗和萨满教歌舞中有所保留。

7世纪以后,蒙古族的先民跨出额尔古纳河流域,向蒙古高原迁移,开始从事畜牧业。随着生活的这一根本变化,反映游牧生活的音乐作品大量产生,其特点是节奏绵延,音调高亢辽阔。由于蒙古高原曾经居住着突厥语诸民族,他们的民间音乐对蒙古族产生了很大的影响。

到了清朝中后期,生活在内蒙古南部边缘地带的蒙古族逐渐脱离了原先的游牧生活方式,改事农耕生产而定居。这时草原游牧音乐文化形态与部分地区半农半牧音乐文化形态同时并存,产生了蒙古族新的文艺体裁,大量的短调歌曲、长篇叙事民歌、说唱形式乌力格尔和漫瀚调等蒙古族新文艺题材。其特点是曲式短小、节奏规整、音调简洁、音域适中,同语言音调密切结合,从而形成了新的复合型多民族音乐风格。

蒙古族民间音乐包括民间歌曲、民间器乐、说唱音乐和民俗音乐形式。

民间歌曲。蒙古族民歌在相当长的历史时期内,一直是蒙古族音乐文化的基础,也是蒙古族整个文学艺术的主流。从题材上,蒙古民歌可分为劳动歌曲、历史传说歌曲、婚宴歌曲、爱情歌曲和其他生活歌曲等。内容丰富多彩,不论是重大的社会、自然现象,还是日常生活中的人情琐事,在歌曲中都有所反映。歌词一般要求谐头声,词句章法严谨,善用比兴,讲究对称。在修辞手法和抒情方式上,极富民族特点,具有很高的文学价值。

在内蒙古境内蒙古族民歌大致可以分为呼伦贝尔风格区、科尔沁风格区、锡林郭勒风格区、鄂尔多斯风格区和阿拉善风格区,音乐风格呈现鲜明的地域特色。从体裁上蒙古民歌可分长调形态的歌曲和短调形态的曲艺,有独唱、对唱、齐唱以及领唱加齐唱等演唱形式。在声部上绝大多数蒙古民歌属于单声部,也有特殊的具有和音效果的艺术。

长调歌曲是蒙古族民歌中最富有特色的一种体裁,其产生发展和大漠草原的自然环境,以及逐水草而居的游牧生活紧密相连。旋律悠长舒缓,意境开阔,除了旋律本身所具有的前倚音、后倚音、滑音、回音等华彩装饰外,还有一种特殊的旋律装饰波折音,是形成蒙古族长调风格的重要因素。短调牧歌的节奏特点是前紧后松，每个乐句或乐节，往往是先用较密集的节奏把歌词唱出，然后用拖腔进行发挥。演唱速度较为缓慢，相当于每分钟50拍左右，同时每首歌曲内拍子的时值常有变化。

在庆典或喜宴的聚会上，首先要由歌手演唱长调形态的宴会歌曲，而且各地都有自己的代表曲目和演唱程序，内容大都以赞颂、祝愿、祭祀和宣布礼节等为主。对于这一类仪礼性歌曲不同地区有不同的称呼，大部分地区称之为宴歌。

不同地区的长调民歌在风格和演唱方法上具有差异。呼伦贝尔的歌曲高亢嘹亮，热情奔放，代表作有《辽阔草原》《盗马姑娘》等；锡林郭勒的绵长开阔、深沉悠远，结构上也较为长大，有《小黄马》《走马》等歌曲；阿拉善的蒙古族民歌庄重古朴，例如《富饶辽阔的阿拉善》；鄂尔多斯的蒙古族民歌也十分动听，名作有《圣主成吉思汗的两匹骏马》等歌曲。长调民歌的每一位演唱者，根据其特长、爱好、素养和不同的理解，在保持歌曲基本构架下的前提下，都可以纵情发挥，使歌曲的每一次呈现，都蕴含着生动的因素。

短调歌曲泛指曲调短小、节奏鲜明、结构较方正的歌曲。有鲜明的节拍特征，音乐律动具有明确周期性的狩猎歌、叙事歌以及部分带舞蹈性的宴歌和婚礼歌都属短调形态。

由于内蒙古地域辽阔，自然环境以及生活方式差异很大，致使不同地区的民歌在风格上有了较大的差异。科尔沁和鄂尔多斯的民歌最为著名。科尔沁民歌旋律平和流畅，深沉蕴藉，产自科尔沁草原的叙事民歌绝大多数都属于口头创造。鄂尔多斯的短调民歌则多用跳进,旋律活泼跳荡、明快健爽,具舞蹈性节奏特征,《黑缎子坎肩》《圆顶帽》《甘迪尔希里》《乌仁唐奈》《阿润他五太》《祭敖包》等民歌是其典型代表。

潮尔音哆,潮尔,蒙古语为共鸣之意。潮尔音哆是蒙古族所特有的合唱形式,一般由一人领唱,另有一二人担任潮尔,配唱固定低音,与上面旋律声部构成八度、四度、五度和音,从而形成多声部音乐形态。

潮尔音哆早先没有歌词,而是模仿山野的回声、河川的流水声、森林的风涛、畜群的躁动、飞禽走兽的鸣叫,以及日常劳动生活的话语声等等。随着生活内容日益丰富,潮尔音哆开始有了歌词,后又经过宫廷音乐家或文人的不断加工,词曲均雕琢得细腻精致,最终成为蒙古族最为尊崇的、篇幅浩大、曲式复杂,且多半带有引子、副歌、尾声等附属结构的完美的歌曲演唱形式。

潮尔音哆在各种礼仪活动、喜庆等聚会当中占主导地位。只能在庄严的礼仪场合和隆重的群众聚会中,按照一定的程式和顺序演唱,不许和情歌、讽刺歌曲、划拳歌曲等世俗歌曲混杂在一起。潮尔音哆套曲以《旭日般升腾》开始,继之是《前世积德》《修行五福》,最后一曲是《圣主成吉思汗》。《圣主成吉思汗》有诸多变体,其歌词大同小异,而曲调则差别较大。其中,在锡林郭勒盟流传的《圣主成吉思汗》是形式上最为完整、艺术性最高的一首。该曲篇幅浩大,音调激越,气势恢弘,充分发挥了潮尔合唱的威力,具有震撼人心的力量。

第二节　民间乐器

一、蒙古族传统乐器

蒙古族常用的乐器有马头琴、四胡、三弦、蒙古筝、笛子、扬琴、梆子等，个别地区还有萨满鼓、口簧、口琴等乐器。

马头琴：马头琴是蒙古族拉弦乐器，因琴杆上端雕刻有马头而得名，相传12世纪已在民间流传。新疆的叶克勒、内蒙古西部地区的莫林胡兀尔、东部地区的抄兀儿等乐器，虽然定弦法和演奏法及其技术技巧不尽相同，但有着共性本质及内涵，都与现代马头琴有直接联系。

马头琴的音箱为松木制成，呈梯形，两面蒙以马皮或羊皮，琴杆细长，用榆木或紫檀木制成。两根弦用马尾制成，弓毛也是用马尾制作的，演奏时弓子不挟在两根弦中。定弦与一般拉弦乐器相反，外弦低，内弦高，定弦多为 $d1-a$，音域为 $a-a3$。马头琴除了作独奏乐器外，也是民歌、说唱音乐的伴奏乐器，同时还可以参加合奏。演奏方法常用以下两种：一种是用指甲从弦下向上顶弦，一种是用左手指的二、三关节处按弦；前一种音量比后一种大而清亮，增加了色彩和表现力，故采用的人较多。马头琴适于演奏柔和细腻的抒情乐曲，特别适合于悠长辽阔的旋律。在伴奏民歌时，多用三度、四度的颤音来模仿演唱者的发声特点。

四胡：也叫胡琴，是蒙古族和汉族共同使用的乐器。四胡的琴筒木质,蒙以蟒皮,琴杆用乌木或红木制成。张四弦,第一、三(内弦)弦和第二、四(外弦)弦各为一组,各组音高相同。竹弓马尾分两股,分别夹在一、二弦和三、四弦之间。四胡的演奏方法与二胡大致相同,为说唱伴奏时,有时用左手中指或无名指从弦下敲击琴筒,以加强节奏,制造气氛。

古筝:蒙古语叫雅特格,是蒙古族重要的弹拨乐器。多为12根弦,用于独奏、合奏和伴奏。按五声音阶定弦,但音的排列与汉族地区的筝不同,演奏者可以根据自己的习惯和不同的乐曲需要而排列音高,较为普遍的定弦为$\#g1$、$\#c$、e、d、$e1$、$\#f1$、$b1$、$\#c2$、$e2$、$\#f2$、$\#g2$、$d2$。蒙古筝的传统演奏方法,右手只用大指和食指,形成一种独特的风格。

二、民间器乐曲

蒙古族的器乐曲大都源自民歌,如马头琴曲《巴雅令》、四胡曲《荷英花》等。除此之外,还有许多器乐曲是流行全国的器乐曲牌《老八版》的变体,如合奏曲《八音》《美德利》等。

八音:八音是蒙古族一首古典大型器乐曲。在12至13世纪八音的雏形已在民间流传,是流行全国的器乐曲牌《老八版》的变体,但又不像汉族的《花八版》《花六版》那样进行严格的添眼加花,在旋律进行上也十分流畅。根据表演和艺术上的需要,《八音》的音乐语言有很大变化。密切地结合了蒙古族民特有的生活情感,八音便成了一首具有浓厚民族风格的为蒙古族民所喜爱的器乐曲。

《八音》共有八段,第一段为老八音,第二至第七段是第一段的变奏,它主要采用了调性变奏的手法,突出不同弦式的特征,引起明显的调式调性转换,显示出蒙古族民的音乐创造才能和追求强烈对比的审美情趣。第八段《八音帮子》主要由演奏者创作,演奏方法各有不同,也可单独演奏。

第三节 说唱艺术

说唱艺术又叫弹唱曲艺,说唱艺术是用来讲唱历史传说故事及文学作品的艺术体裁,是音乐、文学和表演相结合的综合艺术形式。蒙古族说唱艺术有英雄史诗、乌力格尔、好来宝、长篇叙事歌等类型。

英雄史诗:英雄史诗是以人类英雄时代为背景,在历史、传说的基础上生成的英雄历险记,是韵文和音乐结合的说唱艺术形式。蒙古族民的史诗传统源远流长,在我国境内搜集到的蒙古族英雄史诗已有上百部,其中包括中国三大史诗之《江格尔》和《格萨尔》。

蒙古族英雄史诗的音乐颇为丰富,从其音乐体式上来说,大体可以划分为吟诵体史诗音乐、说唱体史诗音乐和综合体史诗音乐等三种类型。

吟诵体史诗音乐的特点是整篇史诗说唱曲调统一,一唱到底不加更换。其曲调同语言音调密切结合,带有鲜明的吟诵性质。有些曲调由四小节甚至两小节构成,尚带有原始音乐痕迹。大凡情节简单人物较少的早期短篇史诗,均采用吟诵性音乐体式。

随着时间的推移英雄史诗有了新的发展。在短篇史诗的基础上,逐渐产生出一些长篇英雄史诗,诸如《江格尔》《格萨尔》《英雄道喜巴拉图》等故事。其主要特点是故事情节曲折复杂,人物众多,结构内部划分相对独立的章节。无论正面人物或是反面人物,性格各异,具有鲜明的艺术形象。在音乐方面吟诵体音乐体式已不能满足长篇史诗的需要。在故事内容的推动下,新的说唱体音乐体式便应运而生。这种新音乐体式继承了吟诵体音乐体式的古老曲调,同时还创造出了一些新的曲调。尤为重要的是,音乐上甚至出现了塑造正、反面人物的不同曲调。艺人们可根据故事内容的需要轮换使用这些曲调,表现不同的故事情节和人物形象。说唱体史诗音乐的另一特点便是更加注重乐器的表现作用。除了说唱之外艺人们还创造出一些短小的器乐曲牌,专门用来制造渲染各种气氛。

说唱体史诗音乐已具备完整而独立的曲式,上下句乐段结构较为多见,已完全脱离了原始音乐范畴。其音乐风格带有一定的歌唱性,但仍十分强调语言音调与节奏,具有鲜明的吟诵性特点。显然,较之吟诵体音乐时期,唱体史诗音乐有了长足进步,为后来的乌力格尔音乐的产生准备了条件。

《江格尔赞》是长篇史诗《江格尔》的序曲,亦是整部史诗音乐的基础。艺人在长期吟诵过程中,从这首基本曲调中不断引申发展出新的曲调,在不同场合下加以灵活运用,表现不同的人物形象,刻画人物的内心情感,堪称是说唱体史诗音乐的典型。

蒙古族民间音乐发展至晚清时期,在英雄史诗与叙事民歌的基础上,产生了一种新的民间说唱形式,这便是乌力格尔(说书)。这一说唱形式已经产生,便反过来对史诗音乐产生了影响。抄尔奇艺人在演唱史诗的过程中,大胆借鉴乌力格尔音乐,对原有的史诗音乐进行改造,使之更具有说唱性。从音乐体式方面来说,综合体史诗音乐的主要特点,便是具备了某些板腔体说唱体音乐的因素。在乌力格尔音乐影响下,史诗音乐进一步强化了表现正、反面人物的基本曲调;并且从这些基本曲调中不断派生出新的曲调,形成正、反面人物各自专用的曲调系列。

英雄史诗的表演形式方面,也出现了一些新的变化。例如,史诗艺人汲取乌力格尔所固有的夹叙夹议、说唱结合、灵活机动的长处,对史诗演唱进行了改造。他们改变原先只有唱诵,没有道白的简单方式,加上道白,从而做到说唱兼备,灵活机动,最终使史诗与乌力格尔融为一体。在内蒙古东部地区出现了一些既能演唱史诗,又能表演乌力格尔的艺人,很受群众欢迎。

乌力格尔:即蒙古说书艺术产生于桌索图盟土默特左旗一带,广泛流行于现今内蒙古东部通辽市、兴安盟、原昭乌达盟,以及辽宁、吉林、黑龙江等省蒙古族聚居地区。乌力格尔的表演形式是:胡尔奇(说书艺人)用四胡伴奏,自拉自唱,说唱长篇故事;一人承担故事中的诸多不同角色,通过唱腔、道白和表演,叙述故事情节,塑造生动的人物形象。乌力格尔艺术说唱结合灵活简便,深受广大蒙古族民群众的喜爱。

乌力格尔的音乐风格,大致有抒情、叙事、吟诵三种类型;基本曲调约有200多首,由两个主要部分构成。

①固定曲调,如《皇帝上朝》《元帅升帐》《小姐赶路》《行军调》《打仗调》以及《开篇调》《终场曲》等。这些曲调用来描写特定的生活场景,专曲专用,颇类汉族戏曲中的曲牌。固定曲调数量较少,有许多来源于英雄史诗与萨满歌舞音乐,稳定性强,较少变化,在乌力格尔音乐中占有重要地位,为各地说书艺人共同采用。

②基本曲调,专门用来刻画人物形象、抒发书中不同年龄、不同身份人物角色的思想感情。诸如《苦难调》《欢乐调》《倾诉衷肠》《喜庆调》等。此类曲调是乌力格尔音乐的母体,在长期流传过程中,其节奏、音调、速度、调式诸方面产生变化,不断派生出新的曲调,从而形成乌力格尔音乐的主体。说书艺人根据内容的需要,灵活应用这些曲调及变体,得心应手地表现故事内容。在现有的几百首说书调中,此类曲调占绝大多数,构成了乌力格尔音乐中的庞大曲调体系。

乌力格尔的书目十分丰富,主要为《封神榜》《水浒传》《三国演义》《西游记》等汉族古典文学名著,称之为本子故事。经过艺人的雕琢加工,这些汉族历史故事早已民族化,成为蒙古族说唱艺术的基本书目。大型书目既可连本说唱,又可选取某些独立章节。传统的演唱形式是说书艺人应邀或四处流浪,表演说书艺术。目前除了传统的表演形式外,还通过广播电视播放单人演唱的录音录像、在草原盛会或庆典活动中组织众多说书艺人,在露天广场上进行集体演唱等。此外尚有流行于舞台上的单人演说和众人分担角色演唱等形式。

好来宝:好来宝,又作好力宝,蒙古族语意为弹唱联韵、说唱衔接,是蒙古族曲艺形式之一。好来宝一词最初统称所有韵文,后专指一种由一个人或者多人以四胡等乐器自行伴奏,即兴说唱的曲艺形式。好来宝表演者一般为男性,有三种表现方法:单口好来宝,演唱者自拉自唱;对口好来宝,两个人表演;群口好来宝,是60年代由内蒙古自治区乌兰牧骑根据传统好来宝的演唱特点创作的一种曲艺形式,由4~6人以齐唱、领唱、对唱等形式表演,其题材内容多以歌颂祖国和故乡为主。

好来宝题材多样,除一般的儿女风情、世态变化和知识性的内容外,在长篇故事以及改编的古典章回小说中经常使用好来宝。

好来宝音乐变化多,节奏轻快活泼,唱词朴实优美,语言形象生动。艺人们往往即兴编词演唱,其表演具有风趣幽默,又酣畅淋漓的特点。中华人民共和国成立后内蒙古地区产生了许多反映社会主义建设的作品,如艺术家毛依罕的《铁牛》等题材。在节目内容上,也形成了叙事、嘲讽和赞颂三种类型。除表现本民族生活的节目如《燕丹公主》《富饶的查干湖》《还是当艺人好》等等之外,历史故事如《王昭君的故事》《水浒传》和《三国演义》等内容也被好来宝艺人进行编演。

长篇叙事歌：长篇叙事歌是一种新的民歌形式，产生于内蒙古东部半农半牧区。一般由职业民间艺人胡尔奇编创和演唱，用四胡或潮尔伴奏，自拉自唱。其特点是情节复杂，有众多人物，且篇幅浩大，往往演唱整日整夜。

长篇叙事歌多数都以真人真事、历史真实事件为背景，善于反映重大社会题材，叙述传奇故事，具有史诗性特点。按其所反映的生活内容，大致可划分为如下三类：①人民革命斗争题材，有《纳木斯莱》《英格洛成》《嘎达梅林》《陶格涛》《丹丕尔抗垦史略》等；②爱情故事题材，有《薇香与果木》《诺里格尔玛》《达那巴拉》等；③爱情喜剧题材，有《海棠与白棠》《色林布与隋玲》《刚莱玛》《扎纳玛》《北京喇嘛》《宝音贺喜格大喇嘛》等。

长篇叙事歌的音乐特点，曲调简短，结构方整，节奏规范，音域适中，同语言紧密结合，带有鲜明的说唱性。胡尔奇在塑造各种人物，表达不同情感时，始终用同一支曲调。通过音色、音域、速度、强弱的变化，创造出不同的音乐形象。民间艺人除了演唱之外，还可以评述道白，形式灵活，语言生动，富有浓郁的生活气息，深受广大蒙古族群众的欢迎。

第四节　民俗音乐

蒙古族民间音乐除了民间歌曲、器乐和说唱音乐外，还有一些和民俗生活有着密切关系的音乐形态，例如劳动歌曲、摇篮曲、竞技歌曲、祭祀音乐等。

一、劳动歌曲

蒙古族民众长期从事游牧生活,创造了一些适合于畜牧业生产的劳动歌曲。13世纪中叶,曾到过蒙古高原的欧洲传教士,记录过蒙古族妇女挤奶时给母牛唱歌的现象。蒙古族劝奶歌、挤奶歌、擀毡调等音乐形态都属于劳动歌曲,它们产生于劳动,又直接服务于劳动,或本身即为劳动过程。

劝奶歌:在游牧生活中,由于种种原因有时会产生母畜遗弃幼畜的现象,为此牧民会采取各种措施,力保幼畜的存栏,其中就有通过唱歌来感化母畜的办法,这种特殊用途的民俗歌曲为劝奶歌。

二、摇篮曲

摇篮曲是蒙古族民俗性音乐形式,是母亲哄孩子睡觉时吟唱的歌曲。蒙古族摇篮曲有三种形式:第一种没有固定歌词,即兴编唱,曲调简单,只有短短一个乐节的摇篮曲。第二种为歌词固定,曲调优美,曲式完整的歌曲,富于抒情色彩,成为蒙古族摇篮曲的主体。兴安盟一首摇篮曲这样唱道:"海青鸟呵翅膀是宝贝,黑花雕弓弓弦是宝贝,明亮的眼睛是孩儿的宝贝,可爱的孩子是妈妈的宝贝"。第三种为叙事性摇篮曲,有古老的《额勒德·德勒德的外甥宝贝》《沙来的宝贝》表现孤儿苦难生活的《波如莱弟弟》等等,歌曲的背后都有感人的故事情节。蒙古族摇篮曲音调简洁,以富有特征的摇篮节奏表达了母亲对孩子的深沉怜爱与殷切期望。

三、竞技歌曲

那达慕是蒙古族民喜爱的一种传统盛会及体育娱乐活动。在那达慕的男子三项竞技摔跤、射箭和赛马活动中,伴有仪式歌曲,主要有《邀跤歌》《苏林哦嗨歌》和《庚古》《万马之首》等等。

邀跤歌:蒙古族具有一定规模的摔跤比赛,特别是那达慕大会上的摔跤比赛,都有一定仪式,即摔跤入场仪式、比赛出场仪式、发奖仪式。《邀跤歌》是在比赛出场仪式上唱的仪式歌。就锡林郭勒盟传统的比赛出场仪式看,大体过程是这样:在摔跤场的西北、东南两个方向,分成左右两组的摔跤手相对而立,两组摔跤手的前面,各有两位长者并肩站立形成一个进入场地的入口。两个组相遇,比赛的跤手将两臂分别搭在两位长者的肩上,俯身等待出场。这时预先请来的歌手们唱起了《邀跤歌》,反复唱三次。歌声一落,两边的跤手从两名长者中间跃入场地,跳着鹰舞开始比赛。这首歌词是:"我们的摔跤手出场了,从远古走到现在。通过竞技的艺术,弘扬体育风俗。友谊第一,比赛第二,只有强健的体魄和牢靠的规矩指引才能活得更好!"语言简洁朴素,风格雄浑苍劲。《邀跤歌》能够调整和激发摔跤手精神状态。

四、祭祀音乐

《成吉思汗祭祀歌》,成吉思汗逝世后其子孙遵照蒙古萨满教仪礼设立灵堂,举行祭祀活动。以后成吉思汗的守陵人定为世袭制,世代相传有12首祭祀歌曲。

《哈撒尔祭祀歌》:拙赤哈撒尔,亦称哈布图哈撒尔,是成吉思汗的长弟,他是科尔沁蒙古部贵族的始祖,又是神箭手。

《哈撒尔祭祀歌》共 16 首,这份珍贵古代歌曲的原稿在 1959 年得之于乌兰察布盟达尔罕茂明安联合旗哈尔达胡庙。第一首《蒙古曲》是祭祀仪式歌曲,第二首《兴安河上的红雀》是武士思乡曲。这两首歌曲应是祭祀歌曲的第一部分,是哈撒尔祭祀仪式上的主要祭祀歌曲,产生于不同时代。除此之外,第 3 首至第 16 首是哈撒尔祭祀歌的第二部分,有《马步》《青年时代》《登上高处》《骏马》《阳光》《河湾流水》《良驹》《机警的罕达罕》《走出黑夜》《苍穹之花》《相识的年华》《美好姻缘》等歌曲。

第五节　漫瀚调艺术

漫瀚调是汉民们以晋陕地区的信天游、山歌和二人台的民间艺术为根基,学习准格尔旗蒙古族传统曲儿并填词演唱,突破了蒙古曲儿定调定词的固定格式后出现的一种一曲多词、一词多曲的特殊表现形式。漫瀚调的演唱形式主要是对唱。一般采取男女对唱,即兴填词,有问有答,一唱一和;以民族传统乐器四胡、粗管笛子(俗称梅)、扬琴、三弦等伴奏。漫瀚调的曲名有 40 多个,绝大多数仍保留着蒙古曲名,如《广林召》《韩庆大坝》等;部分为汉名如《白菜花》《双山梁》等曲名;部分曲名为蒙汉音合成如《哈岱沟》《合彦梁》等;有的则保留蒙汉两种称谓。调式共 4 种:羽调式、宫调式、征调式、商调式。

鄂尔多斯蒙古族创造了蒙古族草原游牧文化。清朝康熙三十六年(1698年),清政府允许汉族人入蒙古地区垦植,清朝末期又设蒙旗垦务大臣和垦务局,在内蒙古办理垦务。于是,与准格尔旗蒙地相邻的山西、陕西汉民大量涌入该地,除少数人做手工艺和小商贩外,多数从事农耕,使这块原属以牧为业的草原,变成了蒙汉杂居农牧兼营的地区。

汉民的进入不仅在经济领域促成了蒙汉人民相互贸易的关系,而且在文化生活方面也自然相互交融,晋、陕邻区的山曲儿、信天游等民间音乐随着进入蒙古地区,当地蒙古族听得多了,逐渐习惯并愿意接受、欣赏,甚至也学唱起来。

后来,一些当地蒙古族大户人家和贵族甚至官府兵营,或是人们遇到喜庆节日和娶娉祝寿,常常叫汉民来演唱山曲儿、信天游和二人台。管吃管住,白天在院子里打玩艺儿,夜里在客房打座腔,屋里屋外群众自由观看。有时蒙民也穿插演唱蒙古族民歌,蒙汉同乐。真是"灌一壶子烧酒炖一锅肉,弹一黑夜琴来唱一天歌",一唱就是几天几夜。在这样长期的生活中,汉民也学会一些蒙古曲儿,即兴编上各种内容的汉词用蒙古曲儿演唱,逐渐得到当地蒙民的赞赏,使很多会汉语的蒙民也即兴编汉词唱起来。

鄂尔多斯蒙古族短调民歌的特点是曲调舒展,节奏清晰、明快,结构短小、精干、整齐,感情炽烈爽朗,色彩绚丽,风格独特,易学易唱,蒙汉族人民都十分喜爱和喜欢演唱。晋陕山曲儿和信天游等民歌的曲调也比较悠扬动听,结构短小简练,多为上下两句的歌词,上下乐句跨度较大,大跳音程较多,有些方面与蒙古族短调民歌有相近之处,也较易学易唱。由鄂尔多斯蒙古族短调民歌演变为漫瀚调时,音乐上有创新和变化,有的在乐节乐句上扩展,有的音高音程上变化,或加滑音、倚音等装饰音,多有切分音,又由伴奏乐器加了前奏、间奏和过门。漫瀚调和蒙古族短调民歌的共同点是,大的曲调框架相同,音域很宽广,大音程跳进的大跳较多,高低音相差几乎在 8 度以上,有的甚至相差 12 度、13 度。

漫瀚调《王爱召》由蒙古短调民歌《十五岁的好姑娘》演变而来。

漫瀚调联四曲儿是以蒙古短调《蔚林花》为母体,《二道圪梁》由蒙古民歌《双山梁》(也称《达呼尔西里》)演变而来,《阿拉腾达勒》从《鄂托克的西边》衍变而来,《哎哟哟》的母曲是蒙古短调《林大人》、《德胜西》的原曲为蒙古短调歌曲《艾蒿山头》。

20 世纪 50 年代,出生于准格尔旗的 75 岁蒙古族女歌手改利古,唱着漫瀚调(当时叫蒙汉调)在内蒙古自治区首府呼和浩特的民歌演唱会上荣获了一等奖。1964 年北京全国少数民族群众业余艺术观摩演出会上,准格尔旗歌手张美蓉、奇二秃演唱漫瀚调获得了好评,受到毛泽东、刘少奇、周恩来等党和国家领导人的接见,使漫瀚调有了广泛的社会影响和知名度。党的十一届三中全会后,伊盟举办过多次全盟民歌大赛和业余歌手电视大奖赛,涌现出王金娥、田桃、奇俊义、郁青克、杨毛毛、刘莹、王凤英、奇附林、杨锁柱等等优秀歌手。1980年后杨锁柱、杨毛毛参加第一届和第二届全国农民歌手大奖赛获奖。21世纪后,奇附林等歌手先后参加了在西安举办的民歌大赛和香港的演唱会以及中央电视台春节联欢晚会的演出。

近年来,全国各省、市、自治区电视台多次邀请漫瀚调歌手们录音、录专题片。有的影视剧(片)配有漫瀚调的音乐和插曲。有的音像出版社制作出版了漫瀚调磁带和光盘在全国各地发行,不少音像店时有可见。漫瀚调专著也出版过多部。准格尔旗乌兰牧骑创作演出了漫瀚调歌剧《双山梁》《纳林河畔》《牵魂线》《海红酸海棠甜》。

为了弘扬和发展漫瀚调艺术,中共准格尔旗旗委员会、准格尔旗人民政府决定每三年举办一次漫瀚调艺术节。从1997年开始至2017年已经连续举办了八届漫瀚调艺术节。

1997年在沙圪堵镇举办了首届漫瀚调艺术节。此次艺术节的成功举办促进了准格尔旗漫瀚调艺术的发展。

2000年举办了第二届漫瀚调艺术节。此次艺术节的主要项目有:健康教育、书法、美术、摄影、集邮、城乡建设成就展览,地方名优特产介绍和图书展销;旅游观光和书画爱好者献艺活动;生力杯漫瀚调歌手、乐器大奖赛,广场首届健身舞比赛,礼仪大赛;文艺晚会,漫瀚调艺术团专场演出。

2003年第三届漫瀚调艺术节开幕式在准格尔旗广场举行。露天舞台上五彩缤纷,广场周围聚集了数万观众。旗人民政府领导致辞后进行了文艺演出,有漫瀚调演唱、民族歌舞表演等。在全国农牧民歌手大奖赛上获奖的杨毛毛、被自治区文化厅命名为百灵歌手的奇附林等8位有名的漫瀚调歌手在开幕式上进行了联袂演唱。本届艺术节的主要活动项目有：联通新时空杯漫瀚调歌手、器乐大奖赛、本地专业文艺团体演出、友邻旗县文艺团体助兴演出、广场健身舞大赛、准格尔旗经济建设成就、文学艺术成就展、文物与奇石展览、招商引资洽谈会等。旗内22个乡镇及部分机关单位选派歌手、乐手前来参加大赛。经过三场初赛一场决赛，评选出获得一等奖的选送单位1名，二等奖3名，三等奖6名。

2006年第四届漫瀚调艺术节在详和、欢乐、五彩宾纷的礼炮声中拉开帷幕。此次艺术节以激情、腾飞、祥和的准格尔为载体，以弘扬和发展准格尔漫瀚调艺术事业为目标，使艺术节的各项工作取得成功。

这次艺术节的主要内容有：开幕式、漫瀚调歌手器乐大奖赛、首届漫瀚儿女风采电视大奖赛、大型文艺演出、文物展览、百年电影优秀影片展及相关体育类等赛事及闭幕式。

漫瀚调歌手器乐大奖赛共有参赛队21支，其中苏木乡镇9支、两个经济开发区2支、旗直部门8支、驻地企业2支。节目总数共61个，其中演唱类46个，演奏类15个。参赛总人数107人，最大年龄70岁，最小年龄14岁。赛事分为初赛、决赛。评出演唱类特别奖1个，一等奖1个，二等奖3个，三等奖10个，优秀奖16个。演奏类一等奖1个，二等奖2个，三等奖3个，优秀奖2个。组织奖4个。漫瀚儿女风采电视大奖赛的报名队有70个,赛事分为初赛、决赛,有20名选手进入决赛,评出8个优秀奖,有6个单项奖,6个一、二、三等奖。

准格尔旗第五届漫瀚调艺术节。为了弘扬和发展漫瀚调艺术,隆重纪念改革开放30周年,喜迎新中国成立60周年,中共准格尔旗委员会、准格尔旗人民政府在2009年9月8日至9月10日组织举办准格尔旗第五届漫瀚调艺术节。本届艺术节的主要活动项目有:开幕式文艺晚会、漫瀚调歌手器乐大奖赛、艺术节闭幕式颁奖晚会、优秀电影展、书画、刺绣、剪纸展等活动项目。

2012年以"传唱漫瀚调·礼赞准格尔"为主题的第六届中国·准格尔漫瀚调艺术节开幕式在准格尔旗薛家湾镇举行。晚会以"印象漫瀚,大美准格尔"为主题,共分4个篇章26个节目,参演人员达120人。王宏伟、陈思思、琪琪格等演艺界明星应邀在晚会助兴演唱。

2015年举办第七届漫瀚调艺术节。一组高亢铿锵、经典悠扬的情景歌舞《天下黄河》《绿染山川》《金谷满仓》拉开了晚会的帷幕。一曲曲独具本土民族特色、承载厚重历史文化的漫瀚调接踵而来、轮番上演。热情豪放的唱腔、朴实新颖的旋律与准格尔独有的乡野气息完美地融合在一起,使人仿佛置身于民间艺术的时空,感受隽永清新的艺术神韵。

本届艺术节文艺晚会主题为魂牵梦绕漫瀚情,晚会分为寻梦黄河畔、筑梦漫瀚海、追梦乌金滩、梦圆准格尔4个部分。

晚会节目各具特色。其中千人同台吟唱漫瀚调节目,共组织漫瀚调传承人、漫瀚调爱好者1186名同唱漫瀚调优秀曲目。《打鱼划划》《黑召赖沟栽柳树》等经典曲目引起观众共鸣,台下观众也随着演员共同唱起来。千人同台吟唱漫瀚调申报了世界吉尼斯纪录项目,世界纪录认证官亲临现场认证并颁发证书。

群体表演《魅力夕阳与时代节拍》,注重创新发扬,吸纳了新潮的舞蹈元素,融合了蒙元、晋陕文化的漫瀚调。不仅在内容上强调了兼收并蓄,而且在形式上也让地域民歌艺术在新平台上得到升华。赢得了大家的喜爱与好评。

第八届漫瀚调艺术节。为更好地保护、传承、发展漫瀚调艺术,打造内蒙古自治区级漫瀚调文化节庆品牌,加快推进文化旅游事业发展,按照内蒙古自治区、鄂尔多斯市关于开展庆祝内蒙古自治区成立70周年系列活动的安排部署,2017年准格尔旗举办了第八届准格尔漫瀚调艺术节。

本届艺术节本着立足主城区覆盖各乡镇的原则,文艺演出和各项主体活动在薛家湾镇举行,漫瀚调声乐器乐初复赛、观光旅游活动在9个苏木乡镇举行。艺术节设有漫瀚调民歌大赛、综合文艺晚会、蒙晋陕三省区民歌联唱、漫瀚调艺术品生产、观光旅游等活动项目。

第五辑

地区文化习俗传承

第五辑　地区文化习俗传承

据史书记载,从战国时赵国建云中城始,包括匈奴人在内的北方少数民族就迁入阴山地区,和原住民共同生产、劳动,创造并发展了大青山河套地区的经济文化建设。汉朝以后特别是进入唐朝,又有大量的突厥、靺鞨、室韦、契丹和回纥、吐浑等民族迁入这一地区。辽时扩建丰州城,明时蒙古阿拉坦汗在丰州城旧址建库库和屯。鄂尔多斯地区自战国始一直是中国北方的经济、文化中心。

本地区的民间舞蹈文化就是在民族间的接触、交流后出现的相互吸收和融合的结合体。如舞狮、舞龙、踩高跷、划旱船、灯舞、灯会、民间社火等形式,在中国北方普遍流传。当然,在传承的过程中,由于各自地区的民俗、文化差别,各随自身的需要取对方的相应成分。确也形成了各自不同的风格,但大同小异。

元宵节文化活动:每年的阴历正月十五是元宵节,又称上元节,一年明月打头圆,阴历正月十五是新的一年中第一个月圆之夜。古代夜、霄同义,上元之夜便是元夜,即为元宵。其间赏灯之盛况最为佳绝,历久不衰,形成灯节。

元宵节,始于东汉佛教传入我国之时,是佛事活动的一种。

但从我国各地灯节的活动形式和内容来看,多数地区已完全是一种民俗节令文化习俗活动。

元宵节,始为一日,唐玄宗时改在正月十四至十六为三日;宋代又改从阴历十四至十八为五日;到了明代从正月初八开始至十八看灯,长达十一日;清代为阴历正月初八上灯,十三试灯,十五正灯,十八落灯。元宵节也从最初的祭祀节日演变为隆重热烈、异彩纷呈的文化娱乐节日了。

元宵节看灯是男女老幼最为开心之事了,谁家见月能闲坐,何处闻灯不看来。这个习俗由宋、元、明、清延续至今,山西省及晋陕蒙接壤区的元宵节极为隆重。在城镇几乎是家家参与,人人看灯,尤其是十三、十四、十五三个晚上,街面上真是火树银花不夜天。再加上穿着戏装的高跷队、旱船、舞龙、舞狮、秧歌队等表演节目,并配有乐队、唢呐班,箫鼓声闻,吸引着男女老少观看。近几年的薛家湾镇元宵节举办得非常成功。每年的正月十五日薛家湾镇在准格尔广场都举办大型元宵节文化活动。元宵节场面非常壮观,薛家湾镇,火树银花。每天都有万人转灯游会。元宵节的薛家湾镇街景布置得非常美丽。

庙会:内蒙古的庙会最早见于《元史祭祀志》世祖至元七年,依元帝师八思巴之建议,政府于大明殿御座上置白伞盖,顶用苏段、泥金书梵字镶于其上。自后每岁二月十五日,政府大明殿启建文化活动。明代蒋一葵著《长安客话》中讲:"朝阳门外有古庙(东岳庙),以祀东岳天齐圣帝。桂枝红光,像位崇严,为城东行宫第一,累朝岁时数秀,编庙户守之,三月二十八日圣帝诞辰,民间盛陈鼓幡幅,群迎以往,行者塞路"。

庙会在中华人民共和国成立前全国各地都很盛行。中国的旧节日多与宗教寺庙有关,所以凡在寺庙举办的一切庆典活动,都叫庙会。呼和浩特地区过去因寺庙多,故称召城,所以庙会也多。如每年的初四到十五的财神庙会、二月十九的观音庙会、四月初八的奶奶庙会、五月十三的老爷庙会、七月十五、十月初一的城隍出巡庙会等庙会。每逢庙会,善男信女们都要进庙磕头许愿,祭拜神灵、求子祈雨。准格尔地区的庙会主要有大松树庙会、西召庙会、点力素敖包庙会、长滩庙会、庙豪村庙会、黑龙庙庙会、沙圪堵大仙庙会、双山梁庙会、巴汉图庙会、榆树湾庙会。

庙会一般为三日,第一天为起会,如有戏剧参与也叫起唱,第二日为正日、正会、正唱,第三日叫末会、末唱。

庙会期间,有唱戏的、杂耍的、叫卖的、赶会的等等文化流通节目。如《燕京岁时记过会》中就有这样的记载:"过会者(亦指逛庙会),乃京师游手、扮作开路,中幡、杆粗、官儿、五虎棍、跨鼓、花鼓、高跷、秧歌、什不闲(莲花歌)、耍坛子、耍狮子之类,如遇城隍出巡及各种庙会等,随地演唱,观者如堵,最易生事。如遇金吾之贤者,则出示禁之。"另据民社写的《北京指南》载:"走会又名武会,为民间最热闹之杂戏,亦即民间有系统之艺术,各种歌舞技艺,五花八门,均有活泼之精神,表演各种艺术均极精彩,于民间艺术中占有雄厚的实力,每逢山坛庙等开会时,或一村一处有典庆时,皆举行走会,而城各村亦有例年行之者。各会组织多系耗财买脸，故需富家子弟担任设备，而角色因嗜好随趋，多有不顾身家而参加者，其热心艺术之精神，殊可佳矣。"

随着社会的发展变迁，一些地区的庙会也在发展变迁，由原来的带有宗教活动内容的庙会，演变成现在的以文化娱乐为主兼以经贸参与的各民族文化交流活动。

舞狮：这一民间民俗舞蹈，是流行于全国各地的群众喜闻乐见的杂耍之一。狮子共有两种，一为太狮，二为少狮。太狮是用绸子绣绒等做一个大狮子头和一个狮子的身躯。由一人持头，将足露出代表狮子的前腿。另一人伏在狮子套内将足代表后腿。狮子头上多有铃铛，一边协助跳舞的兴趣，太狮通常是一对，另外更有一人提锣在一边号令。如同遇见河桥要戏水，遇见山必要跳上。少狮是小型狮子，通常仅用一人藏伏在内。

踩高跷：踩高跷习俗在民间也流传很久了，《隋书·音乐志》记载了一件南齐宫廷表演百戏的节目单，其中就有长跷等数十种之多。《旧唐书·音乐志》云："梁有长跷伎、掷倒伎、跳剑伎今并存。"《百戏竹枝词扎高脚》云："农人扮村公村母，以木柱各二，约三尺，缚踏脚下，几乎长一身半矣"。所唱秧歌类"村公村母扮村村，屐齿双移四柱均；高脚相看身有半，要知原不是长人"。《都门小记》有"高跷，其木约长三四尺，多十四五小儿为主，间屈一足于背，以木向上，以一木而趋，仍以手相搏，或自投开两胯，横生其足，平坐于地，将起，但耸身一跃，已相率急走,不俟少立,始能举步。"踩高跷也是社火节日的一项重要活动,讲究很多,如踩街、拜庙、迎喜神都需要高跷队参与。

舞龙灯:过去每逢春节、元宵节及其他喜庆日子或庙会,呼和浩特地区都有舞龙灯的娱乐活动。舞龙灯,也叫耍龙灯,是一种民间民俗舞蹈,历史悠久,形式多样。

舞龙灯这个民间习俗起源于古代人们对龙的崇拜。古人视龙为能呼风唤雨、驱魔消灾降福的神物,舞龙灯就是为了祈祷神龙的保佑,希望一年风调雨顺,五谷丰登。

舞龙时阵势要摆好,有一红球领先引龙起舞,龙摇头摆尾,千方百计抢红球,因而有盘、翻、滚、游、跳、咬、戏、踏等几十个套路。舞龙时,还有锣鼓唢呐伴奏,场面极为热闹。套路之外,还有许多舞技,如二龙戏珠、百龙出洞、猛龙过江、金龙蹈海、海底捞月、二龙出水等等,技技相套,结构紧凑。

民间龙灯的制作到明清时技艺已趋成熟,龙头金角红舌,绿眼紫须,制作十分精良。龙身有许多节,每节间距约1.5米,节数不等,但多数为单数,意图吉利,有的多达29节。此间舞龙的场面也更加盛大。

九曲灯:是为游九曲设置的,这一娱乐活动主要在元宵节出现。明《帝京景物略》有这样的记载:九曲"门径曲转,藏三四里,入者如不得经,即迷不出,曰'九曲黄河灯'也"。

九曲阵乃兵家布阵图,《封神演义》中有道家相斗,设九曲阵和三霄娘娘(云霄、碧霄、琼霄)巧摆黄河九曲阵之说。以后道家以灯设九曲阵祭祖,以九宫八卦连环进退曲尽造化之奇,抉尽神仙之谜,包藏天地之妙,漫迷日月,销魂灭魄的险恶阵势,后演变成大型游乐活动。九曲阵在明长城的东端老龙头上有用青砖垒砌而成的永久图阵,这也说明,游九曲灯在明代就很盛行了。

九曲灯会场,也有佛教、道教、儒教等宗教文化信仰教育。场上360根灯杆代表姜子牙封神榜上的360位真神,串杆的绳代表兵墙;老杆顶端挂黄幡,叫六魂幡;下设土地神位、灯光尊神,意为御凶趋吉,走向光明美好的未来。

准格尔地区的九州灯游会跟山西、陕西、河北、河南的形式差不多。九曲灯一般占地五亩左右,用361根木杆将中华九州(青州、兖州、幽州、并州、冀州、豫州、雍州、荆州、扬州)用绳索分割成9个方阵,代表9个州,弯弯曲曲、阵阵相连。九曲阵的中央设一高10米的盘龙大柱,曰老杆,杆顶置一大灯,照耀四方。另外代表9个州的小方阵中间,也有一个比老杆低的大杆,用柏枝装饰,杆顶也置灯一盏,与老杆灯和361根小杆灯相呼应,灯火齐明、层次分明,气氛显得庄重热烈。

转九曲阵,当地还有好多说道:九曲代表中华九州,360根灯杆代表360天,即应周天之度,也合一年之日。九曲路线曲径通幽,柳暗花明,也就是游完了九曲就代表踏平坎坷,逢凶化吉,走遍了中华九州大地,经历了九九八十一难,一年就顺顺利利、万事如意。当转到老杆前,都要抱一抱老杆,俗话有:"抱老杆,一百三。"可延年益寿的说法。所以参加此项活动的人特别多。

九曲灯历来就被敬为吉祥物,如转九曲碰倒灯杆、撞灭杆灯,都视为不吉利。转九曲偷一盏灯供于家中,可消灾避难。新媳妇偷灯可求子(生男偷红灯,生女偷绿灯),当然不能随便拿。什么时候偷呢?要在子时左右铁炮轰鸣,此时便开始拿灯,实际上是抢灯,但有一说道:当年偷灯的人,回去后无论应验与否,第二年都要主动加倍还灯。

跑旱船:清康熙李振声著《百戏竹枝词》云:"陆地行舟,以锡片铺地作水行,亦水银江海之意也。"又歌:"冈水行舟古此难,居然一叶下银滩。无边陆海吾何惧,急坐鳌鱼背上船。"蔡省巨著《一岁货声》载跑旱船注云:"一人携两儿,戴女冠,木架船,行敲锣鼓,入人家唱山西曲。"

秧歌:据《清稗类钞》记:"秧歌戏,秧歌南北皆有之。教案后自光绪辛丑西巡返跸,衰老倦勤,惟求旦夕之安,宠监李莲英探者钦意,思所以娱之,于观剧外,辄传一切杂剧进内搬演,慈禧太后果大悦,尤喜秧歌。缠头之赏,辄费千金,逐至一时风靡,村民辄习秧歌,冀以传播禁中,得备传召"。《清朝野史大观》卷二也有:"杂剧纷陈总场面大,十番鼓急似奔龙。秧歌独博慈颜喜,全就新声字字红"。《京都风俗志》有:"秧歌以数人扮陀头、渔翁、樵夫、渔婆、公子等相,配以腰鼓、平锣,足皆登竖木,谓之高跷秧歌"。

二人台:是融民歌、舞蹈、曲艺、牌子曲、戏曲为一体的地方戏,其发源地在晋陕蒙地区,但发展壮大在内蒙古地区。200多年来,二人台在内蒙古中西部广为流行以外,还同时流行于晋北、陕北、冀北(张家口地区)、银北(银川北部)等地区。

二人台的传统剧目有了100多个,经典曲目有《打金钱》《走西口》《打樱桃》《打连城》《挂红灯》《王成卖碗》《五哥放羊》等。多以描写农家劳动生活和婚姻爱情等为主要内容,富有浓郁的生活情趣,另有部分神话故事和历史故事。二人台可分为硬码戏与带鞭戏两类。硬码戏偏重于唱、念、做,突出表演作用,如《走西口》《探病》等。带鞭戏是载歌载舞,如《挂红灯》《打金钱》等。二人台的一些传统剧目如《打后套》《水淹西包头》《转山头》《水淹坝口子》等,是民间艺人们根据真人真事改编的。

2006年,内蒙古二人台艺术被评为国家级非物质文化遗产项目。

第六辑

赶集和商务民俗

第六辑　赶集和商务民俗

自古以来黄甫川就是一条贸易流通的商旅大道。黄甫川沿线的集镇从南到北串起了一条商业走廊,南起黄甫镇,往北是麻镇,到了内蒙古准格尔旗与陕西府谷边界的是古城,过了古城不远便是蒙地边境重镇沙圪堵镇(过去人们也称那公镇),继续往北就是纳林镇。从这些沿黄甫川散落的集镇看正好处在长城内外的汉蒙两地,集镇的分布与长城走向构成一个十字形,是一个打通东西边墙,南北互通的商业流通大道。再从这些集镇的集市日看都是十天一集。如沙圪堵镇集市贸易为初一、十一、二十一;古城镇初二、十二、二十二;麻镇初五、十五、二十五;黄甫镇初八、十八、二十八;羊市塔镇初九、十九、二十九。长滩镇和暖水镇、五字湾镇、马栅镇也都有赶集习俗。这条商道上的各大集镇一个月隔三岔五处在商贸文化交流活动中,商品在各集镇的集市日之间如同接力传递。另外,麻镇东北方向有集镇长滩镇,紧临东边黄河畔有河曲城,以及西邻清水、哈镇等集镇与黄甫川商道互为补充,从而使这一晋陕蒙商旅文化大道的地位就显得更加突出。

从晋陕蒙明清、民国时期通商互市的商旅路线来看,位于黄甫川中游的长滩镇确实处在一个连接南北文化中心的位置。

向东北连接托克托县,南边紧邻河曲;向南牵手黄甫镇、府谷县;向西直通清水和哈镇,向西北辐射暖水、东胜、包头等地。

民国时期,准格尔旗的总人口为10万多人,其中蒙古族口3.5万人。由于绥远省政府放垦蒙古地区土地和失地蒙民外流以及在战乱和疾病中死亡,到民国末年蒙古族口仅有不到7000人。

民国七年(1918年),准格尔旗东协理那森达赖整修沙圪堵街道,盖起数十处便于经商的铺子。民国九年(1920年),沙圪堵也开展了集市贸易。规定了每月农历初一、十一、二十一的赶集定制。逢集市日在沙圪堵演戏,来沙圪堵经商者不收税,对商客起居给予方便,定了很多优商的办法。

清朝初叶,汉民凭800张传票在各个蒙旗做买卖,商业活动即开始萌芽,只是当时交易往来多是以货易货,互通有无。乾隆、嘉庆以后,蒙汉交错相处,通蒙旗的商业逐渐繁盛起来,所以交易渐渐变为以银为主,钱为辅(清代货币,一是钱,一是银,民国四年铜元每枚可换取制钱十二文。民国二十二年,政府通令废两改元)。元币,大大方便了山西与陕西商人在准格尔旗等地的商业活动。商业活动也促进了汉民的定居、村镇的形成。境边十里长滩,清代已设有商号。民国四年年底,在卢占魁匪徒抢掠焚毁后又逐渐恢复。纳林、沙圪堵镇两地在20年代已有商号数十家,贩卖蒙民所需要的茶、布、烟、糖、酒等杂货。纳林有山西河曲人裴银锁的义泰成,刘五勉利的同心德以及天德成、义合楼等。沙圪堵以山西人鲁来观的广太源,河北人张三迎祥的福顺成、山西忻州杨虎、赵润年等人的德和厚,古城人邬桂生的天巨源(后叫天巨德)的买卖为最大。还有义生荣,由杨连贵、祁拴狗等开办。有些商号往往在几地开设字号,此亏彼盈,常年不倒。此外,就是些小本生意,资本不过几百元。还有肩挑小担的货郎走村串户去做买卖的。

自民国十九年(1930年),赶集的习惯随着贸易的发展,先后在五字湾、暖水、羊市塔、马栅逐步形成。抗日战争后期,准格尔旗成为共产党领导的抗日根据地、国民党统治区、敌占区(日本军占领区)商业贸易的自由王国。纳林、五字湾、马栅、党三窑子集镇成了重要商品的集散地。市场上金条、银圆、鸦片和国民党发行的法币可自由流通。货物有晋、陕、冀等地的棉花、布匹、毛毯,铁器制品、金银首饰、糖果烟酒、纸张笔墨、盘碗制品、丝绸制品、服装鞋帽、药物药材,以及走私的枪支弹药;有达拉特旗、杭锦旗和五原的粮油及鄂托克旗的盐碱、毛皮、肉食源源不断地进行购销;日本等国生产的洋货也一度充斥市场;还有甘肃、宁夏、西藏等地的鸦片、麝香、红花、鼻烟壶、鸦片枪等也争相来市。每逢集市的时候,马、骡、驴、牛、羊、猪等牲畜,糜、谷、莜麦、豆面等粮食均上市交易。小吃店的主食有油糕、麻花、粉汤、凉粉、碗托。小手工业者也上街摆摊联络生意。旺季集市日粮食交易不下百八十石,大牲畜三四十头。年成交额五六十万元以上。

20世纪30年代之前包头市商业已非常繁盛。民国十九年,准格尔旗护理扎萨克旗长奇文英协同包头城商人王观用八百块银圆的资本金在暖水村开设买卖字号,名为福和堂。福和堂除经营布匹、烟酒、纸张笔墨、麻油胡油、饼干食品、酱油和醋、糖果、大小梳子、鞋帽、火炉子、炉筒子、火剪子、火盆、碗筷、镜子等日用杂货外,还收购皮张、绒毛和牛羊、糜米和谷米。这种农畜产品的收购,给从前向哈拉寨、古城镇、托克托县、河曲县等地出售皮毛、肉食和农产品的当地人民带来了极大方便。由于买卖逐步扩大,字号总资本金积累达到数十万元之多。福和堂字号每年向榆林市、包头市、太原市、归绥市等地进来大量当地所需的日用货物。奇文英和王观为扩大生意规模,进一步扩修了暖水集镇,使其成小街镇格局。奇文英又修筑公路直通包头,以供小型汽车拉运货物通行(后因河道淤泥而告废)。他们的这一商业网络,南接榆林、河曲、府谷县麻镇;北通包头、归绥市和外蒙古;西到银川市和兰州。此时,准格尔旗南部的五字湾、羊市塔村,中部的德胜西村,北部的大营盘村的店铺、作坊和买卖字号也多起来。除山西、陕西省商人来准格尔旗经商者外,河北省等地的商人也来做生意。他们大多出售日用杂货,收购皮毛和粮食以取利。

  河曲县旧县,又叫凤凰古城,是河曲历史文化名城。明清的河曲县县衙门曾经设在此地,这里有许多约定俗成的风俗习惯。拿赶集来说,有小集有大集,平时逢九为小集,一年之中的腊月二十五最后赶集为大集。是从明清时期流传下来的一直沿袭至今,年年如此。在1949年前河曲县、托克托县、保德县、偏关县和陕西省府谷县古城镇、麻镇,山西省河曲县长滩镇一直是准格尔旗的食品供应和商品供应地区,和准格尔旗的文化商务联系非常紧密。

据《河曲县志》记载:明代旧县已有集市,清道光十年后,旧县逢五、十日赶集。清末民初,集市主要集中在上街、文庙街、东关瓮城。中华人民共和国成立初公私合营后,小商贩取缔,集日仅供销社两个门市营业,市场偶有农副产品出售。1958年集市取消,1961年后逐渐恢复逢五、十日集,此期间集市在上街圪台一带。1966年又取消集市,1992年农历九月九日乡组织在涧河南七孔桥头东又开集市,定为逢九日集。又按传统,人们自动保留了腊月二十五每年最后一集。

腊月二十五的赶集就从没断过,平时的赶集从规模到形式上没法跟腊月二十五相比。20世纪六七十年代,人们把腊月二十五赶集俗称为穷汉集,此时年关莅临,四面八方的人们来旧县赶集置买过年用品。

河曲县旧县城赶集源远流长,从明朝时期就已经有了蒙汉人民的集市贸易活动。集中有集,环环相扣,贯穿四季,集集同源,再显凤凰古城的生机魅力。尽管几经时间环境嬗变,腊月二十五赶集这一习俗不变。

逢三逢八是巡镇赶集的日子。L形的乡镇街道,长不过数百米,狭小的街道两旁是大大小小林立的店铺。平日里人也不是太多,但一到集日,就成了巡镇乃至附近几个村庄交易日常生活用品的主要场所。不光商店里顾客盈门,就连商店门前的地上也摆了好多货物,吸引了大量的百姓购物。从巡镇街道的河南一直到河北,各种货物应有尽有。大到冰箱电器,小到鞋袜帽子,河北的商务一条街主要经营的是一些日杂用品,有扫帚、拖把、锄头、水桶、绳子、脸盆、插座、灯泡等物品。

薛家湾镇长滩村历史悠久,又称十里长滩,地处准格尔旗东南部,晋、陕、蒙三省交界处。这里地理位置独特,自然风景秀丽,文化底蕴丰厚,是一个宜居、宜业、宜游的美丽小镇。

长滩村形成于元代,最初归属山西省河曲县。因处要塞,山西、内蒙古商旅人马大量往来,逐渐人口繁盛,商铺众多,当时人口有6000多人已经称为长滩镇。清代同治七年,反民马致和、兰五率人众千余回军兵马劫掠长滩镇。他们放了一场大火几乎把长滩镇前街烧尽;后街和一切建筑物与财产遭到了全部的抢劫。许多农村女人被强奸和抢走。在1915年,土匪卢占魁率大清独立队千余匪众闯入长滩大肆焚掠财产和淫乱女人;1928年,土匪头子王英率东北陆军奉军绥远省三十一军千余人马对长滩镇和准格尔旗居民进行了焚烧劫掠;几经匪患使得长滩镇经济文化事业元气大伤。1940年,中华民国河曲县政府县长朱五美率部进驻长滩(长滩镇时为山西省河曲县第四区)。1950年6月1日长滩镇从河曲县划归伊克昭盟管辖,为伊克昭盟直属十里长滩区;1954年划归准格尔旗管辖;2006年准格尔旗乡镇机构改革撤销长滩乡建制。

长滩镇上原有一条2里长的南北街道,北段叫后街,南段叫前街。后街随地势起伏,呈马鞍形状,两丈余宽的狭窄坡街以鹅卵青石砌铺,街道两侧是互相挨靠的店铺房舍。前街平坦,200多间房舍修建一新,后街也在2016年修建了大量的新式建筑和民居。现在的长滩镇已经基本恢复了1949年前的建筑规模。但寺庙只有一座了。

长滩镇最繁华时,一条3里长的窄街上,有油坊缸房48座,旅店商铺50多家,铁匠、木匠、泥瓦匠、银匠、皮匠、口袋匠几百人。镇上居民,不是买卖人,就是手艺人。草原上的皮毛在这里擀成毡子,织成口袋,缝成皮袄,黄土地上的谷物在这里酿成烧酒、榨出胡油,制成干货(麻花、月饼等能够较长时间存放的食物)游牧文化和农耕文化、三教文化和民俗生活文化在这里交汇融合和共同发展。

每年的腊月二十七日,是龙口镇的集市贸易日。每到这天,骑摩托车、开轿车、赶毛驴车的人路上随处可见。这说明乡镇集贸市场对地方的人民生活具有重要的意义。每次邻近集市日,人们都会准备一些五谷杂粮和农副产品去集市上与商人进行买卖。

准格尔旗龙口镇的集市位于马栅中心医院东南方向,广益隆大酒店以西。集市分为猪、牛、羊、鸡肉买卖区,水果蔬菜买卖区,化妆日用品买卖区,干货买卖区,服装布料买卖区,呈东西方向长约1.2公里。赶集的人来自周围各村、镇,而做买卖的除了镇上拥有固定店面的以外,从山西河曲县、偏关县、保德县来的买卖人也不少。腊月二十七是赶集人最多的一次,人们是为了备办年货,迎接新春的到来。

准格尔旗马栅镇逢七赶集,羊市塔乡逢九赶集,十二连城乡逢八赶集这种传统由来已久,有的集镇在民国时期就确定了赶集的时间。

龙口镇的集市是准格尔旗乡镇里最为红火的集市。这里是鸡鸣三省的地方，毗邻的就是陕西府谷，黄河对岸就是山西河曲县。一到赶集的日子，河曲、府谷与本地的商贩以及各路村民们纷纷将各色商品装满货车，自动地从各自的摊位摆好商品。马栅的集市卖吃喝用度的商品一应俱全。让这里充满浓浓乡土气息。

吃喝买卖可分为两类，一类是小吃摊，一类是各种生熟食品。

集市的小吃摊，主角就是碗托儿。冬季里，碗托儿除有凉汤外，还备有热汤。凉汤用醋和蒜、姜面、芝麻调出的汤汁儿，这是最正宗的吃法，选择吃的人最多；热汤则用豆腐烹炒调制。担心食客吃着凉，摊主会舀出热热的盐醋汤盛在碗托儿碗里，用勺子抵住碗托儿，将涮过发凉的冷汤倒出，再用热汤涮一次，这才浇上热豆腐汤。当然，这些都是素碗托儿。想吃荤的，就再切上 2 两驴肉，或者加 2 两猪灌肠佐食。

市场上核桃、麻糖、黑枣、酒枣、柿饼、糕点、麻花等各类食品齐全。布匹儿、服装鞋帽、土特产品、生活用具、年画、对联、洗化商品一应俱全。

1920 年以后，准格尔旗的沙圪堵镇、纳林镇、大营盘镇、五字湾镇、暖水镇、长滩镇、马栅镇、羊市塔镇、柴登镇、大路镇、西召镇、新召镇、召沟村都有集市贸易活动。从农历的初一到初九都有各地的集市贸易活动。

准格尔地区赶集和商务民俗从1400年到2000年走过了600多年的历程，几百年来准格尔地区商业文化传承代代相传逐步推进。1949年以来本地区人民赶集和商务习俗延续旧俗，加入了供销社采购商品，代销店和百货商店、日用品超市、网上购物等新的商务民俗。

第七辑
文献选编

新编三字弟子规

（韩来福编辑）

《三字经》,烤灵魂。《弟子规》,定规矩。

问人们,姓什么。爱什么,为什么。
贪嗔痴,心乱跑。苟求道,先正心。
舍小我,方称心。走人道,才是人。
上和下,里和外。人和我,不可分。
心干净,事分明。看得准,想得清。
心不净,手乱伸。事不明,理不跟。
天地人,称三才。若不义,堪脸红。
什么是,大丈夫。忠善勇,气节名。
什么是,小人心。只管己,不为人。
若做人,重规矩。无规矩,是野人。
不训导,难育人。既教字,又调心。
人一生,时间短。工作量,若天河。
心中杂,事里烦。久而久,胆气寒。

丢正气,邪气生。黑海混,功罪沉。
也不讲,戒和律。也不问,是与非。
起急功,操禁例。岂管他,错与对。
这样想,这样做。这样跟,这样学。
长于此,风气坏。人争相,当大王。
靠力气,来说话。欺男人,思女郎。
这就是,坏习惯。这就是,恶循环。
人既生,秉正气。何能够,不持义。
既生我,举义旗。到生死,不造孽。
这就是,仁爱源。这就是,总根由。
这些事,不复杂。你只要,不犯他。
你只要,有仁心。见寒苦,能慰问。
肯吃苦,负责任。敢担当,有能力。
你就是,正派人。你就是,大英雄。
人道是,天道梯。长习仁,必得义。
礼下种,智出生。信念铸,牢修身。
于国家,能奉献。忠诚事,可干出。
这就是,正能量。这就是,大决策。
求真理,寻大道。必然要,抓小事。
诸法律,不忘怀。常克己,不沾泥。
一而二,二而三。多行善,人稀罕。
读经典,在实行。愈修身,愈方便。
国有法,家有规。人有心,兽有义。

做人难,难做人。不越礼,不破仪。
担道义,尽责任。向圣贤,学真心。
甘持善,勇行道。心不邪,路不偏。
站岗位,守规矩。读经典,做圣贤。
不狂妄,不杀生。不饮酒,不淫邪。
不偷盗,不乱言。不嫉妒,不贪婪。
仁和义,应常念。礼和觉,可并行。
克毛病,除杂草。锻人格,讲贡献。
谁守法,谁安全。谁仁义,谁幸福。
谁持戒,谁积德。谁戒酒,谁光荣。
言必善,行必正。心必良,志必诚。
担责任,鬼神敬。拒女色,不放心。
安全纲,在手中。红绿灯,在心中。
想正事,说正话。做真人,当英雄。
有进退,有主见。无败亡,无卑鄙。
柱于国,爱于民。克己非,得新生。
誓立志,愈觉悟。将尊严,锻造全。
勤学习,慎乎戒。多行善,必可庆。
尚法律,行家规。除邪念,莫稍闲。
贯良德,增上缘。加福慧,除后患。
多谋事,少说话。不喧哗,有人夸。
选路线,造主义。修功德,伐灰心。
不慕恶,不恋权。不损德,不破纪。

讲公道,喜公平。会感恩,秉公心。
人生路,很漫长。好儿郎,不张扬。
当学生,做典范。义和人,俱可铸。
工于事,敬于心。唯诚敬,好做人。
壮国魂,强体魄。统人心,求大计。
知明暗,达荣辱。持经史,弘善策。
定心纲,不孤独。守祖训,必昌茂。
事再繁,不厌烦。我再苦,不作恶。
不锻造,不成器。不守纪,必大意。
靠谦逊,出尘网。言和事,俱谨慎。

《三字经》,育真人。存乎心,行乎道。

天地人,记在心。善美真,戒定慧。
唯恭敬,唯诚信。唯仁义,唯廉明。
常磨砺,长吃苦。以坚守,保万全。
《三字经》,当向前。担道义,立身心。
《弟子规》,重实践。开正风,树时针。
价值观,总方向。唯家国,唯功德。
通史志,贯心篇。求大道,达圣贤。
言而行,行而忠。金诚致,金石开。
齐发奋,共荣昌。谱写此,名贤集。
说一千,道一万。无基础,如飘蓬。

要站稳,先学人。要知耻,要上进。
大志气,可建立。在懂事,在省心。
在老实,在耕耘。在自尊,在利人。
在互助,在团结。在薄我,在厚人。
黑与白,要分清。正与邪,不可混。
因果律,无比硬。没有谁,出此绳。
做坏事,断善种。苟惧怕,善来迎。
知礼貌,识大小。懂善恶,会分析。
切不要,发火气。切不可,瞎冲动。
人之道,法自然。心如水,不沾尘。
事之要,在行善。必判定,义利否。

《三字经》,要常念。发善心,去私心。

《弟子规》,好规矩。荡尘埃,净我心。
中华大,圣贤多。经典存,道路明。
我也要,管我心。我也要,寸心明。
莲子心,正能量。仁义事,敬如神。
八大德,出我手。仁义礼,志能信。
忠勇贵,我先行。格私欲,去贪心。
正我念,校我心。修我邪,致我圣。
立我心,开我命。和杨家,比忠诚。
不胡思,不乱想。不懈怠,不做贼。

比劳动,讲贡献。唯朴实,最值钱。
以义取,名和利。以汗水,换甘甜。
多播种,福德利。多播洒,博爱雨。
可积德,可造福。立大功,建大业。
智慧泉,古来涌。在戒律,不让人。
我民族,多伟大。我中国,有梦想。
我感动,我担当。我也要,好名声。
齐发奋,共承担。我国家,必无患。
浩浩哉,《三字经》。盼大家,齐发声。
大矣哉,《弟子规》。大矣哉,千秋名。

做人做事规矩礼训集修订本

（韩来福编辑）

四言集

嗔恨之心，即是祸也。以戒为生，其乐无穷。
若有疑惑，戒为导师。人生座标，戒律导航。
不入大道，难懂大事。构建功德，何其艰难。
善正其心，坚持正念。一切坏念，赶紧除灭。
修身持心，分秒计算。戒在命在，戒失人危。
坚持戒律，无比幸福。人间大乐，莫过持戒。
邪酒伐人，胜于狱卒。魑魅魍魉，以酒惑人。
魔鬼伎俩，无非酒色。一直敬戒，堪称警惕。
战胜酒魔，如出牢狱。人能除酒，其命勃矣。
坚持戒律，神仙羡慕。犯戒造罪，一落千丈。
邪酒逼迫，命运悲惨。脱下魔袍，顿现真容。
烟酒邪行，烈火烧身。坚持行善，利益广大。
坏事逼切，邪淫吃酒。万千坏事，酒占多数。
断除酒局，何等幸福。断除烟酒，不可休止。

不做坏事,也不容易。勤勤恳恳,不能大意。
永久平安,莫重于戒。长期幸福,断酒可达。
平安幸福,我之牵挂。持戒为平,断恶为安。
不行善事,难入善道。持戒为功,护戒为德。
守住酒戒,一切顺利。既持酒戒,必须护戒。
戒即是命,命即是戒。以戒为本,大患去矣。
但持酒戒,保证平安。人能持戒,从此幸福。
戒为福门,无上吉祥。有戒者昌,毁戒者殃。
只有靠戒,才能安生。戒是大宝,增我名节。
凡夫靠戒,苦尽甘来。戒靠得住,法看得见。
舍戒毁功,大逆不道。念念不离,煌煌大戒。
服从邪人,根本错误。不破酒魔,经常遭难。
戒是明灯,指引众生。根本标准,以戒为心。
是非不分,绝对不行。戒酒除恶,不二法门。
喝酒的人,积累危险。以酒求福,叩地狱门。
断除邪酒,如出牢狱。戒酒之人,非常高贵。
坚持戒酒,入功德海。酒如硫酸,腐蚀功德。
持戒为平,知足为安。持戒平邪,知足可安。
水火电酒,切实提防。毒品邪恶,伤人无数。
受尽酒害,苦尽甘来。以戒为能,以德为量。
时间越长,考验越大。平安持戒,胜于王侯。
持戒越长,越要抓紧。一戒到底,岂敢修恶。
坚持戒酒,无量幸福。当今时代,酒是大害。

第七辑 文献选编

酒后犯法,感受如何。冲动于酒,思谋受罪。
一切毒品,彻底拒绝。不持酒戒,不得安宁。
大醉犯法,悔之晚也。切切戒酒,如除恶肉。
不能戒酒,危险胡走。陪伴酒魔,无量罪过。
我若断酒,大贵大喜。人已除酒,大祸去矣。
一旦断酒,万分高兴。再三告诫,不能犯法。
晚节不保,一切报销。不做坏事,斯为最难。
千难万难,持戒最难。口说无凭,恒践第一。
一时糊涂,危险必来。念淫当酒,都是造罪。
既然种恶,教谁去受。改恶行善,万恶全断。
习惯行恶,残害自己。监狱地狱,就在跟前。
不执行之,说有何用。我非善人,常破戒律。
幡然悔悟,惭愧不善。不败之人,稀少稀少。
想享久福,谁肯从恶。一旦定志,决定执行。
悲惨命运,从邪恶来。真善太少,积恶如涛。
万般纪律,全在执行。纪律在心,何敢大意。
兢兢持身,度我到岸。不到彼岸,能安心否。
若能长安,死也值得。血泪教训,破假修真。
浩然愧叹,持戒太难。我本纯净,为何污垢。
经常垒恶,地震山摇。不修善报,恶报恐惧。
一进监狱,前功尽弃。顶戴花翎,保全者几。
宦海浮沉,戒不敢沉。恒河岁月,依靠铁律。
人在江湖,心在命运。功德之水,浮智慧船。

痛定思痛,靠戒平安。区区此心,对手如云。
转恶进善,特别困难。破戒大苦,无量无边。
不多造福,必多受苦。恒坏纪律,罪大恶极。
严肃纪律,持久持久。灭了酒报,活鱼出锅。
铁血征程,全靠行善。戒靠得住,念扛得住。
执行决定,过程艰巨。风霜雪雨,历劫修持。
生命彩虹,最终会来。积累善良,不求自昌。
造罪起恶,不跑自亡。多少真话,从血泪得。
千难万难,平安最难。人这一生,麻烦不断。
改恶行善,出离蒸笼。酗酒胡闹,颜面扫地。
酗酒闹事,国法处理。不强法治,难护人民。
国法家规,必须执行。安邦定国,推进法治。
下定决心,坚持光荣。断恶断根,救人救心。
突击破恶,积极布善。言行一致,大丈夫啊。
执行纪律,不能间断。纪律面前,人人平等。
恒久持戒,大善至德。坚持性善,硬推纪律。
说到做到,念念念戒。戒就是命,命来自戒。
冲动吃酒,受尽侮辱。烟酒地狱,有无量苦。
还尽债前,苦报不休。定业可转,积善伐恶。
积极行善,积极保戒。酒是大祸,不喝即除。
完全戒酒,一大妙法。万日戒酒,老天嘉奖。
滴酒不沾,何许人也。不去嫖娼,不下地狱。
以戒为命,脱胎换骨。以戒为命,不是凡人。

特别叮咛,不可沾酒。晚节不保,前功尽弃。
但行善事,修正前程。与法方便,自己方便。
与善人交,久而敬之。人贫志建,马瘦路长。
邪心似铁,国法如炉。谏人双美,毁之两伤。
仁义福生,作孽恶生。积善之家,可有余庆。
积恶之人,必有余殃。休争闲气,要讲志气。
不善去之,行戒亦易。人高不语,水平不流。
得荣思辱,处安思危。素食虽美,众口难调。
事要三思,免劳后悔。官至一品,万法依条。
得法有本,失之无本。凡事从实,积福自厚。
无功受禄,寝食不安。财高气和,势大谨慎。
言多语失,食多伤身。送朋友米,不思人妻。
酒不要吃,事要多知。互相伤害,万种无益。
礼下于人,必有所成。敏而好学,不耻下问。
居必安邻,交必良友。顺天者存,逆天者亡。
人为义死,鸟为理亡。得人一牛,还人一马。
老实常在,狡猾常败。三人同行,以戒为师。
人无纪律,必有大患。寸心不昧,万法皆守。
明中施舍,暗里填还。人间私语,天闻若雷。
暗室亏心,神目如电。肚里跷蹊,神道先知。
人离乡贱,物离乡贵。为非作歹,情理难容。
情欲可断,天理可循。心要忠恕,意要实诚。
贪婪恶者,久必受累。屈志老诚,忠诚有义。

施惠勿念,受恩莫忘。勿营私欲,勿谋人田。
祖宗虽远,祭祀宜诚。子孙虽愚,读书宜勤。
刻薄成性,理无久享。家中四事,礼义廉耻。
做人做事,不可离谱。灰眉醋眼,鬼眉六眼。
心中有鬼,事上有魔。积德自昌,淫乱自亡。
耍钱赌博,悬崖跑马。有甚没甚,要有仁心。
柴米油盐,合伙夫妻。爱是奉献,情是可怜。
人生百年,读书几篇。困厄岁月,博望年华。
儿时记忆,幼年兄弟。栉风沐雨,往来搬运。
拿起志气,担当责任。辛苦奔忙,多有感伤。
一家有主,运转自如。有家无主,有妻无夫。
礼义持家,规矩拿心。六神无主,跑得辛苦。
往长盘算,往早打算。大丈夫者,不肯亏欠。
天地仁义,长存我心。邪念狂奔,泪水满心。
扶持别人,批评本人。得道多助,失道寡助。
顺天者昌,逆天者亡。胡思乱想,迷失方向。
胡作非为,走向灭亡。仗义挣钱,带剑除邪。
法要带电,杆要上线。雷厉风行,断除烟酒。
以义持家,以义持己。言行一致,通畅身心。
酸甜苦辣,都要尝遍。爱恨别离,煎熬无助。
恶毒暨久,身陷囹圄。侮辱别人,自己遭殃。
种瓜得瓜,种豆得豆。天网恢恢,疏而不漏。
种甚收甚,收甚吃甚。雄猛丈夫,自戒善出。

居心做事,不可亏心。好事做遍,功德自建。
做事公平,凡事称心。贪图淫欲,反落地狱。
功德榜上,灰人除名。建功立业,正当此时。
津津乐道,有德入道。离经叛道,众叛亲离。
十恶不赦,难以悔悟。及早定心,尽快安家。
一点一滴,汇成江河。反复无常,命运多舛。
红章大印,悠悠我心。撤离火线,打理客店。
艰难困苦,无我不苦。四季寒暑,贪欲最苦。
功名利禄,老眼昏花。光明磊落,严格持身。
说话算数,才是丈夫。黑白分清,心灵眼明。
断绝坏事,焉有苦处。防线部署,内心成熟。
人靠戒律,枪靠弹药。不计厉害,不可出牌。
围绕中心,服务安全。真正厉害,在于除恶。
地狱出来,当畏恶果。糊涂散漫,不测之险。
追求光明,脚踏实地。一步一步,走向坦途。
离开患祸,万分高兴。我不犯法,能耐我何。
我若犯法,有何话说。守法大乐,辟轨巨苦。
心若有形,何可点数。只要听话,就会回头。
苦海无边,回头是岸。放下灰事,当下喜欢。
人生在世,不可任性。风华正茂,脸上有光。
做一回事,操一回心。宦海沉浮,小心掌舵。
吃喝嫖赌,大逆不道。不明事理,有错无对。
回首往事,历历在目。吃亏如福,唯尔选择。

邪心杂念，害人豺狼。人干坏事，心在遭殃。
坚强负责，敢于担当。开辟道路，要有勇气。
不除恐惧，万善难举。酒色当道，一败涂地。
杂念再多，其耐我何。我不造罪，谁能怎样。
开门办事，关门训心。规避善事，终究害己。
金光大道，为何不走。地狱无路，贪婪是门。
主宰命运，把持思想。有路无路，大不一样。
不可怕事，不可造罪。人生苦短，烦闷苦长。
英雄壮志，不可让人。方向责任，二大法宝。
人生一世，情义二字。有理有据，有何畏惧。
善念长持，福慧生辉。做人最难，驭心更难。
前因后果，难以分离。造下罪恶，消化也难。
善心善行，真是好人。面善心恶，何以逃脱。
天网恢恢，疏而不漏。心网无形，专捕恶人。
做事注意，后果难料。情感众生，义薄云天。
我不造罪，必然高兴。不做恶事，有何恐惧。
打垮淫邪，福利无边。恶业加息，偿还不起。
放下恶念，拯救自己。不说空话，不走空路。
正大光明，天地良心。不经大苦，难享大福。
不下地狱，难建天堂。说话容易，做事不易。
石匠试刀，石打石凿。实实在在，确实不赖。
方向一定，内心大明。克服毛病，拿下魔咒。
旗开得胜，马到成功。高举义旗，手下留情。

恩怨分明,常课我过。打扫心地,留下扫帚。
生生世世,不负情义。人生一世,负责二字。
吸烟喝酒,焉有幸福。人生困苦,寸步不离。
持戒有功,进程艰难。把持不好,前功尽弃。
光宗耀祖,最为艰巨。担当一世,才是丈夫。
人生礼俗,充满艰辛。万般规劝,不可犯罪。
家庭大计,在于和平。不说恶言,不干坏事。
坦坦荡荡,何等幸福。人生在世,安宁二字。
风雨人生,步步艰难。追求真理,锲而不舍。
为善不移,真英雄也。大丈夫者,必赖小节。
宏图大业,可以干出。我既为人,决不做鬼。
步步存心,步步为营。安营扎寨,安定心魂。
坚持前进,炉火纯青。夺取胜利,舍我其谁。
持戒修福,无比幸福。不喝白酒,不会白头。
不贪女色,省却杀劫。长期吃素,果然健康。
不窃公币,何必怕鬼。放下盗念,走上正道。
胡言乱语,会吃不消。久走冰滩,难免擦倒。
扛硬技术,在于锤炼。共担家计,同当风雨。
说话简单,办事最难。底线不卡,无线可卡。
白酒危害,及其巨大。要想自在,除掉祸害。
认真负责,在于永久。人生百年,无限苦楚。
精神后退,恐惧加剧。戒而不舍,雄猛丈夫。
规矩人家,当为师范。一念长存,法戒为心。

一不小心,必吃大亏。步步为营,特别小心。
人生在世,航向第一。居家之要,在于节言。
恶言恶事,恶果恶报。不经风雨,难掌大船。
路途遥远,营生繁杂,责任重大,危机四伏。
站一班岗,担一回责。挣不下钱,难以运转。
发展经济,适当消费。平时省钱,常不困难。
正当谋生,大有可为。常念众生,自己不苦。
忍淫耐苦,建立功勋。英雄好汉,有所不为。
人道难走,蜀道难行。寻欢作乐,留下隐患。
金口玉言,说话值钱。口无遮拦,十分危险。
坚持淫戒,福德茂盛。诸恶莫作,众善奉行。
不留邪心,不种邪情。不走邪路,不办傻事。
仔细考量,不可胡来。人路难走,忍耐警惕。
千言万语,不如一行。前思后想,不能冲动。
规矩礼节,重大纪律。没有礼节,焉有秩序。
废除礼貌,堕入地狱。习惯约束,神采奕奕。
精彩人生,崇尚规矩。江山如画,我心胜之。
春潮奔涌,航线如虹。八德八事,贯彻到底。
易经难懂,礼训难考。人路难行,鬼道好寻。
苍天大道,何敢不敬。福禄寿喜,可以创制。
万般求索,不如受戒。礼旭规章,金光大道。
巍巍大道,忠孝仁义。格物致知,消除邪事。
典章制度,焕发光明。管住自己,无限欢喜。

电子时代,谨慎犹然。心存敬畏,喜上眉梢。
光宗耀祖,宽人修己。幸福生活,可以创造。
以戒为荣,戒戒生荣。大戒特戒,安心在戒。
行善路宽,想法心紧。千秋大计,安全第一。
五戒百善,生生不息。大德火种,照耀我心。
不为圣贤,何以服人。目标正确,锲而不舍。
一旦铸志,千牛莫阻。公道潮流,浩浩荡荡。
每行一善,特别高兴。作善来祥,作恶来殃。
每作一恶,特别紧张。嫉妒邪恶,天理不容。
大德人家,气象不凡。向前开进,需要小心。
弃暗投明,人之本性。修正错误,严格造事。
伟大前景,不能幻想。伉俪夫妻,默契父子。
大智天来,大德修来。忍辱百年,修成正果。
出神入化,炉火纯青。兵不厌诈,福不厌造。
词章典籍,教我仁义。高风亮节,清正廉洁。
持节紧困,比坏名强。千秋名节,不能买卖。
多行善事,渐入佳境。和善通明,美丽人生。
不负此生,站这班岗。明镜高悬,蓬荜生辉。
筚路蓝缕,于戒不退。纪律印记,永系真心。
栽培心田,其乐无穷。贪婪恶劣,无限痛苦。
不守规矩,何以昌盛。礼义人家,可喜可贺。
忠厚礼节,光荣人家。暴力主义,贻害无穷。
管理自己,走向成熟。坚持真理,扬眉吐气。

修正错误，一丝不苟。构建功德，开创智慧。
相好夫妻，和美家庭。循规蹈矩，韬光养晦。
小心谨慎，一贯行善。侵犯别人，自己麻烦。
实事求是，实善求功。仁爱高尚，彬彬有礼。
不说狂话，不办恶事。勤健干净，有理有据。
扫除灰尘，还我真容。讨伐淫酒，必须果断。
尴尬恐惧，没做义事。愧对别人，终究不安。
肆无忌惮，恶报在后。尊重自己，为人师表。
辉煌道德，积极铸就。大善厚德，垒如泰山。
敦促自己，改恶行善。敬畏因果，大圣可期。
谆谆教导，要循天理。高举义旗，一马当先。
不沾女色，万种自在。灭除烟酒，走上正道。
寻欢作乐，不义之举。守住法律，体面光荣。
人之将胜，心齐志坚。断除酒局，走出地狱。
不搞邪淫，消灭烦恼。家庭之计，有仁有义。
习惯行善，愈来愈好。克己奉公，公道和平。
功德业绩，在于奉献。私欲割除，何其自在。
天理昭昭，人心薄弱。担当大事，莫如大忍。
以戒为生，一路绿灯。难忍能忍，难行能行。
造功做事，其实不难。铲锄邪事，功德茂盛。
劳动强身，仁义全心。能仁能忍，大丈夫也。
盲目冒进，不是办法。构建功勋，需要耐心。
长期守戒，确实方便。不做坏事，不用惊慌。

无理取闹,侮辱本人。不学圣人,难以成器。
堂堂正正,完完整整。不犯法律,心就喜欢。
做人仁义,心就宽展。不赊不欠,特别方便。
为人处世,莫造坏事。口无遮拦,人格堕落。
这苦那苦,贪婪最苦。公道正派,人品芬芳。
德厚流光,德薄遭殃。一品人生,持戒布施。
坚持戒律,大丈夫也。峥嵘岁月,名利磨人。
酣畅淋漓,物欲舍去。脾气暴躁,说话粗糙。
不守规矩,不是真人。坚持真理,矢志不渝。
积极行善,大哉圣道。脱离苦海,跳出火炕。
做人之难,难在持纪。人生路险,诸事围困。
没有耐心,不讲成功。学无止境,不可骄傲。
为官一任,要负责任。不负责任,心术不正。
福泽乡党,须得其人。恶策施行,祸害众人。
秉公办事,多么幸福。不要懒惰,不要盗抢。
不做好事,不安好心。愧对父老,于心不忍。
虎狼官牧,遗臭万年。伟大清官,如日普照。
宁做好官,不宽自己。当官负责,办事妥当。
人人负责,齐抓共管。地方振兴,匹夫有责。
行善到底,仗义执言。沉溺淫乐,泄德如川。
不负责任,当然不行。国家兴亡,匹夫有责。
鼠肚鸡肠,仁义早亡。睚眦必报,宁有后福。
一声长叹,所遇皆烦。地方主官,心要拿公。

严肃自管，当好主官。杂事繁多，安可无备。
祸患难灭，必须过细。耕耘人生，多少烦恼。
不听正话，必吃大亏。心灵园丁，不管不行。
心像大树，越管越好。敢于负责，善于成事。
不抱油篓，不沾油手。不干坏事，何必恐惧。
凡事多节，不可冒险。安分守己，踏实欢喜。
持戒城厚，行恶胆薄。不做坏事，何等快乐。
错用心机，折腾自己。放下女色，当下解脱。
错用心机，非常可惜。断除烟酒，拒绝麻烦。
男人本色，在于持戒。红尘非美，信念可贵。
劫后余生，难以彻悟。经历苦寒，走出地狱。
烟酒害人，烈火焚心。除恶除邪，果断持久。
麻烦痛苦，经制造出。痛苦麻烦，在于不造。
经历大苦，彩玉出山。生生世世，不要造孽。
恭恭敬敬，老实修身。坚持纪律，万年不移。
铁心持戒，无量功德。放下屠刀，渐次明理。
恩爱缠绵，不如守心。锻铸精神，构建仁义。
制造痛苦，何如造福。浮生苦旅，学会规谏。
淡薄经营，为我安宁。不幸福事，不要去作。
几度恐惧，几度绝望。坚持纪律，何等幸福。
仁义道德，构筑福禄。纪律大事，分秒不放。
对于坏事，不可放行。精心培育，人生之树。
夫仁妻义，欢欢喜喜。苦难辉煌，走上正道。

历经大苦,仁心不改。主持工作,感受艰辛。
担当责任,振兴家庭。刻苦修持,以戒为生。
恪尽职守,挺进信念。半路觉醒,再不造孽。
大义千秋,造我神功。吃苦受罪,推进圣念。
积极行仁,领导家庭。主持大局,愈坚愈韧。
跟上纪律,引领方向。与时俱进,舍恶修行。
主持正义,勇猛精进。家庭兴旺,人人负责。
家庭倒塌,离心离德。不念正事,必走邪路。
恶毒火爆,其人苦到。不走正路,必遇鬼魔。
生死苦海,从造罪转。通明善法,则是模范。
一丝不苟,一毫不欠。奉行礼节,特别艰难。
做个圣人,难如登天。一切圣贤,从大苦出。
成功以前,多少熬炼。当神仙易,成神仙难。
一旦破邪,魔网难困。勇猛精进,敢于持正。
光明正大,堂堂正正。不做坏事,人天护佑。
烦恼忧患,缠绕此心。严格纪律,确保安全。
一念不正,麻烦如林。思念淫欲,种地狱籽。
贯彻淫心,苦何如哉。不断淫念,常种恶心。
淫酒相煎,二斧伐树。不下地狱,不肯下跪。
傲慢残忍,尔是魔军。心念造罪,在不觉间。
念念念仁,何有不仁。仁义礼训,磨灭邪心。
坚持正路,必得大福。规矩有戒,逮住大利。

五言集

功到自然成,戒酒最管用。人能断除酒,去掉多半忧。
万种坏恶事,皆从酗酒起。但得出酒狱,即可大庆贺。
凡是戒酒者,都是福厚人。但凡持戒者,都是福厚人。
戒在命运在,戒破人遭殃。保戒像守城,一刻不能松。
千古第一戒,戒酒入保险。断除淫酒者,决定是真人。
黄金浮世在,白发故人稀。多金非为贵,懂事值钱多。
不要图享受,白了少年头。百年随时过,万事在建功。
行善多积福,庄毅人才俊。结有德之朋,绝无义之事。
常怀克己心,法度要谨守。君子坦荡荡,小人不可做。
见事知长短,理论识高低。心高气不傲,地高容水流。
水深流去慢,贵人语话迟。道高龙虎伏,德重鬼神钦。
人高谈慈悲,物高价出头。休倚时来势,提防算账时。
藤萝绕树生,树倒藤萝死。官满如花卸,在位多奉献。
命强不欺鬼,有权不欺人。但得一步地,何须不克己。
和气千日好,花开百日红。厨中有剩饭,应念饥渴人。
守法不是痴,终究得便宜。坏法非君子,有志是丈夫。
路遥知马力,日久见人心。长存君子道,须有称心时。
雁飞不到处,人被名利牵。地有三江水,人纳四海心。
为仁大富矣,为富大仁矣。君子求于义,小人念于利。
贫而无怨易,富而无骄难。在家敬父母,出门也烧香。

家和贫也好,不义富糟糕。晴干开水道,寒冬送皮袄。
人生光阴贵,儿女当自强。成人不自在,自在不成人。
国正天心顺,心清人自安。妻贤夫祸少,子孝父心宽。
白云朝朝过,烟酒日日闲。有钱能做事,无钱事难做。
时间风火性,烧了岁寒衣。人生不满百,常怀干净念。
常说是非者,便是麻烦人。积善有善报,作恶有恶报。
报应有早晚,祸福自不错。花有重开日,人无长少年。
上山擒虎易,开口求人难。忠臣不怕死,怕死不忠臣。
从前多少事,因果无一空。满怀心腹事,尽在苦恼中。
既在法律下,怎敢不低头。家贫盼孝子,打仗喜忠臣。
但是贪婪者,都是福薄人。命贫君子拙,时来任事强。
命好心也好,持戒直到老。命好心不好,恶业如何了。
台上一分钟,台下十年功。行家一伸手,便知有没有。
打铁本身硬,还要会烧炉。拿人笑盈盈,给人不歇心。
喜欢睡女人,无端操邪心。淫久磨福利,善长增功德。
法硬人就软,法软人就硬。国硬雄主在,无道百事败。
唱戏拉四胡,尽是自顾自。有钱好办事,没理难讲情。
一味追求色,不知淫祸坑。会打算盘者,尽量少盘算。
看见美女爱,不见美女害。看见货币亲,亲的不是人。
心中想甚事,路上碰甚事。苦海难舍弃,恶浪有谁替。
思谋得欢乐,离不了烦恼。志气好靠山,过河好靠船。
为自己立心,为自己立命。为家庭定规矩,为后代开太平。
好女不嫁祸害,好饭不用咸菜。人长天也长,情长命也长。

损人利己耆,荆棘留儿孙。和善福满门,义长人称庆。
不要操灰心,不要做灰事。走路留下脚印,说话留下声音。
四季轮流转,唱戏轮流看。不存善心者,到底是痴汉。
一天三吃饭,心里瞎实翻。是妻不欺你,欺你不是妻。
万恶淫为首,万善孝在前。喝酒走鬼路,淫荡走死路。
万般吉庆事,不在享乐中。贪色真糊涂,踏入地雷阵。
聚众喝酒灰,酒鬼地位低。抽烟灰营生,闹下多少病。
快人快语糟,一字一句好。忠义浩气贯,气节万代传。
闭恶求福禄,进善加功德。正邪若不分,难入神仙洞。
持纪律艰难,得幸福喜欢。爬坡路难走,表扬话好说。
做人难在舍,舍去私利难。为自己立戒,为自己安全。
为自己定向,扛得住风浪。人人是船长,个个是主任。
苦中没有乐,乐中哪有苦。爱女人危险,划船怕搁浅。
不说破败话,不做破落户。邪念出祸害,淫欲造罪过。
思想有路线,责任不可丢。规矩定总纲,空想心走样。
拿住定盘心,没灯胜有灯。敢担当责任,才是负责人。
在家千日好,出门一时难。旅游虽受罪,却可历练人。
空想不懂事,懂事不空想。要想知心事,必须通万事。
人好心也好,决定富贵了。命好心不好,慢慢没福了。
心和家吉祥,善念除万殃。背后玩心事,人前装孙子。
多做亏心事,还绕邪路走。有足真幸福,无邪大痛快。
你以为我傻,我以为你痴。你以为我孬,我以为你险。
万般告诫人,不做亏心事。持戒不容易,过程很艰巨。

人生几十年,多少风和雨。抽烟自受罪,喝酒找难活。
每一次酒桌,都存在危险。不时刻小心,必然有麻烦。
做人不容易,容易难做人。人生亿里路,走好每一步。
每一次考验,每一次麻烦。活到九十难,三万六千天。
说话谁都会,做事有差别。习惯走邪路,不会入茶馆。
尤应痛恨者,做了犯罪人。一时的麻痹,一世的害债。
最好不喝酒,喝酒不保险。教我以纪律,给我以责任。
万般教训苦,难醒糊涂客。走进迷魂湾,走上危险路。
建福建利者,福寿必相随。披肝沥胆书,实实在在话。
弃金担麻夫,难得一息闲。方向不对头,多跑反无益。
文化和礼训,家庭之大计。推磨子转圈,决不会走远。
既需要经济,又需要仁义。有力不行礼,亏的还是你。
仁义礼智信,做人之根本。损人利己者,其祸定深远。
礼节不通畅,做不了圣士。喜欢愧对人,操得是魔心。
都爱得便宜,谁能得便宜。居家行善事,福德日祥隆。
不能永持戒,必然遇风浪。做恶心除掉,慈悲心闪耀。
功德出造化,感恩永呈祥。世世代代旺,仁义道路长。
造下一堆事,尔往哪里走。造下如斯过,多因不懂事。
上得了战场,下得了厨房。做老实人难,除淫欲更难。
不能再顽固,不能再无耻。人不定礼训,依然是野人。
如果有脸面,谁堪行恶事。人事苟不尽,难以走远路。
谆谆告诫你,不可毁大义。悠悠多少事,只能办好事。
经得起考验,经得起风浪。不坚定做人,必然灭功德。

积累功德难,消磨福报易。可叹糊涂人,不听忠良劝。
尤为警惕者,邪心不可靠。入得了佛道,做得了义士。
官满如花谢,到站职务免。苟不入大智,终究难克定。
给你命不难,你保命太难。给你官不难,你挣禄粮难。
拜过万座庙,修行可入道。丢掉了烟酒,割舍了麻烦。
受得住规矩,破得了烦恼。

六言集

行善寸土必争,纪律针锋相对。一直习惯自私,丢掉宝贵地图。
再也不能念恶,再也不能马虎。打倒不义之事,坚持一切纪律。
恳切告诫人们,行善无比幸福。如果我不破戒,天下谁可败我。
常将正事与人,祸不侵于自己。既读孔孟之书,必行周公之礼。
君子敬而无失,与人恭而有礼。轻薄数斯辱矣,寡欲数斯乐矣。
人无酬天之心,天有养人之功。一马不备双鞍,忠臣不事邪主。
长想有为之事,不念无为之心。人有旦夕祸福,天有昼夜阴晴。
君子当权积福,不可仗势欺人。人以纪律为先,树有枝叶为圆。
马有劳动功德,牛有耕田之恩。运去黄金失色,时来铁也争光。
怕人知道休做,要人敬重学善。泰山不却微尘,积少垒成高大。
恶道谁无烦恼,仁义谁不喜欢。你说你是英雄,做了几件真事。
追求人家老婆,欺骗自己良心。淫人妻女不好,祸事造大了矣。
走了多少弯路,碰到多少麻烦。最麻烦的是喝酒,最难缠的是打架。
喝酒嫖妓赌博,人间坏事三件。戒酒日日好,喝酒一时难。

不要麻痹大意,危险永远跟你。坚持真理道义,付出多少努力。
人生道路多条,心中大路一条。坚持纪律不难,犯法坐牢最难。
不要多想索取,不要常想安逸。人生没有退路,只能正道前进。

七言集

一戒天下无难事,坚持戒酒恒安乐。
若要天天得平安,必须分秒尽责任。
戒酒福利大无边,不再入酒即到岸。
不二法门恒持戒,除掉祸害得福利。
断除酒肉登法轮,舍恶才知因果空。
既然痛苦求解脱,不再造罪是妙方。
多少血火常锤炼,无量劫火挺过来。
现在不能行仁义,就是不放打身锤。
烟酒名利打腿棒,跑得欢来打得痛。
皮开肉绽血雨债,历尽偿还醒过来。
大家都在互联网,同欢乐并同感伤。
无缘大悲生法雨,恒久利乐还有情。
咬定酒戒通风雨,不做坏事可大定。
贫居闹市有人问,富在深山靠远亲。
青草发时便盖地,运通也须觅真经。
必须依理求生计,不可欺心作恶人。
知书达理辨人心,高山流水向古今。

莫作亏心侥幸事,自然安定喜气生。
人见利而不见害,鱼见食而不见钩。
是非只为贪嗔痴,烦恼皆因爱欲丰。
平生正直无私曲,问甚天公饶不饶。
猛虎不在个大小,困龙也有下雨时。
临崖勒马收缰晚,船到江心补漏迟。
家业旺时助人欢,还钱常记借钱时。
金风未动蝉先觉,四季轮流守本心。
善恶到头终有报,关闭恶门是高招。
蒿密隐着灵芝草,淤泥陷我紫金盆。
劝你莫作亏心事,因果定律放过谁。
为人和善常布施,算来坏事不如闲。
人生稀有九十余,歹毒祸害不同居。
大道救人三件事,戒酒除花不赌钱。
祸国殃民皆因酒,敦伦尽份真幸福。
倒霉败兴淫欲催,洒尽功德还血泪。
不劳而获想赢钱,恶念一起福份亏。
有事但向担当说,是非休听卸责言。
人贤何愁家不富,子孝还须父向前。
心好家门生贵子,命好也得靠祖田。
侵人田土骗人钱,夜夜恶梦总缠心。
茶逢知己千杯少,话不投机可商量。
衣服破时针线少,识人多处智慧多。

草怕严霜霜怕日,恶人自有国法磨。

月过十五光明少,人到知足万事和。

良言一句三冬暖,恶语伤人六月寒。

雨里深山雪里烟,看时容易做时难。

无名草木年年发,不信不能做名贤。

若不与人行方便,说尽好话总是空。

跋

编纂和研究地方民俗是一项社会科学研究课题,系统地整理和研究内容广泛的民俗文化对于研究地区文化和礼节规矩传承具有积极的意义。

本书著述的地方民俗,以清代、民国时期和当代准格尔地区民俗发展和演变的概述为主。《准格尔民俗》的编辑按照岁时节俗、人生礼仪、生活习俗、蒙古族民俗等内容进行编辑。《准格尔民俗》对百年来地方民俗理论做了系统的分析研究,对1980年以来产生的新民俗记载充分。

准格尔旗政协决定组织编纂《准格尔民俗》一书后,由准格尔旗政协文献研究室组织编纂了《准格尔民俗》。《准格尔民俗》经过资料征集,文稿组稿,校对审定和领导阅稿,再经排版设计,8次总纂,15次全文校对等,最终由远方出版社出版发行。

准格尔旗政协领导王源、王俊凤、万明盖主持编纂了《准格尔民俗》,韩来福主编并总纂了《准格尔民俗》文稿;准格尔旗政协办公室副主任秦三元对《准格尔民俗》文稿进行了排版和校对;准格尔旗民俗文化协会副会长王拴提供了《准格尔旗蒙古族传统婚礼》文稿;准格尔旗民俗文化协会会员许云对《准格尔民俗》进行了编辑校对。

《准格尔民俗》的照片选用了田雨、李志刚、全忠义、伊拉勒图等本地区摄影家的民俗摄影照片。采用在《准格尔民俗》上的照片按照每幅照片200元的摄影稿费给摄影作者支付摄影照片稿费。请《准格尔民俗》采用照片的摄影作者到准格尔旗党政楼716办公室领取摄影稿费,联系电话:0477-4880084,13087198497;《准格尔民俗》采用的摄影照片的版权一律归原摄影作者所有。我们对《准格尔民俗》选用摄影照片的作者再次表示感谢。

由于《准格尔民俗》的编者们是初次研究地方民俗,对民俗理论的研究还有待深化,对本地区民俗文化的学习和了解也不够全面准确,本次《准格尔民俗》编纂对地方民俗文化传承只做了初步的概述和编修,《准格尔民俗》难免有错字和不妥当之处,希望专家学者和民俗读者们提出宝贵意见,以便在下次的本地区民俗编纂工作中进行修改和完善,进而共同推进民俗文化的传承和发展事业。

韩来福
2018年12月1日